新物流培训系列

U0875381

仓储可视化管理

管人、管事、管货、管账日用细则

王化晶 | 编著

中国经济出版社
CHINA ECONOMIC PUBLISHING HOUSE
·北 京·

图书在版编目（CIP）数据

仓储可视化管理：管人、管事、管货、管账日用细则/王化晶编著．--北京：中国经济出版社，2022.1（2025.11重印）

ISBN 978-7-5136-6727-2

Ⅰ.①仓… Ⅱ.①王… Ⅲ.①仓库管理 Ⅳ.①F253

中国版本图书馆 CIP 数据核字（2021）第 224914 号

责任编辑　夏军城
责任印制　李　伟
封面设计　任燕飞工作室

出版发行　中国经济出版社
印 刷 者　北京艾普海德印刷有限公司
经 销 者　各地新华书店
开　　本　710mm×1000mm　1/16
印　　张　15
字　　数　256 千字
版　　次　2022 年 1 月第 1 版
印　　次　2025 年 11 月第 2 次
定　　价　88.00 元
广告经营许可证　京西工商广字第 8179 号

中国经济出版社 网址 www.economyph.com 社址 北京市东城区安定门外大街 58 号 邮编 100011

本版图书如存在印装质量问题，请与本社销售中心联系调换（联系电话：010-57512564）

前言

PREFACE

自动化立体仓库、无人配送车、RFID、扛着货架来回跑的机器人……这些动辄数千万元的固定设施投入，对于大型企业来说自然不在话下，但对于多数中小民营企业而言，却是可望而不可即的。生存不易，有没有那么多富余资金暂且不论，如果货物吞吐量太小，这些先进设施也发挥不了效用。所以，大多数仓储管理人员，还得手工或半机械化劳作。

针对仓储业普遍作业水平和条件，仓库应该怎么管理？人员如何分工并提高效率？怎样控制差错率？如何有效安排配送路线？甚至货架、叉车选购应该注意哪些问题，仓库寻址需要关注哪些要素？等等。问题琐碎却不容忽视。

如何提升基层物流从业人员的业务技能，促进其掌握仓储物流作业的基本规范、流程和方法，是整个行业亟须解决的问题；同时，帮助仓储物流管理人员提高管理水平，改善管理方式、手段，对提升行业整体效率和效益意义重大。

本书以笔者所在的水西汽配公司为背景展开。水西汽配公司是一家连锁企业，主要经营汽车保养用配件，年销售额 10 亿元。公司中心仓库仓储面积约 5000 平方米，平均存货金额 8000 万元，库存进出基本计量单元（SKU）有 2 万多个，服务 300 多家下属直营店，员工 45 人。公司货架、叉车等基础设施齐备，业务流程各环节以手工操作为主。

本书针对仓储管理中的常见问题，结合水西汽配公司仓库管理实践，每节就一个问题或主题，提出解决方案或思路。

由于水平有限，错漏在所难免，恳请读者朋友批评指正，不胜感激。

王化晶

见此图标微信扫码
从零开始学做物流经理

目录
CONTENTS

第一章 仓储制度规范

第二章 库房规划设计

第三章 物流装备设置

第四章 库区管理原则

第五章 作业制度要求

目录

第六章 作业控制手段

第七章 库存分析方法

第八章 项目管理工具

第九章 团队组织建设

第十章 绩效考核模式

第一章

见此图标 微信扫码
从零开始学做物流经理

仓储制度规范

一、分区管理

笔者所在的水西汽配仓库原来每个人负责 3~4 家门店的发货和 2~3 种品牌产品的管理。只要所辖的门店下达了采购订单，责任人就得发货；如果分管的品牌到货了，则要清点入库，并对库存差错率负责。但若其他人员到其管辖的品牌区域拣货[①]，致使出现库存差错[②]算谁的？由于责任不明确，库存差错率很难控制。

通常，仓库接到门店的订单（仓库一般会转为拣货单），由相关责任人把拣好的货汇集装箱。因为装箱人和复核人不能为同一人，所以大家两两交换角色核对。这就要求仓库管理者不仅要认识所有的货品，而且要熟习拣货、装箱、核对等环节。这种方式有利于培养多面手，但效率较低。

为改变现状，笔者采用分区管理方法，把仓库存货空间分为多个区域，每个区域固定分配 2~3 人。如此，区域内收发货负责人相对固定，其他人员不能随意进入该区域拣货，容易明确责任。如果某区域库存有差错，则由该区域相关负责人负责。同时，工作人员专注于一个区域，效率大幅提高。分区管理，核心是专业化分工、责任到人。

此外，装箱、复核岗位分离，相关人员不再负责拣货，只负责装箱和核对环节；如此，选派几位资深员工，把关出库环节，就能降低发错货概率。

具体实施中，还需要解决以下几个问题。

一是 ERP[③] 系统不支持订单拆分，单据不能按区域分割。原先拣货单一式两联，一联仓库留存，一联随货发给门店。仓库被分隔成多个区域后，两

---

① 拣货，即配货，指按照拣货单（订单）从货架取货的过程。

② 库存差错：仓库商品账实不符。

③ ERP，Enterprise Resource Planning，企业资源计划。

份单据不够用。

二是一张订单多个区域同时拣货，各区域的发货进度不好控制。需要协调各区拣货进度，确保步调一致。

针对这些问题，提出以下解决方案。

拣货单一式多联，每个区域一联，各区按固定联单拣货既不容易错乱，也不会重复。

岗位分开，各负其责。例如，库管组主要负责品牌产品的到货清点、入库、上架、按单拣货，对库存差错率、拣货及时性、拣货差错率[①]负责；装箱组则要对库管组拣完的货品进行装箱、核对、封箱并搬运至发货区，对发货差错率[②]负责；装箱组要记录复核装箱过程中发现的拣货错误，作为库管组的考核依据。

协调发货进度，对拣货单进行编号；序号越小，优先级别越高。根据订单的紧急程度，订单处理员打印单据并编号，并手工记录于拣货单上。对于每天上午要发的货物，或客户自行提货的，须提前备好货物，订单编号为1~30；对于需要送到货运市场发货的，编号为31~80；对于货运公司晚间上门提货的，编号为81~110。仓库各区域按订单编号由小到大的顺序拣货，协调好各区域拣货进度。对于需紧急发货的，配送人员可与订单处理员协调，修改单据编号，调整优先级。

分区管理，在不增加员工工作量的前提下，可提高工作进度。但是，分区管理也有不足：不能解决区域间的协作问题。因为订单所涉商品不同，且仓库各区域所管理的商品到货时间不同，经常会出现某些区域忙得不可开交，某些区域却无货可发的情况。

为解决这一问题，可使用经济激励手段，引导岗位间协作：当本库区工作量不饱和时，鼓励员工支援其他库区。协助内容包括装箱复核、商品上架、到货清点、分拣等。被支援库区负责记录协作事项、日期、时长（以半小时为单位）。可按月统计工作量。超过20小时的可以带薪休息1天，同时工作量清零；没有达到20小时的，于次月累计数据。

二、业务流程

仓库要建立各项制度，固化工作规范，可从入库开始规范业务流程（见图1-1）。

---

① 拣货差错：下一环节发现的库管人员拣货差错（货未出仓库）。

② 发货差错：门店或客户处发现的仓库发货差错（包括数量及型号）。

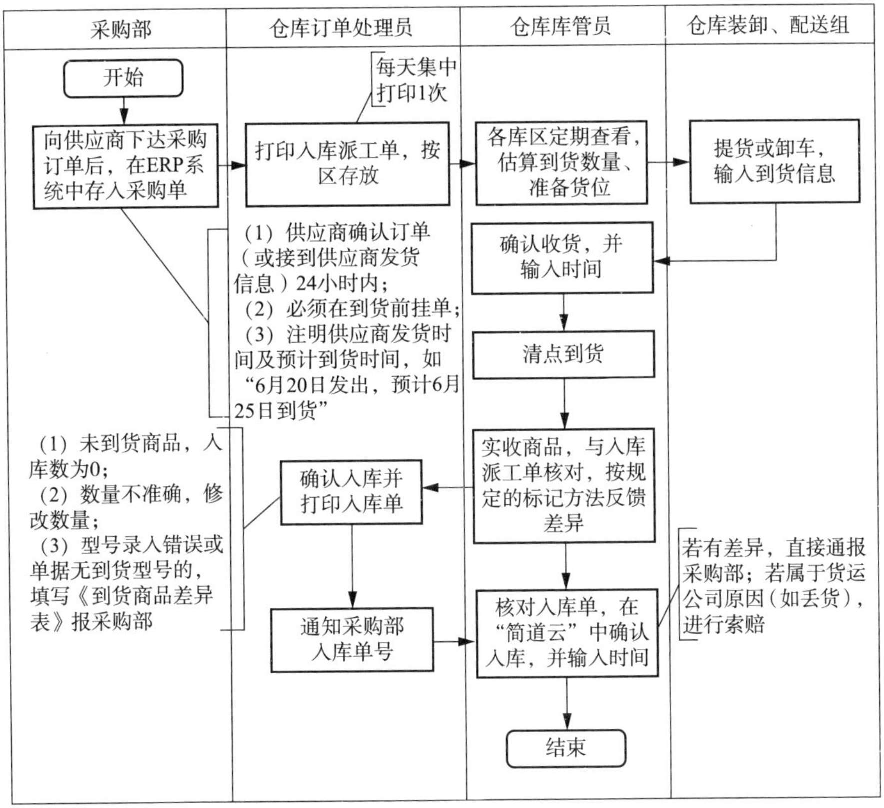

图 1-1 仓库入库操作流程

笔者所在的水西汽配公司，大家平时主要通过钉钉软件沟通。为了监控入库进程，为后期绩效考核收集数据，在第三方“简道云”系统中设置信息收集表格，对入库的每个环节进行确认，具体字段包括：到货日期、商品品牌、件数、收货确认（是/否）、收货时间、收货人、入库确认（是/否）、入库时间、入库单号、备注。其中，收货是指货运公司送到或配送人员提取的货物，但尚未清点；入库是指货物已清点，并更新 ERP 系统中的库存数量。

对于到货清点的时间，也与采购部门进行了协商。

（1）到货品种 1~50 个：12：00 前到货，当日下班前入库；12：00 后到货，次日 12：00 前入库。

（2）到货品种 51~100 个：12：00 前到货，次日 12：00 前入库；12：00 后到货，次日下班前入库。

（3）到货品种 101 个以上：48 小时内入库。

办理到货入库时，如发现到货商品与入库派工单[①]不符，订单处理员编制到货商品差异表提交采购部门，经核实再行入库，到货商品差异表格式如表1-1所示。

表 1-1　到货商品差异

商品名称	零件号	应入库数量	实际入库数量	数量差异	备注

各库区库管员办理完入库手续，将已核对并签名的入库派工单及对应的供货商发货清单一并交订单处理员保管，留存期限不得少于6个月。

若供应商发货清单与采购单不符，库管员清点到货后，在入库派工单上按以下方式标注差异，以便于订单处理员于ERP系统中办理入库：未收到该商品的，在该行编号上画“×”；数量不对的，在数量上画“×”，备注实收数量并画圈；采购部录错型号的，或所收商品入库派工单中没有的则于单据空白处注明。

此外，规范出库流程，如图1-2所示。同时，设计相关登记表格，具体如表1-2、表1-3、表1-4所示。

表 1-2　自主退货登记

商品名称	客户名称	拣货单号	零件号	订货量	实发量	差异量	原因

表 1-3　出库商品交接

商品名称	日期	客户名称	拣货单号	备货人	备货件数	订单行数

表 1-4　外出发货登记

商品名称	客户名称	发货件数	货运公司	发货时间	送达时间	运费	发货人	备注

① 即采购单，入库完毕生成入库单。

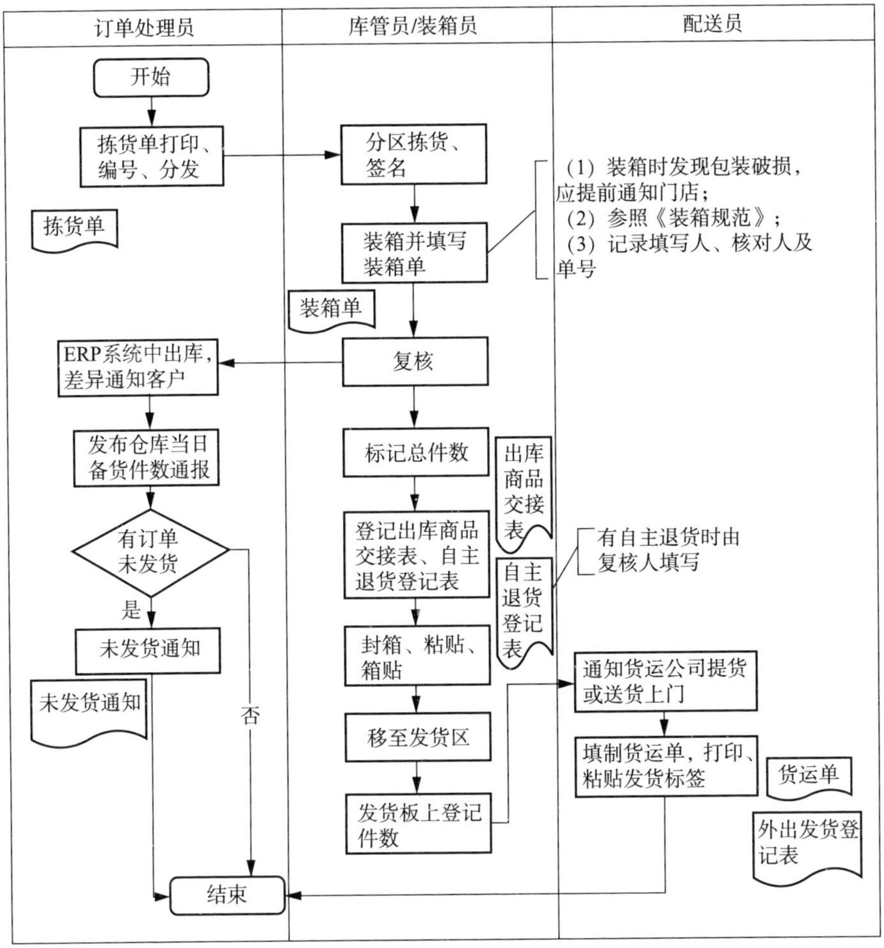

图 1-2　仓库出库操作流程

三、精简流程

有这样一个实例，一家公司准备淘汰一批落后设备。

为此，董事会决定：这些设备不能扔，找个地方存放。于是公司专门为这批设备修建了一间仓库。

董事会认为：防火防盗不是小事，须安排门卫。于是找了个门卫看管仓库。

董事会担心：门卫没有约束，玩忽职守怎么办？于是公司又派了两名员工过去，成立计划部，一个人负责下达任务，另一个人负责制订计划。

董事会又要求：必须随时了解员工工作的绩效。于是公司又派了两名员工，成立监督部，一个人负责绩效考核，另一个人负责撰写总结报告。

董事会指示：不能搞平均主义，员工收入应该拉开差距。于是公司又派了四名员工，成立管理部。三人分别负责计划部工作、监督部工作、财务部工作，一人担任总经理。

董事会最终决议：仓库的管理费用为35万元，成本过高，一周内必须想出解决办法。

于是，一周后，门卫被解雇了。

其实，管得越少，管得越好。任何工作，试图面面俱到并不现实。

客观上说，规章制度、业务流程、工作规范必不可少，但过犹不及。流程要精简、适用、适当。精简流程需着重关注以下几个方面。

（1）不利于创造价值的流程无意义。

（2）流程受阻，预示着可能存在问题，或需要改进。

（3）耗时，执行不下去的流程须及时改进。

（4）流程不是描述如何做好当前工作，而是如何做得更好。

（5）让一线员工检查流程的适宜性，管理者不能闭门造车。

（6）批量任务，可由专人审批或统一操作，缩短处理周期。

（7）流程环节要逐一分析，检查是否存在重复、缺失、低效等问题。

管理过度必然使行动变得迟缓，把复杂的问题简单化则是一门艺术。

四、工作交接

仓储业务多半会涉及产品所有权的转移。因此，对于各类交接事项，管理者应引起重视，争取做到外部交接靠单据，内部交接有流程，以便事后追溯，明确责任。工作交接主要分以下三种。

1. 外部交接

外部交接一般指仓库与同级的职能部门或外部客户、货运公司等的交接，主要有两种。

（1）部门间交接。市场部门购置的促销礼品（如手机、电脑、电动车、图书资料、展架等），一般会送交仓库保管。在接收过程中，库管员要依据商品明细单查点签收，交接双方各留一份备查。

（2）与外部组织交接。客户直接到仓库取货，由客户在出库单据上签字确认；配送人员将货物送交第三方物流公司发运，需要货运公司提供货运单作为凭证；外出提货时，配送人员务必要当场清点件数，确保与货运单一致，并留存一份货运单。

注意事项：基于零担运输多按件数收费，为节省运费，日常仓库发货时偶尔会把箱子较小的两件货物用胶带捆绑在一起。为预防货运公司丢失货物时，将原来绑在一起的两件或多件货物拆开，凑足件数以逃避责任，清点货物时需要仔细查看货箱上有无拆解的痕迹。

2. 内部交接

内部交接指仓库内部的交接，如配送人员提货后转交库管员清点入库等。

内部交接相对简化，一般不需要单据，但要有相应的监控流程。日后若出现货物找不到的情况，可以查询相关记录。通过流程确认，还可以跟踪工作进度。

3. 离职交接

为保证工作的延续性，员工离职时，交接工作务必做好。

（1）按照劳动合同法，员工离职一般须提前一个月提出。当收到员工的离职申请后，仓库管理人员应尽快安排接手人。接手人要及时熟悉工作内容，了解相关问题，推进交接工作。

（2）由仓储主管、离职员工及接手人共同对所涉库存商品进行盘点，特别是贵重产品，逐一检查商品状态，保证数量无误、质量良好。盘点完成后正式交接，双方签字确认。若后续发现库存差错，则由接手人承担全部责任。库存商品交接表，如表 1-5 所示。

表 1-5　库存商品交接表

________（离职人）与________（接手人）经盘点确认：________（品牌）所有商品与________年________月________日 ERP 系统实时库存数据完全一致，双方交接，以后责任不再追溯。库存数量以所附清单为准。 交出人：________　接手人：________　监督人：________（仓储主管） 附：库存商品清单 库存清单三方签字后，各保留一份，监督人的那份清单交物流经理保管。

（3）需要交接的其他事项：①收回配发给离职员工的相关工具（计算器、对讲机等）、储物柜钥匙、宿舍钥匙、车辆钥匙、门禁卡等物品。②离职员工临时保管的各种单据，如货运单、供应商、货清单、近 3 个月盘点表单等。③若离职员工拥有 ERP 系统登录权限，通报 IT 部门及时取消账号。此外，及时冻结或删除离职员工以单位名义开立的钉钉、QQ、微信、邮箱等账号，或者交给接手人并及时更改密码。④离职员工有向单位借款的，要提前还清。⑤若离职员工为某产品的固定收货人，需通报采购部门与供应商，修改收货

人信息。同时，通报各相关职能部门离职员工情况，并明确接手人。⑥离职员工有购买团体意外保险的，须请人事部门通报保险公司更新员工名单。⑦离职员工须填制离职申请表，并签名确认。⑧企业规定的其他交接事项。⑨结清离职员工工资。

五、6S 管理法

6S 管理法起源于日本，6S 是整理（sort）、整顿（straighten）、清扫（sweep）、安全（safety）、清洁（standardize）、素养（sustain）六个要素的统称，如图 1-3 所示。

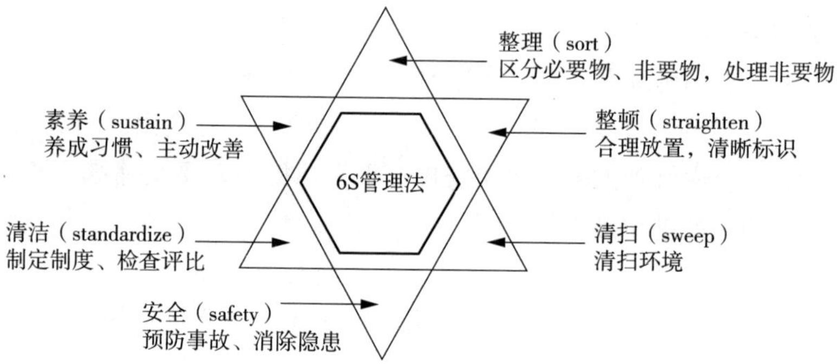

图 1-3　6S 管理法

（一）整理

整理，是指将现场物品区分为必要物和非要物，保留必要物，清走非要物。

可通过发起专项“红牌行动”集中清理非要物。组织专项活动前要划定非要物范围，作为判断依据。非要物包括以下各项。

（1）蜘蛛网、灰尘、废纸、烟蒂、油污、垃圾、杂物。

（2）不能使用的旧手套、圆珠笔、记号笔、标牌、破抹布、拖把。

（3）已过规定保留期限的各种单据、报表、账本、文件，破旧报纸、书籍。

（4）过期海报、标语，无用的粘贴物及残胶。

（5）无用托盘、纸箱、打包带、缠绕膜，损坏的货架。

（6）过期、已报废未处理的产品，无法修复的工具、仪器。

（7）私人物品，以及废弃的包装材料。

整理工作实施流程，如图 1-4 所示。

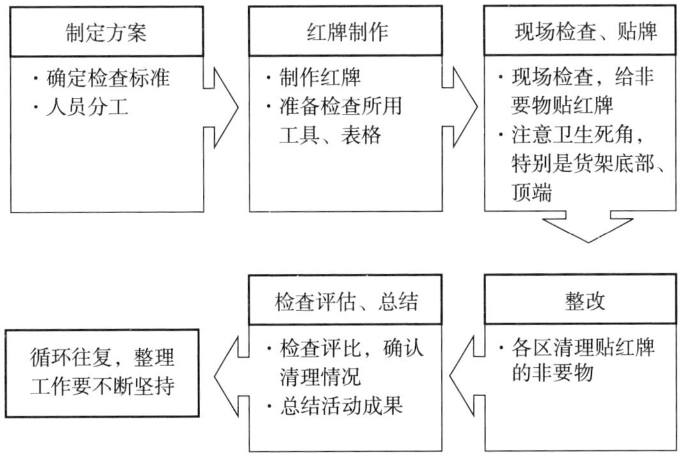

图 1-4 整理工作实施流程

整理过程中，除了区分、清理非要物外，还要对存货中的不良品、滞销品进行处理。如要求各区域员工沿货架逐一登记损坏、包装破损、临期等无法发货商品，集中报废清理。对于半年以上无销售商品，需清点、下架、装箱，置于货架顶端或底端，腾出空间。同时，手写清单贴于外包装箱上，以备偶然发货时方便查找。

有的管理者在做整理时，对清理的非要物不忍丢弃，专门安排空间存放。虽然勤俭节约的习惯值得推崇，但是保留非要物花费的仓储租金，及由此带来的人工管理费用相当高。因此，应尽早将非要物处理变现。

（二）整顿

整顿，是指将必要物按科学方式摆放整齐并明晰标识，使必要物存放清晰、规范、醒目，以便货物高效出入库。整顿具体要求如下。

1. 区域标识

（1）标识各工作区域、通道的界划线，不得越线。

（2）对于升降机等易发生危险的区域，周围须画黄线以警示。

（3）制作仓库定置图，标示各品牌产品、安全通道及消防设施具体位置。

2. 货物摆放

（1）采用固定货位制，货架要统一编号，同一商品放置不超过两处。

（2）积压退货、理赔件、包装材料等固定位置存放；正品、不良品分开放置，明晰标识。

（3）根据产品发货频率调整货物摆放位置，吞吐量大的产品置于靠近装箱区域，易混淆产品须在货架一端注明。

（4）汽配产品同一品类的两个SKU，日常备货数量差距非常大。为此，可在货架两端、顶端设置补货区。货架上可适量放置产品，不足时由补货区补充。仓库面积充裕时也可设置专门补货区，设定货架产品放置的最大、最小量，低于最小量时由专职人员补货。

（5）同层货架隔板上放置多个SKU的，在横梁上粘贴不干胶标贴，注明所放置产品的起止编号。

（6）提倡整数码放货物，以便清点。

3. 其他措施

（1）各区域工具、车辆实施编号管理，无特殊情况不得混用。

（2）清洁工具、地牛、拖车置于指定位置，不得占用消防通道。

（3）已打印未分派的各类单据（拣货单、入库派工单等），按区域置于不同文件夹，避免混淆。

（三）清扫

清扫，就是将工作场所内清扫干净，保持工作场所整洁、亮丽。做好清扫工作，须提前编制作业指导书，具体内容如下。

1. 清扫区域

指定需要清扫的区域，包括地面、墙面、天花板等。

2. 清扫对象

说明清理对象，包括垃圾、灰尘、纸屑、蜘蛛网、废弃物等。对于地面的水迹、油迹，要彻底清除。

3. 划分责任区域

按小组划分责任区域，确定责任人。

4. 清洁工具及使用方法

如水泥地面用扫帚打扫，木地板用拖把拖等。清扫水泥地面前要抛撒湿锯末防尘。

5. 检查标准

明确卫生检查项目、标准及方法。

6. 清扫时间

如规定每天例行打扫时间；不定期检查，以防部分员工懈怠。

7. 注意事项

对于卫生死角、可能的污染源应指定专人负责。另外，清扫工具应就近放置，以便随时取用。

（四）安全

安全，即要确保员工及货物安全。工作人员要树立“安全第一”的观念，提高安全意识，消除隐患，防患于未然。

做好现场安全保障工作，有三个要点：一是现场安全可视化；二是现场安全检查；三是强化员工安全意识。

1. 现场安全可视化

（1）升降机周围安装围栏，并用红字标示“危险”字样。

（2）黄色油漆标示各消防通道范围，任何人不得占用，并用箭头指明出口。

（3）各配电箱上粘贴“小心高压”标贴。

（4）各库房用标牌指示逃生路线。

（5）主要过道、各库房门口安装应急灯。

2. 现场安全检查

（1）通道和取用安全设备过道标识是否清晰，有无阻碍。

（2）地面是否凹凸不平，致使叉车过于颠簸货物坠落。

（3）地面是否湿滑、积水。

（4）防火设施、预警设备布置是否合理，数量是否充足，是否正常。

（5）灭火器摆放是否规范，干粉是否过期，标识是否完好。

（6）是否制定了防火、防洪等应急措施。

（7）叉车、配送车辆、升降机运行是否正常，是否有安全隐患。

（8）操作叉车等机具员工，是否存在无证上岗现象。

（9）仓库内货架立柱有无变形。

（10）采光、照明是否符合作业要求，库房内灯具是否防爆。

（11）高温、低温作业是否有保护措施。

（12）货架是否存有倾倒风险。

（13）电源线路是否破损漏电。

（14）是否有防火措施，各电源插座、开关有无防护罩。

（15）劳保用品是否充足，员工是否正确佩戴或使用。

（16）是否存有仓库内手机、电动车充电，存放摩托车等问题。

3. 强化员工安全意识

（1）制订消防安全培训计划并如期执行。

（2）制定常用设备（叉车、升降机）等安全作业规范，包括操作说明以及意外处置要点。

（3）仓库大门加装电铃，听到铃声务必立刻撤离。

（五）清洁

清洁，即把6S管理常态化，通过定期或不定期检查、评比，巩固成果。其要点包括：①制定6S管理制度与规范；②进行6S管理检查、评比、奖惩；③通过活动展示、宣传，让员工看到成效，提升信心，把6S管理长期开展下去。

欲落实，必检查，具体要求如下。

1. 自检

员工要定期或不定期地对负责区域的6S管理实施情况进行自检，自检内容如下。

（1）检查是否有货物掉落。

（2）是否擦干渗漏水、油及其他污垢。

（3）整理错位商品，如把存放在多个货位上的商品归置于一处。

（4）标识牌、标签等是否干净，字迹是否清晰。

（5）所有工具、车辆是否置于应该放置的地方。

（6）所有非要物是否处理。

（7）经常使用的工具是否摆放在易拿取的位置。

（8）积压品、索赔品是否放置到规定区域。

…………

2. 巡视

汇总前期整改要求，制作巡视检查表，安排仓储主管定期巡视，确认问题是否得到整改。巡视人员要按条目逐一检查、确认、记录存在的问题，派专人跟踪改善。

设计专用的现场问题记录表，包括区域、问题描述、改善建议、责任人、整改期限等内容。

巡视时态度要端正，发现问题当场指正，并鼓励现场人员找问题、提想法。对于表现好的给予肯定，表现不好的要敢于批评，屡教不改者责令限期改正。

3. 评比

评比检查表格要简明、易填写，直观、可操作，便于界定。另外，检查项目不能一成不变，要根据实际情况及时调整，评比检查表和6S管理检查评分标准分别如表1-6、表1-7所示。

检查时可两人一组，每组由一名仓储主管和一名普通仓库员工组成。检查时，两人意见一致时方可填写评比结论；不一致时由仓储经理决定。对于问题，以及表现好的区域要拍照留存。

表1-6 评比检查表

项目	检查内容	满分	得分
整理	是否定期实施红牌方案（清除非要物）		
	有无不用的工具		
	……		
	小计		
整顿	工具是否易于取用		
	各货位是否清楚标识		
	理赔品及其他不良品是否有专用货位		
	作业现场是否有明确的区域标识		
	……		
	小计		
清扫	作业现场是否杂乱，是否定期检查		
	产品表面有无灰尘，货物是否直接放置于地面		
	各区域是否定期打扫卫生		
	……		
	小计		
安全	安全标识是否齐全		
	劳保用品是否到位		
	电器、线路有无触电、漏电隐患		
	工作环境是否适宜（包括光线、温度等）		
	……		
	小计		

（续表）

项目	检查内容	满分	得分
清洁	管理栏是否定期更新		
	有无应激措施		
	……		
	小计		
素养	有无在岗培训		
	晨会是否按时召开		
	……		
	小计		
	合计		
评语			

表 1-7　6S 管理检查评分标准

序号	项目	1 分	3 分	5 分
1	区划线、通道线	区划线不全或缺少	有区划线但较脏	色泽鲜明
2	地面	各处均有垃圾，常有油、水，未清扫	没有垃圾，没有油、水，但略有灰尘	地面干净
3	标志牌	无法辨认字迹，内容未及时更换	有不需要的标志牌	标志牌清晰新颖
4	货物	没有按货位放置	货物放置地板或托盘上	货物放置于规定货位
5	工具	工具不全，摆放杂乱无章	工具齐全，但位置不清，标识不明确	每件工具均有明确的位置，标识清晰，使用方便
6	消防器材	灭火器、消防栓变形、破损	一部分不干净	整洁，无超期器材
7	货架	货架不干净，商品放置混乱，有非要物	较清洁，但商品未按规定摆放，标识不齐全	货架整洁，商品放置整齐，标识明确
8	清扫用具	清扫用具不干净、不齐全，摆放混乱	清扫用具齐全，按规定摆放，部分不干净	清扫用具整洁，摆放整齐

检查结束，及时公布结果，当月奖惩。对于不达标的员工或小组，责令其提出改进计划。

可使用宣传栏、小黑板、电子屏、墙面等进行活动展示和宣传。这方面要注意的事项包括：①要图文并茂、通俗易懂、多使用数字及图表；②内容要丰富，颜色要合理搭配；③位置要合适，字号不能过小；④要有专人负责，动态更新。

（六）素养

培养提高员工素养要经历三个阶段：一是形式化阶段，包括举办各种活动、强制安排任务、严格检查和督导等；二是机械化阶段，把要求上升为制度或标准，引导员工按标准做事；三是习惯化阶段，通过不断宣传、反复检查、经常辅导使员工把 6S 管理要求变成行为习惯，把遵守 6S 管理标准变为自觉要求。

为提高员工素养，笔者在水西汽配仓库采取了以下措施。

（1）召开晨会。通过晨会让员工尽快进入工作状态，及时传达计划与指令。

（2）建章纳制。包括厂规厂纪，岗位职责与考核方案，业务流程与作业标准，安全、卫生守则以及服装、仪容、举止、交谈等企业文化制度。

（3）开展各种教育、培训活动。利用晨会、周会进行 6S 管理教育培训，组织多种形式的知识竞赛。

（4）对于员工违反规章制度的错误行为，要及时纠正。

在完善 6S 管理法基础上，业界又相继提出了很多改进的方法，可归结为“6S+”管理法，如表 1-8 所示。

表 1-8 “6S+”管理法

项目	定义	目的	要领	实施办法
节约	减少企业的人力、时间、空间、库存等资源消耗	使员工养成勤俭节约的习惯，减少浪费	以主人翁心态节约企业资源，发挥资源最大效能。 丢弃物品前考虑其剩余价值，做到物尽其用，开源节流。 落实整理、整顿工作，检查空间布置的合理性，杜绝浪费。 制定合理的作业标准和工作规范并严格执行。 制定能源或资源使用标准，避免库房、货架过剩；避免卡车、叉车等运力过剩；避免购置不必要的机器、设备；避免文具、桌椅等办公设备过剩。 节约用水、用电、用气，节约各种原料和辅料，争取二次利用。 合理安排工作量，使员工工作饱和。 减少冗员	加强员工教育培训，提升员工成本意识，以节约为荣，以浪费为耻。 制定考核制度体系。 加强监督管理

（续表）

项目	定义	目的	要领	实施办法
学习	深入学习各项专业知识	营造、改善企业学习氛围	学习他人（同事、上级等）长处，完善自己，不断提高综合素质。 学习专业技术知识，提高岗位技能	加强员工教育培训，发放书籍、相关资料等。 完善考核制度体系，提高员工学习积极性。 向其他企业学习
服务	站在客户（外部客户、内部客户）立场思考问题，努力满足客户需求	提高服务水平，赢得客户信赖	强化服务意识，尊重客户，尽可能满足其需求；因故不能满足客户需求时，要耐心解释。 员工间交流态度要和蔼、相互尊重，营造和谐的工作氛围。 身体力行，不应停留在口头上	利用岗位准则进行引导。 运用制度进行督导。 通过考核体系进行激励
保密	保证企业内部信息不被泄露	切实做好保密工作，防范和杜绝泄密事件发生，维护企业正常经营管理秩序，保障企业合法权益不受侵犯	不说不该说的话，不问不该问的事，知道的事不传播，不知道的事不打听。 不向范围之外的人谈论涉密事项。 坚持“积极防范、突出重点、有保有放、内外有别”的保密原则	制定相关规章制度。 强化教育培训，提高员工保密意识
速度（效率）	以最少的投入换取最大的效能	提高工作效率	合理安排、督促落实。 采取有效措施，减少人力、资金、时间投入	提前计划，提前或按时完成。 把合适的人放置合适的岗位，用其所长、避其所短。 运用考核制度体系督导
坚持	意志坚强、有耐性	通过言传身教，培养员工在任何困难和挑战面前都不放弃的坚强意志	言传身教	加强员工教育培训，提高员工韧性。 各级管理人员以身作则

（续表）

项目	定义	目的	要领	实施办法
共享	共同分享，共同提高	弥补团队知识和技术层面的薄弱环节、能力缺陷，提升整体竞争力和应变力	与人共享、互补互利、共同提高	向其他企业学习先进管理方法、工作流程。让员工互相学习，不断拓展知识面，掌握新的技术与能力，使其不断提高
满意	所需服务得到满足后的状态	追求完美，让同事、客户满意	工作或服务高质量、低成本，让客户满意。 实施人性化管理。 保持明亮、干净、无灰尘、无垃圾的工作环境。 引导员工亲自动手，创造一流环境	利用行为准则进行引导、约束。 通过考核制度体系进行督导、激励

六、SRCFA 运作模型

作为仓库负责人，日常工作要抓住重点。仓库管理的运作要求可总结为 SRCFA，如图 1-5 所示。

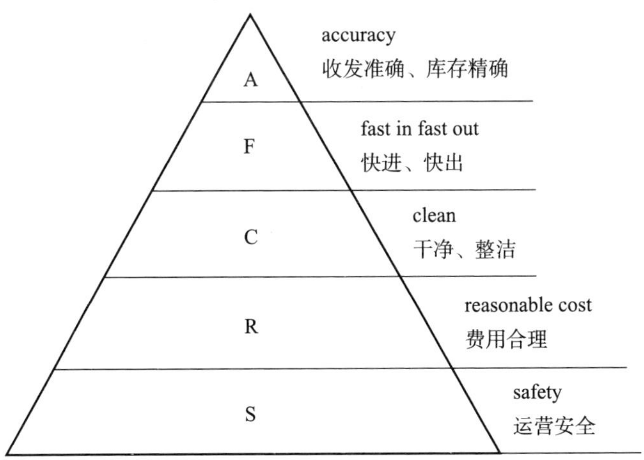

图 1-5 仓库管理的运作要求

1. 安全（safety）

安全是一切工作的基础，保证员工安全、货物安全，是管理的第一要务。如何确保安全，关键在于提高员工的安全意识。作为仓库管理者，要年年讲、月月讲，逢会必讲。管理者重视，员工才会关注。

2. 费用合理（reasonable cost）

费用支出并非越少越好，但要适当、合理。

可采用以下几种方法进行成本优化。

（1）避免不必要费用

（2）厉行节约，能省的尽量节省。

（3）对于费用支出进行适当控制，如先审批再支付等。

3. 干净、整洁（clean）

仓库卫生状况看似无关紧要，实则是仓库管理水平最直观的体现。

4. 快进、快出（fast in fast out）

为提高库存周转率，到货产品要及时入库（包括新品、客户退货、理赔产品等），客户采购的货物要及时发出。缩短货物在仓库内停留的时间，不仅能够降低仓储租金及管理成本，而且可提高工作效率。

5. 收发准确、库存精确（accuracy）

精确收货、发货，不出差错，进而保证库存准确、账实相符。为了做到库存数量准确，要及时盘点，控制出入库差错。

七、持续改善

东西方在管理理念上存有较大差别。西方惯于创新，“巨大改进”，即借助对新技术或设备的大投入。东方社会则主张遵从“逐步改进”规律，推崇细小的渐进式改进，不断累积最终提高标准。重点强调以改善士气、沟通，强化训练、团队精神等来达成目标。从成本角度来看，这一观念更适用于中小民营企业。

无论是西方的“大进”还是东方的“累进”，都强调持续改善的重要性。如何改善，可从以下几个方向着手。

1. 改善工作的组织方式

（1）问题可视化。通过问题的可视化来应对挑战，管理者要学会引导大家把注意力集中于关键问题。

（2）重视员工的提案与建议。管理者要鼓励和支持工作人员阐发个人见解和建议，以及解决方法。

（3）质量小组。定期组织质量小组，通过头脑风暴等方式，群策群力解决问题。

（4）研讨会。为特定的问题组织召开跨职能部门研讨会。

2. 改善工作须坚持的原则

（1）抛弃传统固化思维。

（2）将结论建立在数据基础上，不可凭直觉。

（3）思考如何做，而不是为何要做。很多时候只有尝试着做才能有进展。

（4）不找借口，从质疑开始。

（5）没有十全十美的方案，只要有可能成功就要立即行动。

（6）持之以恒，坚持总会有结果。

（7）杜绝返工，不要将不合格品或错误信息往下一个流程传送。

（8）改善从问题开始，永无止境。

3. 改善工作的着力点

（1）审视工作有无瓶颈、有无障碍，是否需要重新安排，提高效率。

（2）梳理审视作业流程是否顺畅、各流程环节是否同步。

（3）检查各项工作是否遵循标准，流程是否可改，工作标准是否正确，作业方法是否安全、有效，流程衔接是否充分等。

（4）分析工作效率是否还有提高的空间，员工的工作技能能否满足要求。

（5）检查各种设备、工具是否异常，是否处于良好状态。

（6）加强成本核算，厉行节约。

（7）检查工作现场有无安全隐患。

（8）了解问题是缺少系统培训还是没有规则导致的。

…………

4. 改善工作的步骤

改善工作的步骤如图 1-6 所示。

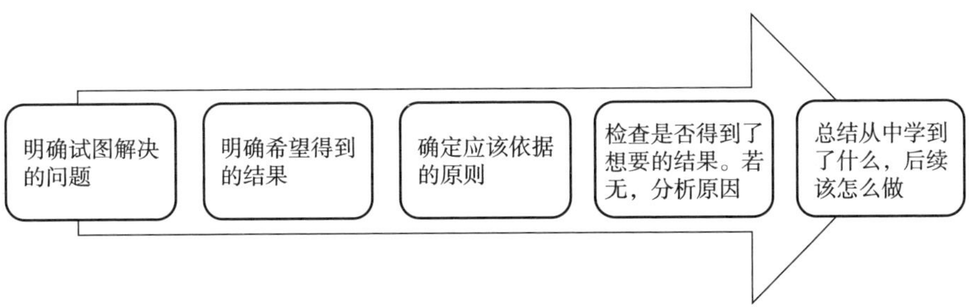

图 1-6　改善工作的步骤

5. 改善工作需要注意的问题

（1）对改善工作取得的成果要及时奖励。对员工取得的成果要适时奖励，但有时对员工的贡献进行示范性宣传要胜过物质奖励。这种激励方式包括：邀请员工家属参观工作场所（现场特别说明员工取得的成绩）；向员工授予公司徽章；公司公告板宣传；播放公司内部纪录片等。

（2）过于强调以结果为导向的考核会阻碍改善。持续改善更多在于过程而不是结果，过度以结果进行考核，易落入急于求成的怪圈。例如，公司下达降低包装成本10%的任务。从持续改善的角度来说，须从根本上杜绝浪费使用包装物，或用更合理的打包方式减少包装物用量，而不是“头痛医头、脚痛医脚”。

（3）全员参与。改善意味着持续不断的改进，这是全体员工共同努力的结果。要集众人智慧，而非依赖个别人的能力。从另外一个角度来说，整个团队齐心协力地解决一个问题，对团队内的每个成员都是宝贵的学习成长经历，可以有效增进团队或员工间的团结合作。

管理者要把改善的思维模式深深植入每个员工的心底。改善若不是员工自觉发起、主动参与，很难见效。

知识链接

3M、PDCA与SDCA

1. 3M

（1）浪费（muda）

不产生附加值的活动或工作均为Muda，而不增加价值的工作或活动最终都会体现为成本。

（2）不均衡（mura）

不论何时，工作被中断，或流程被中止，就会出现Mura。这种情况下，所有人都必须调整速度，以配合速度最慢的人。

（3）超负荷（muri）

任何超出员工能力范围或违反规律的，都易出现问题。

2. PDCA与SDCA

PDCA与SDCA是企业提升管理水平的两大抓手。PDCA是企业管理水平不断提升的驱动力，确保每天进步一点点，从而持续改善。SDCA是预防企业管理水平下滑的控制阀，可保障工作的顺畅运行。

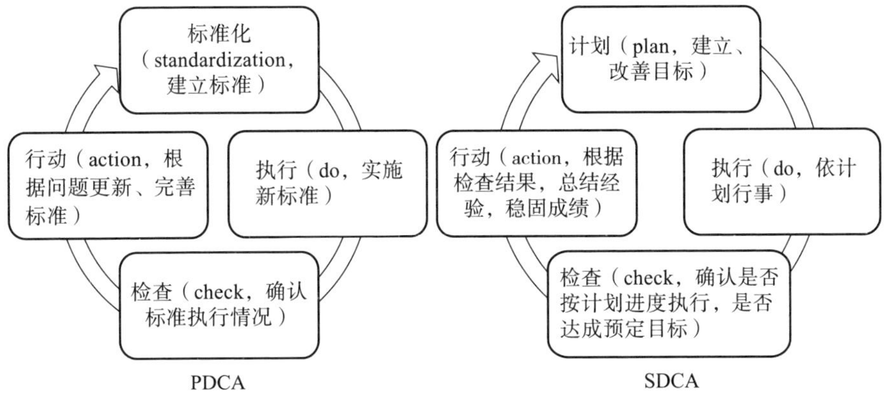

图 1-7　PDCA 与 SDCA

八、九大原则

仓库日常工作有一些通用规则，具体如下。

1. 先进先出、一次出库

（1）先到货商品，先发出。

（2）商品出库必须准确、及时、一次性完成，已办理出库手续的商品不可堆放在货位上，以免造成混乱。

2. 锁定货位、面向通道

（1）储存商品的货位尽量固定，同一种商品应存放在同一个货位上，即一货一位。

（2）为方便存取，商品应面向通道摆放。货物和货位的编号标识、名称等亦应布置在容易看到的位置，包括大小标牌、看板、位置指示灯、电子显示屏等。

（3）出货、进货频率较高的货物应靠近主通道存放，特别要靠近出入口。流动性差的商品须放在距离出入口稍远的地方，季节性商品则依其特性选定场所放置。

（4）高价值商品，应放置在仓库深处、“人迹罕至”的货架上。

3. 日事日毕、日清日结

当天所有订单当日备货完毕。

4. “六不入”原则

（1）有单无实物不入库。
（2）商品与到货清单标注的数量、规格型号不符的不入库。
（3）商品损坏或包装破损，且无人承担责任的不入库。
（4）入库前被借走的商品不入库。
（5）ERP 系统入库任务中未包含的商品不入库。
（6）商品型号标识不清的不入库。

5. “五不发”原则

（1）没有出库单（拣货单）的不发，单随物走、物随单流。
（2）商品损坏或包装破损，经与客户沟通确认对方不接收的商品不发。
（3）未办理入库手续的商品不发。
（4）超过订单规定截止时间的商品不发。
（5）门店不及时缴纳服务费的商品不发。

6. 门卫要求

（1）除仓库工作人员外，其他人未经批准一律不得入内。
（2）严禁任何外来人员携带商品进出仓库。
（3）有来宾视察时，须由总监及以上职位的领导陪同。
（4）仓库内严禁拍照。

7. 借出原则

（1）禁止无单借出商品，借用商品必须持有业务部门出具的销售单。
（2）商品返还时，依退货流程办理。

8. 安全原则

（1）仓库内严禁烟火，易燃物品须单独储存，严禁在仓库周边吸烟。
（2）做好防盗、防潮、防蚀、防尘、防雨、防火等措施。
（3）发现与库房相关的安全问题，要及时上报物流经理。

9. 摆放原则

（1）按照货物重量存放，上轻下重。
（2）人工搬运的货物应存放在齐腰以下位置，机械搬运的商品存放位置要与叉车和货架匹配。

九、堵住浪费源头

任何不增值活动均属浪费，浪费预示成本的增加，应尽量避免。为此，日本物流界提出改善作业效率的“六不”改善法，具体如下。

一是不让等。通过正确安排作业流程和作业量，使作业人员和机械连贯作业，不发生闲置。

二是不让碰。通过利用机械化、自动化物流设备进行物流装卸、搬运、分拣等作业，使员工尽量不直接接触产品，减小劳动强度。

三是不让动。通过优化仓库内的物品位置和采用自动化搬运工具，缩短物品和人员的移动距离和次数。

四是不让想。按照专业化、简单化和标准化作业原则，分解作业活动和流程，并应用计算机等现代化工具，使物流作业操作简便化。

五是不让找。通过作业现场管理，把工具和产品放置于容易查找的地方。

六是不让写。通过应用条码等信息技术，使作业记录自动化。

遗憾的是，企业的浪费现象仍随处可见，具体到仓库可以按照“人、机、料、法、环”5个维度罗列，举例如下。

1. 人

工作计划不合理导致人员闲置，不应加班的经常加班。

对员工聊天、擅离工作岗位、浪费时间等视而不见，疏于监督。

拖延决策导致后续工作无法开展。

对新员工指导不够，致使其用错误的方法工作，效率低下。

指令不清晰导致返工等。

2. 机

按最大业务量规划购置设备，但多数情况下闲置。

闲置机器不加保养，任由其受灰尘等侵蚀，致使其使用寿命缩短。

日常作业工具设备管理不当，员工需要花时间寻找，如叉车或梯子。

计算机及系统问题频现，如ERP系统运行缓慢、停机、无法多屏访问，PDA故障等。

3. 料

托盘等摆放不当，到货卸车时需先收集托盘。

废品未及时报废，待报废退货、索赔品返回仓库，没有就地处置。

工具、包装材料置于不当之处。

4. 法

因分拣、复核不仔细出现差错而造成逆向物流等。

车辆安排不当，提货时不顺路发货，空驶情况较多。

动线设置不当，员工盲目走动，导致无效作业。

流量大的商品未按 ABC 分类管理，频繁搬进搬出。

缺乏细致分析，导致无效劳动。

不必要的工序、无效和不必要的流程、过多的运输和过长的距离、无效的手工信息流程、冗长的审批流程、过度检查等。

信息的重复录入及无效传递，需人工输入、统计等。

5. 环

梯子、手推车等设备工具堵塞过道。

地牛、推车摆放混乱。

照明不足形成死角。

不及时修理楼板、屋顶等以致空间未加利用。

工作场所存放非必要物品，如机器设备占据重要空间。

货物临时性存放而不直接进入货位。

十、节能环保

以下是仓储环节一些常用的节能环保措施。

1. 照明

（1）采用节能灯；改进电路布设和控制方式。

（2）定期清洁照明设施；更换老旧照明设施。

（3）非工作时间白天光线充足时关闭灯具（全部或部分），利用天窗和通风窗，最大限度地利用自然光，如引进太阳能板或日光反射器。

（4）随手关灯，或引进自动感应器。

（5）提高对比度，降低光照要求。具体措施有：①区分存储区和备用存储区，集中视觉需求相似的货物；②区分大容量货物存储空间和精细货物存储空间（整件商品区相比散货商品区光照条件相对低），为精细货物提供局部照明；③使用带有彩色条码的货架，在货架和产品上粘贴大面积、高对比度的标签。

2. 通风降温

（1）离开时要及时关闭空调、电风扇，尽量自然通风。

（2）尽可能使用保温效果好的建筑材料，减少冷却和通风能源消耗。

（3）减少仓库周围的石块路面，有条件的种植树木或灌木。

3. 设备使用

（1）设备不使用时及时关闭。

（2）在仓库内部特别是较窄的过道作业，尽量使用地牛。若必须使用叉车，要选用电叉车。

（3）配送要做好规划，不在拥堵期间提货、送货。

4. 办公用品

（1）就地取材，如包装箱、打印纸等。

（2）使用节水洁具。

（3）自备饮水杯，减少一次性纸杯使用。

（4）笔、硒鼓等重复利用，文件等尽量双面打印。

5. 其他

（1）绿色出行，少开车多步行。

（2）组织开展节能环保培训。

十一、租赁合同

企业租赁仓库时，除了选址外，还涉及如何签订租赁合同。一份严谨的合同，不仅可以减少意外支出，还可以有效控制风险。签订租赁合同时，需要注意以下事项。

1. 出租人资格

出租人与仓库产权证人要一致。若是委托或者代理出租，需有产权人同意或授权出租的证明材料；共有仓库出租的，需有共有产权人同意出租的证明材料，如授权委托书等；转租的，要经产权人同意，并有准予转租的证明材料。

出租人是个人的，需要查看其居民身份证，并索要复印件。出租人是法人或者其他组织的，要提供其营业执照，并在全国企业信用信息公示系统中查询确认。若出租人属于国有企业、事业单位、公立教育或医疗机构，需要考虑其是否有权签订合同。

2. 房屋性质

（1）查看仓库产权证标明的用途，确认是否与批准的规划用途一致。

（2）审查仓库是否存在禁止出租的情形，包括无仓库所有权证，司法机关和行政机关依法裁定、决定查封或者以其他形式限制房产权利，共有仓库未取得共有人同意，权属有争议，属于违法建筑，已抵押且未经抵押权人同意，不符合公安、环保、卫生等主管部门的有关规定等。

（3）仓库是否涉及相邻关系的利益纠纷，包括居民用房通道、噪声、装修施工影响、营业影响、广告牌等。

3. 地点、面积、结构、装修状况、附属设施和设备状况

（1）仓库确切位置。产权证上记载的仓库地址应在租赁合同中详细列明；未竣工的要查看当地地名委员会颁发的门牌号码登记证明书，确认门牌号码。房产位置以及共用的通道、楼梯、附属设施等，同样要在附件的房产平面图中予以明示，便于日后相邻关系的处理。

（2）面积计算方法：确认以使用面积为准还是以建筑面积为准。

（3）明确仓库的具体用途。出租人有义务保证承租方能够按照规定的用途使用仓库，否则需承担违约责任。

（4）仓库交付时的装修状况及附属设施、设备的状况，需以附件形式明确。对附属设施、设备能否拆除、改建或者添设、租赁期满交还时的具体要求等均应明确。

如果出租人同意承租方对仓库进行装修或改造，应尽量明确装修或改造的条件及标准，并明确租赁期满时或者合同提前解除时如何处理。

在租赁合同中应明确约定装修损失的计算标准：装修损失＝装修原值÷租赁期限（总月份）×剩余租期（不足1个月的按照1个月计算）。

4. 租赁期限

租赁期限不得超过20年，合同中应明确承租方在合同期满后的优先承租权。租赁合同期限一般要等于或大于租赁期限，双方可约定一定的免租装修期。明确非因承租方原因而导致装修受阻的，免租装修期及租赁期限相应顺延。

转租则需要出租方提供其与仓库产权人签署的租赁合同原件，确保转租期限不超过租赁合同约定期限。

5. 仓库交付

（1）交付时间。除明确约定交付日期外，对于涉及前置或后续限制的交付时间，前后要一致。

示例：合同前半部分约定了一个具体的交付时间，但同时又在合同后半部分其他条款中做了其他约定，导致交付日期具有极大的弹性。

另外，对于一些新建房产，如果双方约定仓库竣工后30天内交付，但没有对竣工时间做出明确约定，也属于这种情况。

（2）交付条件。出租人需要保证电梯、消防保安系统、公共卫生间、自来水系统、泵房等处于正常运行状态，如有损坏需要在约定的期限内及时安排维修。

此外，需要考虑楼板承重及楼层结构是否需要加固。如需加固，设计及

施工由谁负责以及费用如何承担需明确约定；对于供电及配电，要根据实际使用需求判断使用动力电还是照明电，电缆规格、电缆如何敷设、开关如何安装，由此涉及的施工费用由谁承担等；通信、垃圾处理、供水、排水、排烟、排风、排污、施工协助问题等，如有特殊要求要详细约定。

（3）交付手续。交房时需书面明确附属设施设备及其数量、规格、品牌、钥匙数量、交房日期等，并由双方签字盖章。

（4）违约责任。延期交房的，可约定违约金计算比例或直接约定具体金额。延期交房超过一定期限，可解除合同并要求出租人赔偿实际损失。

（5）在合同中要明确约定附属设施设备的管理方式，并且在交接单中详细列明设施设备的品名、数量、状况。一旦双方签字确认，即表明确认了设施设备交付时没有故障，能够正常运行。

6. 租金及支付方式、期限

（1）租金是否包含水电费、物业管理费等；如果分摊需要明确上限。

（2）支付方式可以是现金支付、转账支付或其他支付方式。转账支付要明确支付账号，出租人的账号变更需要书面通知。明确约定支付的具体日期或最后日期，如遇法定节假日，可顺延至节假日后支付。

（3）先开发票后付租金。双方要对发票的开具形式和时间进行约定。个人房源不能开具发票的，要约定让其到税务部门代开，且规定承担的税费是否包含在房租中。

（4）对于违约要有明确规定，出租人违反合同约定的（如不及时履行修缮责任），承租人可暂扣租金而不能视为违约。

（5）明确出租人提供的设施、设备、场地等非因承租人原因不能正常使用，以及出租人对其场地进行维修、扩建以及租赁几年后如果承租人对仓库进行维修，是否可以享有免租装修期。

（6）长期租赁合同需要考虑租金的调整。如是否每年递增，或每 5 年根据市场价格评估等。

7. 维修保养

防止维修保养约定不明确导致维修拖沓，或者出租人借维修的名义影响承租人正常使用。严重影响承租人正常使用的故障，出租人应在接到紧急报修通知后 4 小时内前来维修；如为一般报修，出租人应在接到报修通知后 3 日内前来维修。

如出租人未在上述时间内进行处理，承租人有权自行或委托第三方进行维修，相应费用由出租人承担，并从应支付的租金中扣除。

8. 合同的变更、解除及终止

（1）禁止租赁合同中途擅自解除，双方要对提前解除的条件和程序进行明确约定。一般而言，任一方要求提前解除合同，都需要提前 3 个月以书面形式通知对方。

（2）尽可能多列举对方违约的一些事由，做到能够合法解除合同而不需要支付违约金，并尽量避免违约导致出租人提前解除合同（主要为延迟支付租金）。

（3）在租赁期限届满或租赁合同提前终止后，除了结清租金、物业管理费及其他费用，以及配合出租人重新招租外，尽量按时归还仓库，要特别注意万一不能及时清空仓库时的违约责任。

（4）考虑由于政府规划原因导致的拆迁情形，租赁合同中应对拆迁中相关的补偿费进行详细约定，如一次性经营补助、搬迁补助等。

9. 租赁双方保证和承诺

出租人承诺内容包括：房屋不存在禁止出租或其他影响承租人实际使用的情形，租赁期间发生争议尽量协商解决，不得以任何理由断水断电等，否则应赔偿由此造成的实际损失。出租人应积极协助承租人办理经营相关报批手续；出租人装修、扩建应提前通知并确保最大限度地减少对承租人的影响，造成损失的应给予赔偿。

10. 其他内容

（1）争议解决：确保争议管辖约定明确有效，选择诉讼的，不违反级别管辖、专属管辖的规定；选择仲裁的，明确仲裁委员会名称。

（2）保险条款：明确是否投保公众责任险或第三者责任险，责任主体以及费用由谁负担。

（3）转租及承租权自动转移：对是否允许转租及转租的条件进行明确约定。但承租人向关联公司转租则不受限制，只需书面通知出租人，承租权即可自动转移。

十二、物流外包

企业仓储空间不足时可以进行物流服务外包，即将部分产品的管理权责外包给专业的仓储物流服务商，物流外包的关键问题是成本。若本单位租用并运营仓库，主要费用包括：仓储租金、装修费、财产保险费、水电费、叉车磨损及燃油费、消防设施购置费、监控系统安装费等。若外包，常规费用包括：仓储面积费（按需支付）、管理费（包括收发货、盘点、确保货物安全等）、装卸费。

签订物流外包服务合同时，要注意增加以下辅助条款。

（1）物流配送使用本公司指定的货运公司，如果服务商能够提供相同水平的服务，可由其负责承运。

（2）因服务商原因造成的产品损坏、丢失，必须按照产品的成本价给予赔偿。

（3）货物存储及运输过程中，因产品性质属性遭到相关执法部门查处扣押的，由本公司全权自行处理解决，服务商应予积极配合。

（4）在正常工作时间内，中午12：00前提交的订单，若无双方认可的特殊原因（如极端天气影响），应确保当日备货发出，每滞压一单扣减200元管理费作为补偿。

（5）服务商应对相关员工进行培训，确保其严格按要求管理货物；若违规操作，出现货损及连带事故，服务商承担全部责任。

（6）因服务商原因造成的发货差错，由其承担调货相关费用，每发生一次差错扣减管理费100元。

以上是部分产品物流服务外包的解决方案。如果企业仓储管理工作整体外包，需要慎重决策、仔细评估，具体包括以下内容。

物流服务是企业的核心业务吗（定义何为核心）？

物流服务对企业关键吗？

企业内部有此专长（核心竞争力）吗？

与竞争对手相比，企业在物流服务方面有优势吗？

物流运作是否给企业带来差异化优势？

企业是否有足够的资金进行物流服务运作？

企业是否担心会丧失对核心业务的控制权？

物流外包是否给企业带来更大的灵活性？

物流外包是否会导致至关重要的专长丧失？

物流外包是否会影响企业形象？

能否找到合适的物流服务商？

企业是否比潜在的物流服务商更有能力？

物流外包是否有约束条件？

企业的物流运作是否复杂？

物流外包是否存在技术问题？

物流外包是否存在泄密问题和安全隐患？

物流外包后服务水平是否会下降，成本是否会增加？

企业有关职能部门和员工会抵制吗（会减少人员需求）?

企业会失去对物流渠道的控制能力吗?

会降低企业客户满意度吗?

若物流外包失败，恢复到原始状态是否困难?

物流外包的风险有多高?

若通过详细分析，确需进行物流外包，首先需要寻找合适的物流服务商。物流外包操作流程如图 1-8 所示。

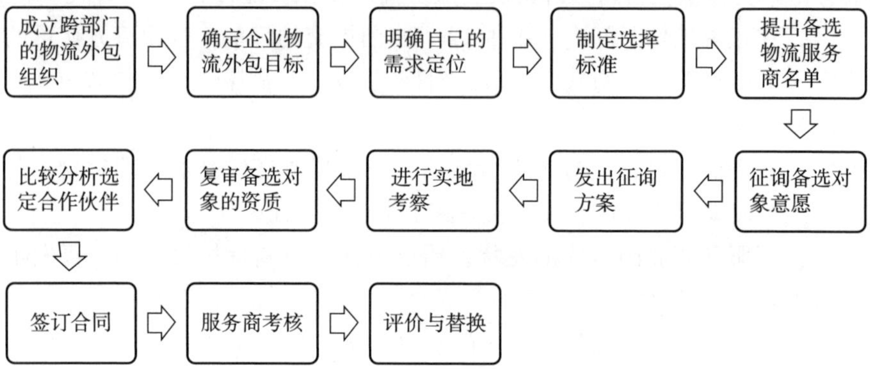

图 1-8　物流外包操作流程

签约合作后，要定期或不定期对物流服务商进行评价，主要指标包括：各种成本、物流实际运作效率、物流运作准确率、顾客满意度、交货准时率、包装破损率、货物丢失率等。

仓储物流外包，关键是双方要建立互信，树立双赢理念，提前明确服务质量要求，及时消除沟通障碍，解决潜在的问题。若双方处处设防，多以获取利益为重，则很难取得成效，失败的风险很高。

十三、“N 方物流”

笔者所在的水西汽配公司物流，基本通过第三方物流发运。实际上，除了第三方物流外，还有第四方、第五方、第六方，甚至第七方物流。

1. 第三方物流

所谓第三方物流（简称 3PL），是相对发货人和收货人而言的，指由第三方物流企业承担企业物流活动。第三方物流企业不拥有商品，不参与商品买卖，只是为客户提供以合同为约束、以结盟为基础，系列化、个性化、信息化的物流代理服务。

目前，第三方物流运输形式有公路、铁路、航空、水运、管道5种，其中以公路运输为主。公路运输按货物重量和运输组织方式可分为快递、零担运输（全国网络型、区域网络型、专线型）和整车运输3种。

快递，即对客户小件包裹进行快速投递的货运方式，代表企业有顺丰、EMS、“三通一达”等。

零担运输，即将达不到整车运输条件的，符合体积、重量和包装要求的若干货物，组合拼装成整车，并按重量或体积计算运费的货物运输形式。典型企业有德邦、安能、佳吉、其他专线运输企业等。

整车运输，即按整车货物办理承运手续、组织运送和计费的货物运输方式。整车运输市场较为分散，尚无垄断型企业。

一般来说，单票0~30千克，基本采用快递承运方式；单票30~500千克，基本采用零担运输方式；单票500~3000千克，属于大票货，大多通过合同物流企业转包给各地专线物流承运；单票3吨以上，基本采用整车运输方式，大都由合同物流企业垄断。

笔者所在的水西汽配公司物流主要使用零担运输方式。由于水西汽配公司隶属于区域型企业，故使用的是区域网络型和专线型货运公司，具体如表1-9所示。

表1-9　区域网络型与专线型货运公司比较

区域网络型	专线型
一般实力较强，拥有货场和仓库，配送车辆较多；从一点收货可以发送几个地市区，甚至全省各地市、各县区。 到货速度慢。从一点固定发车，到达目的城市后需要在货场卸车，由其他车辆配送至最终目的地。一般晚上发车，省内次日中午才能送达。 从货场送货到门店，需要收取送货费。 服务涉及多个环节，服务态度较差。 安全性高，风险小	实力较弱，一般没有货场和仓库，营运车辆有限，多是租车或自有1~2辆车，每天发1班车。只能覆盖某条线路，如省城到某个地级市或县区。 到货速度快。一般晚上发车，省内次日早上直接到客户处卸车，没有转运配送环节。 一般不收取送货费。 多为个体经营，服务态度较好。 风险较大

2. 第四方物流

（1）第四方物流有三种发展模式：①助力提高者。以第三方物流服务商为服务对象，为其提供技术支持、管理咨询、战略咨询等相关服务。②方案集成商。以供应商（货主）为服务对象，为其提供整套供应链解决方案及相关服务，包括选择运输和仓储服务商、库存管理、价格谈判、物流信息系统构建及客户服务等。③产业革新者。以多个行业为服务对象，通过整合和协调各种资源，为不同行业开发或优化供应链，提供解决方案。

（2）第三方、第四方物流的区别如表 1-10 所示。

表 1-10　第三方、第四方物流比较

物流模式	第三方物流	第四方物流
服务对象	供应商（货主）、用户	供应链所有环节，包括供应商、用户和第三方物流服务商
服务内容	仓储、运输、配送等物流基本职能	提供完善的供应链整体解决方案，包括管理咨询、战略咨询、业务规划、流程再造等
服务类型	完成供应链某一项或某几项职能	对整个供应链进行综合管理
在供应链中的地位	参与供应链的某个环节	组织者和领导者，对供应链各方加以集成和管理
核心竞争力	实体物流运作能力	供应链管理专家

第四方物流依赖于第三方物流，两者并存，不存在取代关系。真正的第四方物流具有以下属性：不拥有资产；有复杂的信息技术系统；有代表企业管理物流运行的决策者；能够给客户提供最经济的物流体系；发货人与货运公司之间的中间人，代表发货人与最好的运输或者仓储服务提供商签署合同。

与第四方物流合作具有以下优点：可从日常物流运作中抽身处理更重要的事情；有中立的第三方帮助优化供应链；可选择最佳第三方物流；可提供没有偏见的服务；鼓励客户共同运输；具有更多的资源和更大的灵活性；单点方式联系；关键绩效指标无缝对接。

3. 第五方物流

第五方物流是指在实际运作中基于电子商务技术，组合各接口的执行成员为企业提供的供应链协同服务。第五方物流具有三个特点。

（1）系统提供者。以信息技术帮助客户优化组合供应链各环节，将平台系统置入客户的实际运作中，收集实时资讯，以达到评估、监控、快速反馈运作信息的目的。

（2）系统优化者。促进物流标准化的实现。

（3）系统组合者。用户之间可以寻求多种组合，构成多接口、多用户、跨区域、无时限的物流平台。

4. 第六方物流

第六方物流是以互联网为服务平台，将产业链和第三方物流进行资源组合及系统集成，为用户提供全程物流服务。在第五方物流基础上帮助供需双方实现跨时间和空间的实物转移，追求零库存管理。

5. 第七方物流

第七方物流是由香港鑫亚集团董事长张长德先生提出的（有人称为“3PL+4PL”）。它通过电子商务平台，将实体的供应方物流、需求方物流、第三方物流与虚拟经济中的商流、信息流、资金流进行有机整合，旨在使第四方、第五方、第六方物流服务配合电子金融交易，形成物物交易模式，从而加速资金快速、安全流动。

知识链接

常用运输方式比较

1. 铁路运输

优点：能够一次性有效运送大批货物；运费低，特别是大批货物中长距离运输；运输网遍及全国各地，不受天气影响。

缺点：短距离运费高；远距离输送时，中转等作业时间长；紧急输送时，由于需要配车，有可能错过时机。

2. 汽车运输

优点：可实现门到门运输；适合近距离，运送速度快；输送时包装简单、经济。

缺点：不适合长途运输；装载量小。

3. 船舶运输

优点：可实现长距离、低运费输送；原料及散装货物可以利用专用船；适合于体积大、超重物品的运输。

缺点：运输速度慢、易受天气影响；港口装卸成本高；运输的安全性较低。

4. 航空运输

优点：运输速度快；适于贵重小批量物品及生鲜食品的运输；包装简单。

缺点：运费高，不适合低价商品的运输；有重量限制；只限于机场周围的城市利用。

5. 管道运输

优点：运输能力大，可实现“7×24 小时”运输；运送时间的变化率小，可靠；产品不易损坏灭失。

缺点：运送时间长；运送速度慢；服务范围、能力有限。

十四、安全制度

在仓库日常管理中，安全保障无疑是最重要的。确保员工人身及企业财产安全，是管理者须时刻关注的核心问题。在安全管理领域，有一个海因里希法则：当一个企业有 300 个隐患或违章时，至少会引起 29 起轻伤或故障，1 起重伤或死亡事故。因此，作为仓储管理者，制定安全管理制度是第一要务，具体如下。

1. 货物摆放整齐，下重上轻，高度适宜，严防倾倒

（1）货架顶端严禁放置过重商品，以防止坠落。

（2）高处货物必须摆放稳妥，零散商品要放置于包装箱中，严防商品坠落伤人。

2. 注意防火，保证消防设施完好，消防通道畅通

（1）按消防要求定期清理、检修、更新灭火器材，并置于触手可及处。

（2）不得堵塞安全通道，时刻保持畅通。

（3）不得私接、私拉电线，未经批准不得自行改造电路。

（4）仓库内严禁吸烟、用火。

（5）仓库内使用电暖气等大功率电器时，确保现场有人，使用人离开时须关闭电源。

（6）堆放货物距离电源线不少于 0.5 米。

3. 加强外来车辆、人员管理

（1）对于取货的外来车辆，须停于仓库大门黄线以外。

（2）非本单位员工，未经允许严禁入内。

4. 仓库设备、设施的安全操作

（1）升降机必须按规程操作，使用时确保升降机下方无人、无货。

（2）驾驶叉车的员工必须持有驾照；严禁酒后驾驶，行驶中不得吸烟、饮食、闲谈、接打电话；驾驶时（特别是出入仓库）严禁车速过快，时刻留意周围过往行人（尤其是儿童）、车辆。

（3）使用叉车向高处送货时，确保稳妥放置，防止坠落。

（4）叉车挑起托盘时，严禁猛起猛落；叉车移动时，须升到一定高度，避免前叉触地。

（5）外出车辆，须严格遵守相关交通法规。途中接打电话须停车。

5. 其他注意事项

（1）若发现仓库二层以上的木地板异常，如开裂、下沉、松动等情况，

须立即通报仓库负责人；在二层以上用地牛、拖车搬运货物时，禁止超重。

（2）仓库二层以上严禁打闹、追逐；接打电话，不得走动；不得往下抛物。

（3）使用升降机、开关卷帘门时严禁下方站人；严禁乘坐升降机上下楼。

（4）使用叉车从货架搬运货物，若需到货架上理货，要保持平衡，确保安全。

（5）若发现仓库漏雨，电线、门窗异常及其他安全隐患，及时通报仓库负责人。

（6）下班前须关闭卷帘门，切断电源，关好窗户。

（7）上班期间严禁穿拖鞋、露脚鞋。

（8）上下班途中务必遵守交通规则，注意人身安全。

（9）出入仓库或在仓库外作业须注意避让来往车辆。

仓库要基于安全管理制度，进行制度培训，让所有员工了解安全管理的意义及具体要求。同时，对于违反规定的员工给予一定处罚。

此外，须指定仓库安全负责人；根据规定要求，制作安全检查表，定期（如半月）检查并留档备查，发现问题及时整改。

风险无处不在，仓储管理者务必提高、强化安全意识，绝不可掉以轻心。

十五、应急预案

任何一家企业，应急预案都不可或缺。应急预案的内容主要包括以下几个方面。

1. 总则

（1）编制目的。为规范仓库事故（事件）应急管理和应急响应程序，确保仓库突发事故（事件）的处置协调、有序、高效，最大限度地减轻经济损失和影响，保障企业健康持续稳定发展，特制定仓库事故（事件）应急预案（以下简称“预案”）。

（2）适用范围。本预案适用于仓库发生的各类事故（事件）。

2. 组织机构及职责

1）组织机构

成立仓库应急领导小组，具体安排如下。

组　长：经理

副组长：主管 A、员工 C

成　员：仓库员工

2）仓库应急领导小组职责

（1）依据《仓库安全例行检查清单》，每月对仓库进行两次安全检查，尤其是发生特殊情况时，如暴雨、周边火灾等，进行重点盘查，并对仓库应急预案做出相应调整。

（2）汇总安全检查结果，对可能存在的安全隐患及时上报，以便整改。

（3）负责仓库事故（事件）的应急处置工作。

（4）负责仓库事故（事件）调查、上报和查处工作；协助有关部门对仓库突发事故（事件）的调查、取证。

（5）负责应急处置物资的配备和维护。

（6）组织仓库员工进行自救，对仓库工作人员进行突发事故（事件）应急处置知识的培训和演练。

（7）督促、推动、确保《仓库安全管理规定》的有效实施。

3. 有关应急预案

1）火灾应急预案

（1）发现火情后，第一目击人应立即向仓库应急领导小组报告，视情况拨打119，并采取有效灭火措施。

（2）仓库应急领导小组迅速组织人员利用仓库现有灭火器材扑救，转移存放的物资，同时切断可燃物燃烧路线，阻止火势蔓延。

（3）如火势较大，仓库应急领导小组应组织疏散人员和车辆撤离至安全区域，加强现场警戒，杜绝闲杂人员进入，并协同相关部门对附近情况进行盘查，以防止火势蔓延，同时派专人引导消防车辆快速到达现场。

（4）仓库应急领导小组向公司总裁报告。

（5）火情解除后，仓库应急领导小组要迅速清理现场，对库存物资进行盘点，核实损失，配合财务部做好财产理赔工作。

2）洪涝灾害应急预案

（1）发现水情，第一目击人应立即切断总电源，并迅速向仓库应急领导小组报告。

（2）仓库应急领导小组应及时做出相应计划，迅速转移存货。

（3）情况紧急，危及人员生命安全时，应急领导小组应组织人员迅速撤离至安全地带，并在第一时间通知公司总裁，以便做出新的调整计划。

（4）灾情结束，仓库应急领导小组组织人员清理现场，核实损失情况，在灾情结束后1天内上报公司总裁。

3）地震灾害应急预案

（1）按照地方政府地震灾害速报管理办法的规定，若发生3.0级以上地震，仓库负责人要将仓库员工迅速撤离至附近安全地点，避免人员伤亡。

（2）对于3.0级以下的地震，仓库值班人员要在地震发生后5分钟内将初步了解的灾情报告仓库应急领导小组，做到“有灾报灾、无灾报安”。

（3）如发生破坏性地震，仓库及库区其他建筑物有倒塌、陷裂、爆炸等危险时，仓库值班人员要立即向仓库应急领导小组报告，并及时开展先期救援处置。

4）仓库被盗应急预案

（1）发生盗窃事件，仓库管理员应保护好现场，并立即向仓库应急领导小组报告。

（2）仓库应急领导小组组织人员对仓库物品进行清查，向公司总裁报告，并积极配合有关部门做好调查取证工作。

（3）发现窃贼正在行窃，仓库值班人员应立即报警，并采取相应措施保证人身安全。在条件允许的情况下，应尽可能记住盗窃嫌疑人的相貌、体态特征及逃逸方向和使用交通工具的车种、车型、颜色、牌号等。

5）停电、断网应急预案

（1）断网时，订单处理员重启路由器。若故障仍存在，电话通知电信部门检修。联系调休的同事，协助将 ERP 系统中的拣货单拷贝制作 Excel 文档，通过手机或其他方式传递到仓库打印。向门店发出警示，通报当日订单截止时间提前。

（2）断电时，电话咨询电力部门具体情况。带打印机到居住在附近的同事家中打印拣货单。

（3）仓库应急领导小组按需准备手电筒或其他照明设施，保证各区顺利发货。

（4）拔下大功率电器插头。

6）危险品泄漏、爆炸应急预案

（1）发现危险品泄漏或产品爆炸后，仓库保管人员应在保证自身安全的情况下，立即进行先期应急处置，防止事态进一步扩大，并向仓库应急领导小组报告。

（2）仓库应急领导小组组织人员进行处置，疏散仓库附近人员，并采取措施防止危险品扩散。同时，上报公司总裁，按要求做出应急调整。

（3）处置结束后，聘请权威部门进行检测并出具报告，彻底消除安全隐患。

7）雷击灾害应急预案

（1）仓库发生雷击灾害，仓库值班人员应立即向仓库应急领导小组报告，迅速检查现场情况，确认是否发生人员伤亡。

（2）接报后，仓库应急领导小组在保证人员安全的情况下，迅速采取相应措施，保证仓库不受影响。

（3）由雷击引发仓库火灾事故（事件）时，参照仓库火灾应急预案进行处置。

8）人员伤亡事故应急预案

（1）在任何情况下，只要发生人员伤亡事故（含中暑），第一目击人视伤害情况拨打120求救，同时通报仓库应急领导小组。

（2）仓库应急领导小组须全力急救，以保证员工生命安全为第一要务，同时报告公司总裁。

（3）处置结束后，确认事故原因，彻底消除安全隐患。

（4）协助相关部门进行调查、取证及理赔事务。

9）货架倒塌事件应急预案

（1）发生货架倒塌、仓库钢结构变形等安全事件后，第一目击人应立即通报仓库应急领导小组。

（2）仓库应急领导小组组织人员，首先确认无人员伤亡（若有，参照人员伤亡事故应急预案处置）。

（3）在保证人员安全的情况下，修缮损坏货架、仓库设施，整理货物，尽快恢复正常运营。

（4）24小时内统计清楚损失情况，上报公司总裁。

4. 应急处置

仓库发生事故（事件）后，第一目击人应首先采取紧急措施开展先期处置，并及时向仓库应急领导小组报告。仓库应急领导小组迅速组织人员开展救援活动，同时做好应急处置现场记录。重大事故（事件）在事发后10分钟内向公司总裁报告。

5. 善后处置

仓库事故（事件）应急处置结束后，仓库应急领导小组应迅速清理现场，核实损失情况，协助有关部门进行调查、取证和理赔工作，提出整改建议，并按公司指令组织整改，迅速恢复正常工作秩序。

6. 宣传、培训和演习

每年至少组织一次法律法规和应急知识的学习，提高应急处置能力；每年至少组织一次应急救援技能培训，熟悉预案操作程序和处置方法；每年至少组织一次预案演练，检验预案培训效果，提高员工的应急处置能力。

7. 附则

仓库应急领导小组根据预案实施与演练情况，及时对预案进行修订，保证其有效性、可操作性。

本预案由物流部制定并负责解释，即日起执行。

十六、消防演练

仓储部门定期开展消防演练十分必要，具体方案如下。

1. 演练目的

（1）熟悉消防器材的使用及自救常识。

（2）通过模拟演练，掌握火灾自救和火场逃生知识，提高自防自救能力。

（3）通过演习锻炼自救能力，培养自我保护意识。

2. 时间地点

（1）时间：××××年×月×日××时。

（2）地点：仓储作业现场。

（3）主题：掌握消防器材使用方法，提高消防安全意识，组织开展消防逃生训练。

3. 人员安排

（1）总指挥：物流经理。

（2）现场指挥：仓库安全主管。

（3）参加人员：仓库所有员工。

4. 活动准备

（1）广泛宣传，落实具体活动责任人。

（2）进行人员分工。

（3）预设疏散路线，指定集合场地。仓库员工根据各自的工作位置，选择最近的安全出口，有序、迅速疏散。

5. 演练内容

（1）现场学习消防器材的使用方法及注意事项。

（2）模拟火情，每位员工实操使用灭火器扑救。

（3）火灾疏散演练：发现火情须向安全主管报告，安全主管接到火警信息立即上报物流经理，并拉响电铃。全体员工快速有序地疏散，到达安全位置后清点人数。

（4）报警。报警时需说明火情、地址、联系电话、姓名等信息。及时安排人员等待、引导消防车辆。

（5）演练结束后，现场指挥总结演练情况，指出问题，记录备查。

6. 注意事项

（1）听到火警信号后，不得大声喧哗，听从现场指挥安排。

（2）员工必须按照指定逃生路线有序快速撤离，以免互相碰撞、跌倒。

知识链接

火灾隐患清单

（1）建筑物结构和耐火等级与其使用性质不符，未遵循防火规范要求；布局不合理，发生火灾后易蔓延或影响其他建筑物。

（2）火源、热源、电源距可燃物较近，如炉灶、火炉、电热器具、煤气灶等靠近可燃物或可燃结构。

（3）外来火种和易燃品因检查不严带入库区；在库区吸烟、使用明火；炉火设置不当或管理不严；火柴、打火机等意外点燃；等等。

（4）未按要求配备灭火器材，或消防器材缺乏、损坏，如灭火器压力表指针位于黄区，过期或不可用；消防水源不足，消火栓被遮挡；消火箱内无水枪、水带；损坏或擅自挪用、拆除、停用消防器材、设施，如埋压、圈占消火栓；室内消防栓系统、自动喷淋系统、自动报警系统等固定消防设施不符合要求。

（5）电气设备的类型与使用场所不相适应，电气设备接触不良、缺乏安全装置；配电箱箱体材料、电缆沟盖采用木质结构；照明灯、移动插座等电源线接头外露；灯具不符合要求，照明灯为非冷光灯；电线老化，绝缘体破裂；电力超负荷；乱接乱拉电线；电线、电器设备发生短路；使用不符合规格的保险丝和电线；违章使用大功率电器等。

（6）温度、湿度超过物品规定极限；可自燃物品堆码过实，不能很好通风、散热、散潮；易燃物不及时清理。

（7）无防护罩的汽车、叉车、吊车进入库区或库房；使用易产生火花的工具；在库内停放、修理汽车；用汽油擦洗零件；叉车内部皮线破损、油管老化漏油；电焊、气焊违章作业，没有消防措施。

（8）易燃物品储存、运输、包装不符合规定，性质相抵触物品混存；易燃液体挥发渗漏；不执行分区分类货物储存规定，将易燃、易爆品存入一般库房。

（9）仓库内设置员工宿舍。

（10）安全疏散出口少，消防通道不符合规定或堵塞；无疏散指示标志，无事故应急照明灯，失火后影响人员疏散和消防车辆通行。

（11）仓库人员未经过消防培训，不具备安全常识，不懂防火和灭火知识。

知识链接

禁水灭火物品

仓库应合理设置消火栓，保证在每一个可能着火点，至少有两个水龙头可进行灭火。但以下货物起火时，禁止用水灭火。

（1）电气设备：电路未切断时，用水灭火有触电风险。

（2）忌水货物：易与水发生化学反应引起爆炸。

（3）油类、酒精和其他轻于水的易燃液体：能浮于水面，用水灭火会扩大火灾面积，但火灾面积不广、厚度不超过3厘米时，可用雾状水扑灭。

（4）粉末状固体：用水灭火时能随水流的冲击飞扬，扩大危害，但可用雾状水扑灭。

（5）已经高度灼热的物体：如金属铸件和某些矿物体在火灾中与水接触会爆炸伤人。

（6）其他过水影响质量或怕水的物资，如仪器、机电设备、纸张等，非万不得已避免用水扑救，尽量使用其他方法。

此外，不同灭火器使用范围不同。

（1）干粉灭火器，适用油类、可燃气体、电气设备等的初起火灾。

（2）二氧化碳灭火器，适用贵重仪器、图书档案、电气设备及其他忌水物资的初起火灾。

（3）泡沫灭火器，适用汽油、煤油、柴油、苯、香蕉水、松香水等易燃液体的初起火灾。

第二章

见此图标微信扫码
从零开始学做物流经理

库房规划设计

一、仓库选址

当仓储容量不能满足业务发展需求时，更换中心仓库就被提上议事日程。中心仓库与扩展库容起补充作用的辅助仓库不同，中心仓库使用周期长、投资大、成本高。所以，中心仓库选址考虑的因素更多，具体如下。

1. 政策因素

（1）是否有招商优惠政策（如减税等）。

（2）是否符合城市规划要求，如土地开发限制（工业用地还是农业用地）、近期是否有拆迁和道路建设规划。

（3）区域内的主导产业。

（4）城市扩张速度与方向。

2. 经济因素

（1）土地与建筑成本。

（2）区域内公共设施配套情况，包括供排水、电、燃气、通信、垃圾处理等。

（3）运营费用，如是否需要缴纳物业管理费用等。

3. 人力因素

（1）附近劳动力资源是否充裕，薪资水平、劳动力素质如何等。

（2）是否是少数民族聚集区。

4. 交通因素

（1）交通是否便利，应首选干线公路、高速公路与城市交通网络交汇地，以减少装卸次数。

（2）远离交通拥堵区域。

（3）交通成本如何，是否必须经过收费站。

5. 企业自身因素

（1）提前预估货物流量，仓储空间至少满足企业 5~10 年的发展需求。

（2）根据存储的产品种类及数量确定设施规模。

（3）自有的装卸、搬运设备在新仓库中是否可以继续使用。

（4）考虑货物流向，避免货物倒流、回流、重复运输。

仓库选址时，要综合评估成本费用，既要评估设施租赁费用，也要考虑运营成本，不能片面地以初期投入成本高低为标准。

仓库选址可用的方法很多，主要有以下几种。

1. 定量法

运用可量化的目标函数优化选址，常以物流总费用最小为目标。通过设定参数、变量，并对问题做相应假设，建立简单模型，求得方案。

具体可分为以下 3 种。

（1）解析法，包含线性规划法、整数规划法、混合规划法、重心法等。

（2）模拟法，使用计算机软件建立仿真模型，根据各相关因素模拟仓库运营，确定最优地址。

（3）启发式方法，包含遗传算法、神经网络算法、退火算法、蚁群算法等。

2. 定性法

定性法常称为多准则决策、综合因素评价，是将专家凭经验、专业知识做出的判断以数值形式表示，结合各种影响因素，建立评价指标体系。定性法主要包括加权因素评分法、德尔菲法和领导决定法等。

（1）加权因素评分法（决策矩阵），即对各项因素进行加权综合比较，基于各种因素对方案的影响程度，客观地对各因素打分。加权因素评分法评价程序如图 2-1 所示。

（2）德尔菲法，又称专家调查法，用“背对背”的判断代替“面对面”的会议，即采用函询方式，反复征求每个专家的意见，经过客观分析和多次征询，使意见逐步趋向一致。

（3）领导决定法，即把了解到的各种信息整理呈报给决策者，由其拍板决策。

二、仓库设计

从长远来看，自建仓库比租赁更为经济。确定自建仓库后，要根据中长

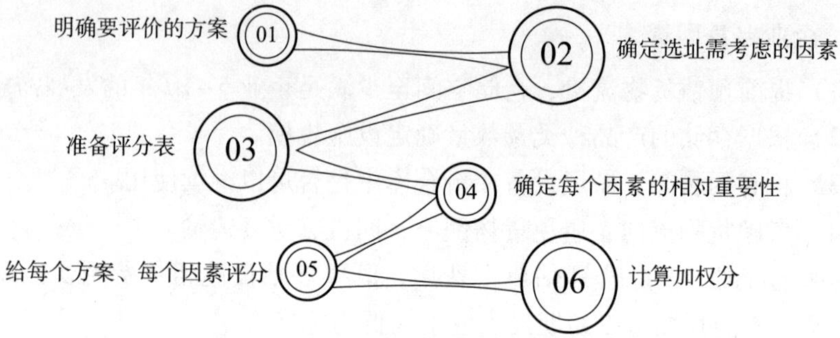

图 2-1　加权因素评分法评价程序

期业务发展规划做好设计工作。

1. 建筑要求

仓库设计包括布置设计、建筑设计、搬运系统设计和公用设施设计。

（1）布置设计指对建筑物、运输通道等进行有机组合和合理配置。

（2）建筑设计指根据仓库的空间需求，按照经济、适用、安全、美观的原则，对建筑内容和结构进行设计。

（3）搬运系统设计指根据相关作业需要，对货物搬运的单元、路线和设备等做出合理安排。

（4）公用设施设计是对电力、照明、给排水、通风、空调等公用设施进行设计。

建筑设计的基本要求如下。

（1）基础。仓库基础部分一般根据建筑物重量、地面耐压强度及土质条件，采用预制混凝土桩或混凝土浇筑桩进行建造。

（2）骨架。仓库一般采用框架式结构，由立柱或墙壁等构成。柱间距和立柱位置对仓库的易用性有较大影响，前期设计时要做好规划。

（3）立柱。立柱是骨架的主要组成部分，是承载梁、屋顶等上层载荷的主要构件。若仓库内立柱过多，会减少仓库容量并影响装卸作业，因此应尽量减少立柱的数量，并权衡其对仓库坚固性的影响。

（4）墙壁，包括内墙和外墙。内墙，应按照建筑物防火要求设防火墙，防火墙的中间部分须设有通路，使各个区域成为独立的安全场所。外墙，包括地板、楼板和门，须采用防火结构或简易的耐火结构，使用不易燃烧的材料。

（5）屋顶。屋顶应具有一定的坡度，一般采用镀锌钢板、石棉瓦、带色钢板等材料，且必须阻燃。

（6）地面。仓库地面应考虑耐压强度，一般平房仓库地面耐压强度为2.5~3吨/平方米。地面承载能力与货物的重量、装卸机械的重量、楼板骨架的跨度有关。地面要采取防磨损、龟裂及剥离的施工方法，除特殊情况外，最好用喷射混凝土和抹板加工。另外，要有良好的防潮措施。储存易燃品的仓库应采用柔性地面，防止摩擦产生火花。

（7）出入口。仓库出入口的位置和数量由建筑的主体结构、进深长度、库内货物堆码形式、通路设置、出入库频率、作业流程等因素决定。多数情况下，每1000~1500平方米面积需设4个出入口。但出入口过多会造成货物堆存面积损失。

出入口尺寸大小，由货车是否出入库，所用叉车的种类、尺寸、台数、出入库频率，以及保管货物的尺寸大小等因素决定。普通仓库出入口的宽度、高度一般为3.5~4米。若货车需进入库内，出入口的有效高度为4米，有效宽度为4米；如果货车不需进入库内，有效高度上限为3.7米，有效宽度上限为3.5米。

另外，防火墙的开口、高及宽均为2.5米；库内墙壁开口处的尺寸由叉车高度、宽度以及货物尺寸、人行通道尺寸决定。出入口的开启方式可使用拉门式、开启式及卷帘式。

（8）窗户。窗户有高窗、地窗和天窗等类型。为了防盗、防漏雨和排水，仓库一般只采用高窗。

（9）房檐。一般在出入口外侧设置房檐，宽度为4米。房檐可遮挡雨雪，保证雨雪天气能够正常进行出入库作业；另外，房檐下也可以临时放置货物。

（10）层高。理论上层高越高越好，但实际受货物堆码高度、叉车扬程、货架高度等因素限制，一般应不低于9米。

（11）仓库设计的相关标准，可参考《（单层）通用仓库及库区规划设计参数》（GB/T 28581—2012）。

2. 区域规划

确定仓库建设的基本要素后，需要对其中的区域进行大致划分。仓库一般可分为仓储作业区、辅助作业区和行政生活区三大部分。

1）仓储作业区

仓储作业区包括库房、货场、站台及加工、整理、包装场所，可进一步做如下划分。

（1）进货区。进货区是卸载、清点、检验及卸车后未清点货物暂存场所。

（2）加工区。加工区是对到货进行简单处理的场所，在此处货物被区分为直接分拣配送、待加工、入库储存和不合格需清退等几种，分别送往不同功能区。同时，贴条码、改包装、称重、贴价格标签等工作也在加工区进行。

（3）储存区。储存区是仓库中最重要、面积最大的区域，主要用于货物的存储和保管，通常配有多层货架。一般情况下，如果空间足够大，储存区可分为补货区和拣货区。拣货区用于货物拣选；补货区用于存储量大的商品，分拣区域某些货架清空时（或货架上商品达到最低量时），从补货区补充货物到分拣区。

储存区应分隔出危险物品区，用于存放危险品，或需要特殊处理、特殊保管的货物。

（4）装箱区。装箱区是货物分拣后装箱、复核、粘贴发货标签的场所。

（5）发货区（集货区）。发货区是已打包商品粘贴物流标签、暂存等待装车的场所。

（6）退货区。退货区是存放等待处理的积压退货、索赔退货，以及货物残损、不合格或需要重新确认等待处理的场所。

（7）废弃物处理区。废弃物处理区是对废弃包装物（如塑料袋、纸袋、纸箱等）、损坏商品（含过期）等进行清理或回收复用的场所。

2）辅助作业区

辅助作业区包括动力间、车库、工具设备库等，是为主要业务提供服务的场所，应充分利用库区的边角用地，具体划分如下。

（1）设备存放及维修区。设备存放及维修区是存放配送车辆、叉车、托盘等设备及维修工具的场所。

（2）配套设施区。配套设施区包括变电室、配电室、工具间、杂物间、主要通道、辅助通道、电梯间、楼梯间等。

（3）其他区域。其他区域包括等待装货或卸货车辆的临时停放区域、车辆移动用空间（转弯、倒车等）、库外道路、停车场、站台、绿化区等。

3）行政生活区

行政生活区由办公室和生活场所组成，一般采用集中式布置，规划在仓库的主要出入口处并用隔墙与仓储作业区隔开，具体划分如下。

（1）办公区。办公区包括办公室、会议室、计算机作业室、警卫室等。

（2）活动区域。活动区域包括休息室、吸烟室、洗漱间、餐厅、厨房、宿舍、非机动车停放场所等。

3. 布局原则

仓库设计时，待储存商品的规模决定了主要作业场所的大小。同时，仓库主要作业的规模，决定了各种辅助设施和行政区域场所的大小。各区域所占空间必须与仓库的基本职能相匹配，保证商品接收、发运和储存保管场所尽可能占用更大比例。

进行仓库设计时，首先要决定对外的联外道路、进出口方位；其次决定库房空间范围、大小及长宽比例；再次决定进货出货的主要物流路线及模式（U形、双排形等）；最后按物流路线配置各区位置，像拼图一样，先将面积较大且长宽比例不易变动的区域置入建筑平面内，再按物流强度安排其他区域。

仓库布局设计应遵循以下原则。

（1）仓库涉及的每个要素，如库房、货场、道路、排水、供电、站台等，在地面标高线上都要合理布置，并考虑扩建需求。

（2）遵守建筑及设施规划的法律法规。如根据《建筑设计防火规范》的有关规定，库内各区域间、各建筑间安排一定的防火间距，并设置防火、防盗、防雷等安全设施。

（3）符合卫生和环境要求。绿化面积不得低于30%；照明应满足作业需求，分区、分路控制，符合相关规范；通风设计应根据当地气候条件、仓库结构、货物类别、作业方式确定，优先选择自然通风。

（4）尽可能采用单层建筑，造价低且利用效率高，后期可通过阁楼式货架等利用垂直空间。

（5）适应现有各种机械设备的特点，方便装卸、搬运、运输等作业操作。基于设备大小、类型、转弯半径的限制，尽量缩减通道占用空间。此外，要根据未来发展需要，预留站台登车桥安装位置；根据服务定位、存储货物进出库作业频率及作业量确定安装数量，并与库门数量、位置相对应。

（6）整件和散货库房分开设置，满足操作模式的差异化需求。

（7）适应仓储作业流程，具体如下。

单一物流方向。安排好货物的装卸、验收、存储位置，保证能够按照一个方向流动且尽量直线，避免逆向操作和大幅度改向的低效率运作。

最短的运距。货物出入库和库内搬运应满足作业流畅性要求，交通运输线相互衔接，避免交叉和干扰，减少货物的搬运距离。

最少的装卸环节。货物的卸车、验收、堆码作业最好一次完成，减少装卸搬运环节和次数。

（8）库门、落水管、消防设施、立柱等加装防撞设施，外涂警示色带。平台边缘设置保护角钢，焊接锚筋（锚固在混凝土内），安装防撞垫。

4. 评价参数

1）影响仓库面积的主要因素

（1）平均库存量。平均库存量决定仓库的面积，是按一定时期内企业日常经营中实际库存量的平均值核算，单位可为吨、立方米或托盘数，这一指标反映了仓库日常工作量的大小。

（2）仓库吞吐量。仓库吞吐量反映实际出入库的货物量，与仓库面积成正比。

（3）货物品种数。在货物总量一定的情况下，货物品种越多，所需仓储面积越大。

（4）作业方式。机械化作业必须有相应的作业空间。

（5）经营方式。如配送量大需设有配货区，进行流通加工需要有作业区等。

2）建筑面积及各项参数

（1）建筑系数。建筑系数指建筑物实际占地面积与库区总面积之比，反映库区内库房及各建筑物排列的疏密程度，以及库房面积与占地总面积之比的高低。

（2）建筑面积。仓库建筑实际占地面积，以外墙线所围成的平面面积计量，多层建筑面积为每层平面面积之和。其中，除去墙、柱等无法利用的面积称有效面积，理论上有效面积均可利用。但是，有一部分面积无法直接进行储存活动（如楼梯），除去这部分面积才是实际使用面积。

（3）建筑平面系数。建筑平面系数是指库房使用面积与建筑面积之比，用于衡量使用面积所占比例。

3）其他技术参数

（1）库房有效容积。库房有效容积是指仓库有效面积与有效高度之积，用于描述仓库的立体储存能力和利用情况。除去必要的通道和间隙，能够堆放货物的最大容积称为库容量，可以吨、立方米或货物单元表示。

（2）库房高度利用率。库房高度利用率是指货垛或货架平均高度与库房有效高度之比，反映空间高度有效利用的程度。

（3）出入库频率。出入库频率是指出入库货物的频繁程度，反映作业量大小和作业速度，其决定了搬运设备的参数和数量，一般用吨/小时、托盘/小时、立方米/小时表示。

（4）库存周转次数。库存周转次数为年入库总量或年出库总量与年平均库存之比。在年入（出）库总量一定情况下，提高周转次数可降低库存数量，减少有效容积的占用。库存周转次数越多说明资金周转越快，一些经营好的企业每年库存周转次数可达 24 次以上。当然，对于储备性仓库库存周转次数不是一个重要指标。

（5）利用率。仓库面积利用率，即一定时点，存货占用的面积与可利用面积之比。仓库空间利用率，即一定时点，存货占用的空间与可利用空间之比。单位面积的库容量，即总库容量与占地面积之比，反映储存空间利用程度。库容量利用系数，即平均库容量与最大库容量之比，一般取平均值，用于评价储存能力利用率。

（6）效率指标。全员平均劳动生产率，即全年出入库总量与总人数之比，取决于机械化程度。装卸搬运作业机械化程度，即使用机械装卸搬运货物的作业量与总的装卸搬运作业量之比。机械设备的利用系数，即机械设备的全年平均小时搬运量与额定小时搬运量之比，用来评估机械设备配置的合理性。

除以上参数外，与仓库性能有关的指标还包括贮存物品的特性、托盘及其辅助工具的尺寸、自动化程度、出入库平均作业时间、其他库约束条件（如运输条件及地面承载能力）等。

三、仓库画线

启用新仓库或旧仓库规范改造，画线都是一项重要工作。仓库内的定置线、标识线类别、规格及目的，如表 2-1 所示。

表 2-1　仓库内的定置线、标识线类别、规格及目的

类别	规格	目的
货架定置线	货架定置线一般采用 50 毫米的蓝色线，以便与仓库的水泥地形成对比；货架两边距离定置线 50 毫米	规范货架摆放位置
货架物品区域标识线	深色货架用黄色磁条，浅色货架用蓝色磁条，距离 15 毫米，要求对比明显；物品应摆放在区域标识线内，先进物品摆在靠近定位标识线一侧；同一区域内只能摆放同一种商品	规范货架上物品的摆放位置
仓库通道线	黄色线，主通道线 100 毫米，其他通道线 50 毫米	规范仓库通道区域
仓库区域标识线	黄色线，50 毫米	规范仓库内各区域
库房过门	黄色线，宽度与墙面相当	确保安全

（续表）

类别	规格	目的
库房门两侧立柱	黄黑色线，左低右高，间距 100 毫米，斜度 45 度，从地面开始向上涂覆 1200 毫米	警示作用
突出物或坑道周围、消防设备区	黄黑色线	警示作用
设备定置线	黄色线，50 毫米	规范设备摆放位置

仓库画线应注意以下事项。

（1）油漆颜色。尽可能购买接近所需色的油漆，若需调色，应记录比例；注意有效期，过期的油漆不易凝固。

（2）地面、表面清理。为确保涂漆处干净无灰尘、干燥无水，需将涂漆处清理干净，用铲刀把崩裂的旧漆铲除（铁板的铁锈要打磨），用拖把和抹布擦除灰尘污迹。

（3）涂漆区域贴胶带。根据实际需要，在涂漆区域边缘用胶带圈出范围。胶带要贴紧，避免油漆渗入造成“毛边”。为防止污染非涂漆部位，用旧报纸等进行遮挡或覆盖。

（4）调漆。油漆、油宝、天拿水按 4：1：2 比例混合搅拌 10 分钟，放置 30 分钟使其反应完全。给铁板涂漆，天拿水需比在水泥地上漆略多，必要时先局部试验。一瓶油漆（4 升）配合油宝（每瓶 1.2~1.4 升）和天拿水（每瓶 4 升），可刷 40 平方米。

油宝为固化剂，可让油漆固化于附着物上，使油漆干后有光泽。油宝太少则油漆无光泽，太多油漆较硬，容易剥落。天拿水可加快油漆的挥发，使其快速变干。若天拿水过少，油漆很难涂均匀，易出现块状；若天拿水过多，油漆会流动。

（5）涂漆。大面积涂漆作业宜采用滚动刷法，一般要滚 3 次以上，24 小时方可使用。修补或刷线采用刷子刷法，刷后 12 小时可通行。涂漆作业过程中，每隔 10 分钟要将容器中的油漆搅拌一遍，防止沉淀。12 小时内要使用的场地，涂刷油漆时一定要涂得薄一些。涂完漆的场所应设置路障隔离，设立“油漆未干”告示牌，防止踩踏及车辆通行。

（6）使用前检查。检查涂刷后 12 小时场地可否使用：手按不粘手且无陷入指纹，说明油漆基本干了，行人可通行；用拇指指甲画线无明显划痕，说明油漆已干，叉车可通行。

除了画线标示区域外，仓储管理中还有一个动线概念。动线原是建筑与室内设计用语，意指人在室内室外移动的点，连接起来即成动线。

仓库作业主要包括货物验收入库、储存保管、流通加工、备货拣选、出库发货等，动线主要用来安排这些作业的位置，从而决定货物的运动路线。

动线设计的原则：一是让货物的运动路线尽可能短、直接，不往复运动，避免无效搬运；二是不交叉，避免动线冲突。理论上说，设计动线时要针对每种产品、每道工序进行计算。但是，由于缺乏准确、充分的数据支持，且计算方法较为复杂，实际操作中往往只根据货物整体的进出特性，在下述四种动线类型中进行选择，具体如图 2-2、表 2-2 所示。

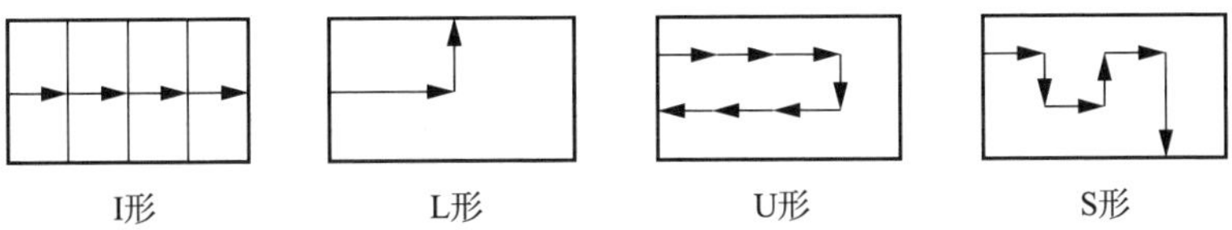

图 2-2 仓库内常见的动线类型

表 2-2 四种常见的动线比较

动线类型	说明	特点
I 形	出货和收货区域在仓库的不同方向	可应对进出货高峰同时出现的情况，常用于接收相邻加工厂的货物，或用不同类型的车辆进行进货和发货
L 形	需快速处理货物时采用，货物出入仓库的距离最短	可应对进出货高峰同时出现的情况，适于越库作业，能够同时处理“快流”及“慢流”的货物
U 形	在仓库的一侧有相邻的两个发货和收货月台（或出入口）	使用同一通道供车辆出入，利于控制和安全防范，适于越库作业；可在建筑物 3 个方向上进行空间扩张；存储区靠里集中布置，能够充分利用空间
S 形	需要多步骤处理货物时采用	适用宽度不足的仓库，可满足流通加工等多种处理工序要求；可与 I 形动线结合使用

四、路线优化

准确、合理地安排车辆配送路线，可以减少运输时间，降低物流配送成本。优化配送路线应遵循以下八大原则。

（1）行车路线规划要围绕相互靠近的站点群，使站点间行车距离最短。

（2）从距离仓库（发货点）最远的站点开始设计路线，分派载货车辆满足该站点群所需要的车辆；再从没有分派车辆的其他站点找出距离仓库次远的站点，分派另一车辆，如此往复，向所有站点分派车辆。

（3）设计配送路线时，要使车辆的行车路线呈水滴状，各路线间没有交叉。

（4）提高规模效应，优先使用载货最多的车辆进行运送，使总行车距离或时间最短。

（5）综合考虑车辆结构、取货数量和货物堆放对车辆装卸的影响，混合安排取货、送货。

（6）对于偏僻无法归入站点群的站点，采用其他配送方式，如外包给第三方物流。根据行业经验，只有达到 80% 的满载里程，自营车辆才能比第三方物流更经济。

（7）不容易运输的货物安排日班配送，容易运输的货物安排夜班配送。对于经常拥堵的一线、二线城市，优先考虑夜间配送。

（8）杜绝以下不合理运输：①车辆空驶。因车辆调运不当、货源计划不周、取货送货未混合安排造成的空驶，严重浪费运力。②重复运输。重复运输指本可以直接将货物运到目的地，却在未达目的地或目的地之外的其他场所卸货，再重复装运。此外，同品种货物同一地点一面运进一面运出，也属于重复运输。③迂回运输。迂回运输指针对两条以上的路线时舍近求远，可以接受的例外是迂回运输较远的路线不易拥堵（市内高架、高速）。④对流运输。对流运输指同一种货物在同一线路或平行线路上作相对方向的运送，彼此运程的全部或一部分发生重叠交错。⑤倒流运输。倒流运输指货物从销售地或中转地向产地或起运地回流，主要指逆向物流。

五、路线规划

物流配送中，如何设定合理路线，使用最少车辆完成配送任务，是物流管理者需要经常面对的问题，路线规划的方法主要有以下几种。

1. 扫描法

扫描法由 Gillett 和 Miller 于 1974 年提出，用于求解车辆路线问题，其基本思路是先分群再排路线，具体操作步骤如下。

（1）标出所有配送地点及仓库（发货点）的位置。

（2）以仓库为圆点，沿顺时针或逆时针方向旋转，直到与某配送地点相交。此时，增加该站点，计算是否会超过车辆的载货能力。如果没有，继续旋转直至与下一个配送地点相交，再次计算累计货运量是否超过车辆的运载能力。如果超过车辆的运载能力，则剔除该站点，并确定路线。

（3）从上一条路线被剔除的站点开始，旋转寻找新路线。重复该过程直至所有配送地点被纳入路线。

（4）结合道路状况、单行道等因素，排定各路线每个站点的顺序，使整个路线呈水滴状，保证行车距离最短。

确定路线安排车辆时，要保证各线路配送时点首尾相接，即完成一条路线再开始另一条路线，以便同一辆车可负责第二条路线。将所有运输路线首尾相连，按顺序排列，把车辆的空闲时间缩至最短，使所需车辆数量最少，配送车辆分配示例见图 2-3。

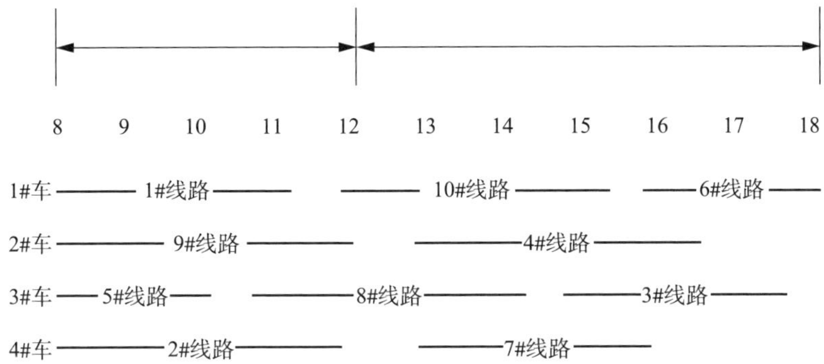

图 2-3 配送车辆分配示例

2. 旅行商问题（Traveling Salesman Problem，TSP）

旅行商问题又称为旅行推销员问题、货郎担问题，其基本思路：一个旅行商人要拜访 n 个城市，且每个城市只能拜访一次，最后回到原先出发的城市，保证路程在所有路径中最短。这种方法适用于对单一车辆配送路线的优化，即从某点出发，访问一定数量顾客后返回出发点。

旅行商问题的算法较多，最常用的为贪心算法（又称贪婪算法），指在对问题求解时，总是做出当前看来最好的选择，即不考虑整体最优，只考虑局部最优解。

顾客比较多时贪心算法计算量很大，一般需借助计算机程序包求解。

示例：若车辆从仓库 A 出发，送货到 B、C、D、E 四个客户后再返回仓库 A。任意两点间的距离已知（即直线上的数字），要求找出最佳配送路径。具体可按下列步骤进行，使用贪心算法确定配送路线见图 2-4。

（1）选择距出发点最近的客户位置。由于 D 点距 A 点最近，故先选择 D 点。

（2）从剩余的结点中，选择距离当前已选择结点最近的客户，即找出距离 D 点最近的点，由图 2-4 可知为 C 点。以此类推，下一个点为 E 点。

（3）当所有位置都被选择了，则停止；否则，继续上一步骤。

（4）B 点为继 E 点之后最后配送的客户，然后返回 A。

（5）故最佳配送路线为 A—D—C—E—B—A，总距离 = 15+12+13+18+19

=77。

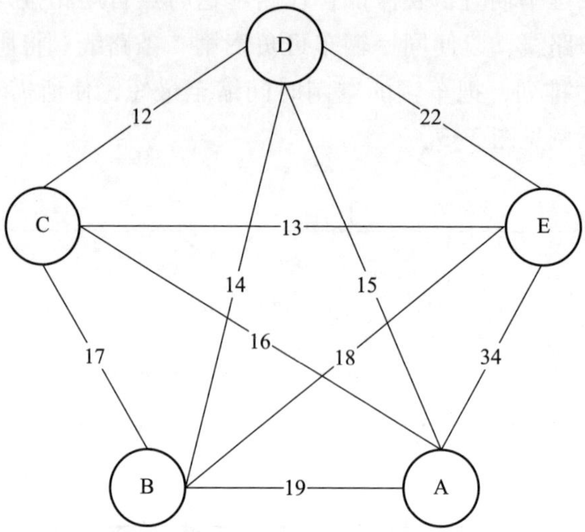

图 2-4 使用贪心算法确定配送路线

3. 表上作业法

表上作业法是根据供销平衡关系和单位物资调运费用，按一定程序编制包含不同内容的表，据此确定可行方案，并判断是否最优。不是最优方案则需要调整，循环往复直至求得最优方案。

示例：同一种商品的 3 个供应商每日供货量 A_1 为 7 个单位，A_2 为 4 个单位，A_3 为 9 个单位。现要把这些商品运到 4 个门店，各门店每日销量 B_1 为 3 个单位、B_2 为 6 个单位、B_3 为 5 个单位、B_4 为 6 个单位。已知从各供应商到各门店的单位商品运价，那么如何在满足各门店需求量的前提下使总运费最低，单位运价、供销关系如表 2-3、表 2-4 所示。

表 2-3 单位运价 （单位：元）

供应商	门店			
	B_1	B_2	B_3	B_4
A_1	3	11	3	10
A_2	1	9	2	8
A_3	7	4	10	5

表 2-4 供销关系 （单位：个）

供应商	门店				供应量
	B_1	B_2	B_3	B_4	
A_1					7
A_2					4
A_3					9
需求量	3	6	5	6	

1）最小元素法

按照就近供应的原则，从单位运价最低的运价开始确定供销关系，然后次低，一直至确定初始方案为止，步骤如下。

（1）在单位运价表中找出最低运价 1，即先将 A_2 的商品供应给 B_1。因为供应量大，A_2 除满足 B_1 的全部需求外，还多余 1 个单位商品。在供销关系表 A_2、B_1 交叉格处填上 3（见表 2-5），并将单位运价表 B_1 列运价划去（见表 2-6）。

表 2-5 A_2、B_1 供销关系 （单位：个）

供应商	门店				供应量
	B_1	B_2	B_3	B_4	
A_1					7
A_2	3				4
A_3					9
需求量	3	6	5	6	

表 2-6 第一次运价调整（单位：元）

供应商	门店			
	B_1	B_2	B_3	B_4
A_1	~~3~~	11	3	10
A_2	~~1~~	9	2	8
A_3	~~7~~	4	10	5

（2）在表 2-6 中找出最低运价 2，确定 A_2 多余的 1 个单位供应 B_3，相应地划去 A_2 行运价，得到 A_2 与 B_1、B_3 供销关系和第二次运价调整，如表 2-7、表 2-8 所示。

表 2-7 A_2 与 B_1、B_3 供销关系（单位：个）

供应商	门店				供应量
	B_1	B_2	B_3	B_4	
A_1					7
A_2	3		1		4
A_3					9
需求量	3	6	5	6	

表 2-8 第二次运价调整（单位：元）

供应商	门店			
	B_1	B_2	B_3	B_4
A_1	~~3~~	11	3	10
A_2	~~1~~	~~9~~	~~2~~	~~8~~
A_3	~~7~~	4	10	5

（3）在表 2-8 未划去的运价中找出最低运价 3，如此一步步进行，直至单位运价表上所有运价划去为止。

（4）最后得到一个运价调整方案，见表 2-9，此方案的总运费为 86 元。

表 2-9 运价调整方案 （单位：个）

供应商	门店				供应量
	B_1	B_2	B_3	B_4	
A_1			4	3	7
A_2	3		1		4
A_3		6		3	9
需求量	3	6	5	6	

总结：从单位运价表中逐次挑选最低运价，并比较供应量和销量。当供

应量大于销量时，划去该运价所在列；当供应量小于销量时，划去该运价所在行。然后在未划去的运价中再找最低运价，直至确定最终方案。

求得方案后还需进行最优性检查，常用方法为闭合回路法。闭合回路法是从表2-9上每一空格出发找一条闭合回路，即以某空格为起点，沿水平线或垂直线向前，遇到有数字的空格转90°后继续前进，直到回到起始空格为止。

判定标准是从每一空格出发可以找到唯一的闭合回路。

2）伏格尔法

最小元素法开始时可能会节省费用，但随后要多花几倍的运费。伏格尔法则可以避免这个问题，其基本逻辑是一个供应地的产品如不能按最低运费就近供应，则考虑次低运费，因而产生一个差额。差额越大，则运费增加越多。因而对差额最大处应采用最低运费调运，步骤如下。

（1）在单位运价表中分别计算出各行和各列的最低运费和次低运费的差额，填入单位运价表最右列和最下行，如表2-10所示。

表2-10　单位运价　（单位：元）

供应商	门店				行差额
	B_1	B_2	B_3	B_4	
A_1	3	11	3	10	0
A_2	1	9	2	8	1
A_3	7	4	10	5	1
列差额	2	5	1	3	

（2）从行或列差额中选出最大者，选择其所在行或列中的最小元素。在表2-10中，B_2列是最大差额所在列。B_2列中最小元素为4，可确定A_3的产品先供应B_2，从而可得A_3、B_2供销关系，见表2-11。同时，将运价表中的B_2列数字划去，如表2-12所示。

表2-11　A_3、B_2供销关系（单位：个）

供应商	门店				供应量
	B_1	B_2	B_3	B_4	
A_1					7
A_2					4
A_3		6			9
需求量	3	6	5	6	

表2-12　运价调整　（单位：元）

供应商	门店				行差额
	B_1	B_2	B_3	B_4	
A_1	3	~~11~~	3	10	0
A_2	1	~~9~~	2	8	1
A_3	7	~~4~~	10	5	1
列差额	2	~~5~~	1	3	

（3）分别计算表 2-12 中未划去元素所在行、列最低运费和次低运费的差额，并填入该表的最右列和最下行，重复前两步，直至确定初始解为止，如表 2-13 所示。

表 2-13 A_2 与 B_1、B_2、B_3、B_4 供销关系 （单位：个）

供应商	门店				供应量
	B_1	B_2	B_3	B_4	
A_1			5	2	7
A_2	3			1	4
A_3		6		3	9
销量	3	6	5	6	

伏格尔法求得的初始解，比最小元素法求得的初始解更接近最优解。

4. 图上作业法

将固定数量的商品从仓库运往门店，经常会有不同的路线可供选择。在路况基本相同的条件下，选择一条最短的路线既节省时间又降低费用。

示例：企业要把商品从 A 地运往 B 地，根据两地之间的交通情况绘制网络，见图 2-5。结点代表路线要经过的不同城市，箭头表示城市之间的公路，箭头线上标注的数字代表每段路的长度。

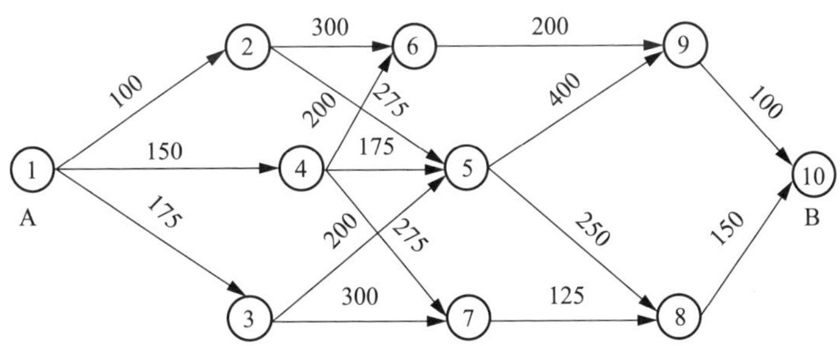

图 2-5 图上作业法绘制的 A 地到 B 地运输线路

最短路线问题的解决方法如下。

（1）从终点开始逆向推算，与终点 10 连接的有 9 和 8 两个结点。从 9 和 8 各只有一条线路到 10，都是最短路，分别记为（9—10）100，（8—10）150。

（2）结点 6 到终点 10 的路只有一条，需要通过 9，记作（6—9—10）300；同样的情况有（5—8—10）400，（7—8—10）275。

（3）结点 2 到终点 10 有 3 条路，可以选择经过 5 或 6，最短路线为经过 6

的线路，记为（2—6—9—10）600，同样情况有（4—6—9—10）500，（3—7—8—10）575。

（4）从A点出发即结点1，到达B点，必然要经过2、3或4其中一个点，显然最短路线是经过4的那一条，即（1—4—6—9—10）650。

分析各路线距离，根据图上作业法求解最短路线，见表2-14。

表2-14　图上作业法求解最短路线

路线	距离	最短路线
9—10	100	
8—10	150	
6—9—10	300	从6到10的最短路线
5—9—10	500	
5—8—10	400	从5到10的最短路线
7—8—10	275	从7到10的最短路线
2—6—10	600	从2到10的最短路线
2—5—10	675	
4—6—10	500	从4到10的最短路线
4—5—10	575	
4—7—10	550	
3—5—10	600	
3—7—10	575	从3到10的最短路线
1—2—10	700	
1—4—10	650	从1到10的最短路线
1—3—10	750	

5. 多阶段动态决策法

示例：现有一批货物需要从A市运到E市，A市到E市的公路网如图2-6所示。图中的节点B_1、B_2、C_1等代表可以经过的市、县站点，箭头表示两点间是连通的，线上的数字表示两点间的运输代价。运输代价可以是时间、距离或时间与距离的加权平均。确定从A市到E市的最佳运输路线，使运输成本最低。

首先，根据网络结构特征将决策问题划分为四个阶段。决策从终点到起点逆序进行，各决策阶段编号按逆序排列。

其次，按照逆序法对每个阶段的决策问题求解，依次从各阶段的可选状态选择一个到终点最短的状态。

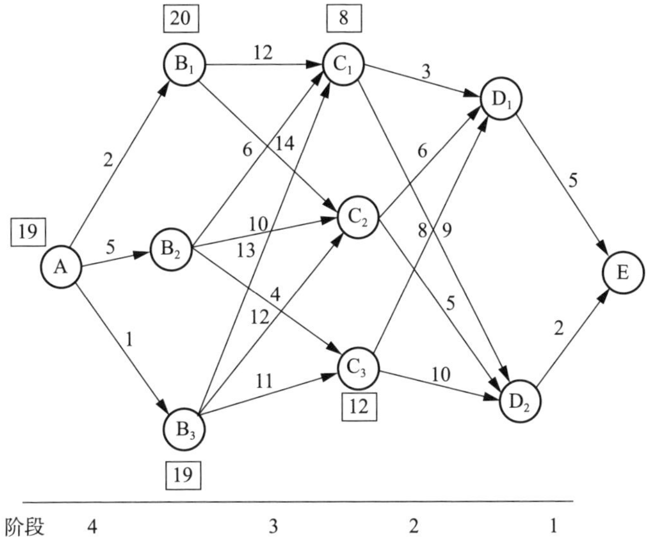

图 2-6 A 市到 E 市多阶段动态决策示例

具体决策过程如下。

（1）第一阶段的决策：有两个可选状态 D_1 和 D_2，到终点的距离分别是 5 和 2。

（2）第二阶段的决策：从 C_1、C_2、C_3 三个备选状态中选择一个点，使其经过 D_1 到达 E 的距离最短，决策结果是 C_1 点，到 E 点的最短距离为 8。再从中选择 1 个点，使其经过 D_2 到达 E 的距离最短，这时的决策结果是 C_2 点，最短距离为 7。

（3）第三阶段的决策：分别从 B_1、B_2、B_3 中选择一个点，使其经过 C_1、C_2 或 C_3 到达 E 点的距离最短。可能的最短路径是 B_2—C_1、B_2—C_2、B_2—C_3，对应的最短路径距离分别是 14、17、16，即这一阶段的决策点都是 B_2。

（4）第四阶段的决策：选择 A 点，使 A 经过 B_1 或 B_2 点到达 E 点的总距离最短，结果是路径 A—B_2，距离为 19。

图 2-6 中节点方框中的数字表示该点到终点 E 的最短距离，以上决策过程可用表 2-15 说明。

表 2-15　多阶段动态决策法求解 A 市到 E 市最短路径

输入节点	决策线路	输出节点	到终点 E 的最短路径距离
D_1	D_1E	E	5
D_2	D_2E	E	2
C_1	C_1D_1	D_1	8
C_2	C_2D_2	D_2	7
C_3	C_3D_2	D_2	12
B_1	B_1C_1	C_1	20
B_2	B_2C_1	C_1	14
B_3	B_3C_2	C_2	19
A	AB_2	B_2	19

由表 2-15 可知，节点 A 到节点 E 的最短路径为 A—B_2—C_1—D_1—E，最短距离为 19（5+6+3+5）。

应用多阶段动态决策法求解运输最短路径问题的基本条件是，必须将一个具体的路径优化问题转化成多个决策阶段问题，阶段划分必须明确、易识别且满足无后效应。

6. 定性方法

（1）经验判断法。经验判断法是行车人员利用经验选择配送路线的一种主观方法。一般以司机习惯行驶路线和道路行驶规定等为基本标准，拟定几个方案，通过汇总有经验的司机和送货人员意见，或者直接由配送管理人员凭经验做出判断。

运用经验判断法所做出的决策质量取决于决策者对运输车辆、用户地理位置和交通线路情况掌握的程度，以及决策者的分析判断能力与经验。尽管缺乏科学性，容易受掌握信息详尽程度的限制，但运作方式简单、快速、方便，通常在影响配送路线的因素较多，难以用某种确定的数字关系表示，或难以用某种单项依据评定时采用。

（2）综合评价法。已拟定多种配送路线方案，并且评价指标明确，只是部分指标难以量化，或对某一项指标有特别要求时，可以采用综合评价法确定配送路线。

示例：在选择配送路线方案时确定了 10 项评价指标，如表 2-16 所示。每个评分标准分 5 个档次：极差（0 分）、差（1 分）、较好（2 分）、良好（3 分）、最优（4 分）。同时，确定每项指标的权值。对各配送线路方案评分，并找出最优方案。

表 2-16 综合评价法示例

序号	评价指标	权值/%	路线 1		路线 2		路线 n	
			评分/分	最终得分（权值×评分）/分	评分/分	最终得分/分	评分/分	最终得分/分
1	配送距离							
2	行车时间							
3	配送准时性							
4	行车难易							
5	使用车辆台次数							
6	油耗							
7	车辆状况							
8	运送量							
9	配送客户数							
10	总费用							
合计		100						

六、分仓设置

中心仓库存储空间不足时可增设分仓。分仓有两种：一是只存放不拆箱的整件产品，以降低管理难度，减少人员；二是服务于一定范围内门店的区域仓，主要存放畅销类商品。两种分仓的投入和管理方式不同。

（一）整件分仓

设立整件分仓的投入包括租金、配套设施及人力成本。

1. 仓库租金

仓库租金一般按平方米/天计算，各地价格不同，但不会低于 0.4 元/平方米/天。如果租赁一个 2000 平方米的仓库，每年的费用为 365×2000×0.4=29.2（万元）。

2. 配套设施

“麻雀虽小，五脏俱全。”整件分仓需要的配套设施包括：

（1）拣货车、折叠梯。

（2）监控系统、灭火器。

（3）计算机、网络设施、打印机及耗材（针式打印机、标签打印机各 1 台）。

（4）电动叉车、地牛、配送车辆。

（5）其他耗材，如发货标贴、包装箱、胶带等。

为减少投资，整件分仓可不使用货架，货物在仓库中平铺。根据经验：配置电动叉车时，仓库可用面积约占总面积的40%；配置燃油叉车时，仓库可用面积约占总面积的36%。

以面积为2000平方米的仓库为例，配备电动叉车，其可用面积约为800平方米。按每个托盘占地1.32平方米计算，最多可存货800÷1.32=606（个）托盘。

3. 人员配置

面积为2000平方米左右的仓库至少配置仓储主管1名，库管员3~4名，配送人员1名；若每周日不上班，可酌减1人。仓储主管可兼职订单处理、装箱复核；库管员可兼职配送。

4. 管理要求

（1）规章制度与中心仓库一致。

（2）整件分仓货物全部由供应商直通发货。如果供应商发货到中心仓库再中转至分仓，一是增加装卸、搬运成本；二是运费加倍，不经济。

（3）整件分仓的服务范围只包括门店，不面向终端客户。因为终端客户订货频次高但批量小，人员安排不足达不到服务水平，不能充分发挥整件分仓的规模效应。

（4）企业每两个月派人全盘整件分仓库存，不提前通知。同时，要监控两项指标，即盘点盈亏值、自主退货情况。门店对于整件分仓发货差错、及时性等问题的投诉，直接通报物流部经理。

（5）考核方法

一是考核库存差错率。按相对值核算（盈亏相抵），设定阈值，超值由员工补齐。

二是绩效考核。按照发货金额的一定比例，如0.5%作为核算基数，结合发货差错率、及时率、卫生情况等考核指标，按员工得分发放考核工资。

例如，整件分仓当月发出货物金额60万元，则员工绩效工资基数为600000×0.5%=3000（元）。若该整件分仓共有员工4人，员工考核满分为30分，某员工实际得分25分，则该员工考核工资为750×25/30=625（元）。

（二）区域仓

企业可在门店数量较多的地级城市设立区域仓；同时，缩小所辖门店的附属仓库面积，分离出仓储管理人员归入区域仓统一管理。区域仓运营逻辑结构，如图 2-7 所示。

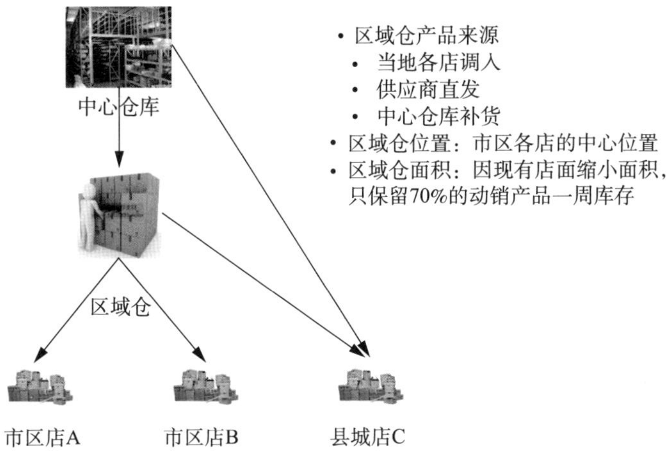

图 2-7 区域仓运营逻辑结构

1. 补货

市区店由于距离区域仓较近，不直接从中心仓库订货，而从区域仓补货；急需商品，由市区店店长订货，中心仓库直接发货至区域仓。

县城店距离区域仓较远，少量商品从中心仓库直发；量大商品由区域仓向供应商采购，供应商直接发货至县城店，减少中转运费及管理费。

区域仓设置补货岗位，定期分析库存情况，并向中心仓库提交订单。

2. 发货

区域仓要对终端客户服务，发货分为两种：一是区域仓备货，市区店配送人员到区域仓提取并配送；二是区域仓备货，区域仓配送人员直接送达客户，或由第三方物流公司给客户发货。

依客户地域分布，设置固定配送线路，每天定期安排一班至两班。

3. 仓库要求

1）面积

不小于 1000 平方米。

2）配套设施

（1）计算机、打印机、网络设备。

（2）地牛、拣货车。

（3）货架（中型货架比例不低于 50%）。

（4）包装箱、打印纸、标贴等按需准备。

3）人员配置

仓储主管1名、订单打印人员1名（女）、专职库管1名（兼职补货）、配送员3名。

设置区域仓的主要目的是实现专业化，门店只负责销售，仓储管理及配送职责交由区域仓负责。设立区域仓会减少各门店向中心仓库订货的频次，订货批量增加，从而降低运费支出。①

七、分仓监控

若分仓（或区域仓）与中心仓库距离较远，不便于随时检查、督导，可采取以下监控措施。

1. 生成出入库单据

（1）分仓员工不具有生成出入库单据的权限，如不能直接制作销售单，只能根据其他部门录入的出入库单据，微调产品数量，确认出入库。

（2）部分特殊操作如自用、报废、盘盈盘亏、借用等，分仓员工可直接操作，但必须填写纸质申请表报批。

2. 单据留存

商品库存变动所涉及的出入库操作必须有原始单据，且至少保留半年备查，具体如下。

（1）入库单。通过ERP系统打印的入库单，须有库管员签名，并附有供应商原始发货单据。若从中心仓库发货，须附装箱单和拣货单。

（2）出库单。复核已出库的拣货单据，须有核对人员签名。

（3）自用商品、赠品出库单。须有商品使用人及分仓负责人的签字。

（4）报废单据。商品报废必须有申请单据，且经分仓负责人签字，并附出库单。

（5）盘点单。须经盘点人员签字；同时，盘点单必须使用ERP系统的盘点功能模块生成，而不能通过导出库存明细表进行盘点。如此操作可确保分仓员工如实进行盘点。

（6）仓库调整单据。因库存出现差异进行的库存盘盈、盘亏须有申请单据，且须分仓负责人签字。

（7）装箱单。发货须以装箱单作为依据。

---

① 单次发货量越大，平均运费越低。

3. 第三方（或其他职能部门）盘点

不定期安排人员对分仓进行盘点，不得提前通知。盘点时沿托盘（或货架）盘点。部分盘点可能会导致管理漏洞，如一种盈余商品被故意放到两个货位上。

4. 监控自主退货情况

自主退货指标可从侧面反映库存管理水平。对于库存充足的订单却无法发货，必须如实记录。分仓库负责人应定期分析，及时查找导致库存差异的原因并进行调整。

5. 盈亏数据分析

按月进行盈亏数据分析是有效的防范手段，但仅通过这一手段难以准确、及时发现问题，需要结合不同措施，有的放矢。

分仓负责人（主管或经理）须具备一定的管理经验，掌握相应技巧，并做好以下工作。

1. 岗位明确，责任到人

（1）分仓负责人必须明确划分岗位职责，确保事事有人管，人人都管事。岗位职责以书面文档形式明确，不能朝令夕改。

（2）不可兼职，如分拣人员不能兼职复核。

（3）盘点工作应交叉进行，如负责 A 区的人员到 B 区盘点。

2. 屏蔽商品用途及价格

（1）分仓的员工不需要知道商品具体用途及价格，只需要了解商品库存量，存放具体货位。

（2）分仓 ERP 系统功能模块应屏蔽商品价格查询功能。

3. 制定规章制度、梳理业务流程

（1）分仓负责人要根据实际需要制定规章制度、梳理业务流程，如出入库流程、安全管理制度、自用商品管理制度等，并严格执行。

（2）通过宣讲、考试等形式，不断强调各项制度和规定。

（3）仓库管理无小事，任何一个环节出现疏漏，都有可能出问题，所以制度必须全面。

4. 确定员工考核方案

（1）须提前安排好每天的工作并做好计划。

（2）根据员工工作情况，核算其当月工资和绩效。

（3）制定适当的福利和激励制度。

（4）分仓员工应该了解职业发展路径及晋级通道。

（5）绩效考核要以员工实际工作表现为基础，不能凭分仓负责人的主观感受。

八、库容挖潜策略

理论上说，企业库存控制水平与物理仓库的大小没有必然联系，但实际并非如此。

针对仓储空间不足，企业可以采用以下挖潜策略。

（1）把一定时间内发货量较少的产品，装箱置于货架顶端，外附产品明细表。

（2）尽量堆高，但堆放时一定要做好防护，严防倾倒或坠落，确保员工作业安全。

（3）由于各供应商使用的托盘标准不统一，有些货物需要在合适的托盘上重新码放，解决货架上两个托盘放不下一个托盘浪费空间的问题。

（4）托盘上码放的商品要及时合并。随着货物不断流出，托盘上可能只剩下少许商品，可把相同的商品归集一处。但要标记清楚批次，做好先进先出管理。

（5）充分利用高位货架，减少空间浪费。

（6）借用门店仓库。门店若有大面积仓库，可按 3 个月或更长时间的销售量配货，必要时可支付一定的仓储费用。

（7）及时处置呆滞商品。从账面上看，报废产品会有较大损失。但是，继续保存呆滞商品需支付额外仓储费用。

（8）充分利用各种仓储设备和工具，扩大库容。

（9）增加存放小体积零散商品的货架层数，增加有效使用面积；不易混淆的商品可放于一处。

（10）倡导直通发货，实施越库作业。

（11）设立分仓，分担中心仓库压力。

若以上内部挖潜方法仍然无法解决存储问题，则需要寻找补充性小仓库，弥补中心仓库面积的不足。小仓库的选址标准如下。

（1）距离现有仓库近，独院或位于工业园内，交通便利，大型货车可入。拥有停车场，装卸货物不影响过往行人及车辆。

（2）避免选用位于郊外或居民区的仓库，周边要有配套的物流市场。

（3）面积合适、结构合理，宜单层，立柱不要过多。层高 9 米以上，便于使用阁楼式货架。地基较高，不易发生洪涝灾害。

（4）南北通透，建筑材料合格；房顶使用阻燃材料且不漏雨；地面平整，无凹陷或凸起，并做防尘处理。

（5）有多个出口，便于出入库操作。

（6）有单独隔间或办公室可安置订单打印，或作为员工休息室；配套员工宿舍、食堂及厕所。

（7）水、电、网络设施配套齐全；接入城市排水管网。

（8）不得位于高压线、热源、化工厂或高大烟囱等危险源附近。

（9）建筑合法、证件齐全、消防设施完备，符合国家相关规定。

（10）价格合理，房主可提供发票。

确定备选仓库后，仓库选址评估见表 2-17。

表 2-17　仓库选址评估

序号	项目	满分	权重/%	仓库 A	仓库 A 得分	仓库 B	仓库 B 得分	……
1	交通便利性	10	20	×（评分）	分值×权重			
2	配套设施	10	15					
3	空间可利用性	10	10					
4	库房建筑质量	10	10					
5	消防设施完备程度	10	10					
6	价格	10	15					
……	……							
合计		100	100					

按表 2-17 所列项目分别给各备选仓库评分，再乘以权重得出单项得分，纵向相加得出各仓库总分。其中，得分最高的仓库为首选方案，报上级审批。

以上决策矩阵是英国管理学家斯图尔特 · 普提出的一种多因素辅助决策工具。由于该工具不直观，为使决策者一目了然地观察各仓库优劣势，可用雷达图作为辅助呈现工具。

雷达图也称网络图、蜘蛛图、星图、蜘蛛网图、不规则多边形或极坐标图，适用于同一坐标系内对多个指标进行分析，尤其是对多属性对象做全局性、整体性评价。雷达图上每个轴线表示不同维度，为了容易理解和比较，通常可将多个坐标轴统一成一个度量，如分数、百分比等。但是，雷达图表示的指标和对象不能过多，否则难以辨别。图 2-8 是依据备选仓库得分（见表 2-18）绘制的备选仓库雷达图。

表 2-18　备选仓库得分

项目	仓库 A	仓库 B	仓库 C
交通便利性	57	80	95
配套设施	77	62	65
空间可利用性	75	84	90
库房建筑质量	60	77	75
消防设施完备程度	45	54	92
价格	66	76	86

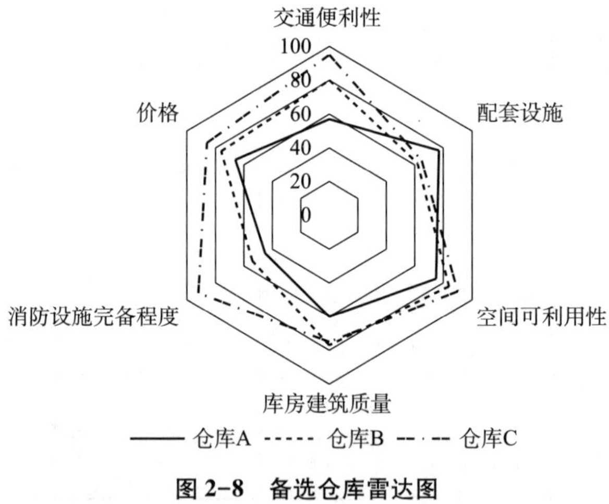

图 2-8　备选仓库雷达图

九、搬仓预案

仓库无论大小，搬迁都是一件复杂的事。此外，搬仓过程中往往要兼顾收货、发货等日常运作，且搬仓需要大量的人力和设备，甚至租用第三方车辆。同时，对于新仓库，员工也需要时间熟悉场地和设备，这些都增加了搬仓的复杂性，所以需要提前筹划和准备。

1. 前期准备

（1）新旧仓库并行。新仓库投入使用后，新旧仓库可以同时运营一段时间。新仓库接收到货，旧仓库只出不进，在货物周转率高时可有效减少搬运工作量，同时可让员工熟悉新仓库的环境。

（2）先配发一部分库存。可预先把常用商品按一定量配发门店，减少搬仓工作量，或者通过促销活动减少库存量。同时，与采购部门协调，减少搬仓前及其间的到货量。

（3）绘制新仓库定置图。搬仓前要提前分配新仓库货位并编号，绘制仓库定置图，让员工提前了解商品货位，做到心中有数。

2. 确定规则

（1）确定搬仓时点及工期。搬仓需要大量人力，因此搬仓日期最好选在仓库日常运营压力最小，即订单量最少的时间节点。搬仓工期越长，搬仓压力越小，但对门店销售影响较大。

（2）搬仓时的收发货。搬仓时收货操作相对简单，直接通知供应商送货到新库房即可。发货则比较复杂，首先，两个仓库都有库存，如何协同发货是个问题；其次，要提前做好人员分工和安排。搬仓期间新旧仓库最好完全独立、分别运营，一个订单若涉及两个仓库则分别发货。

（3）员工关怀。工作地点变化可能会导致员工流失，加上搬仓工作量大，故搬仓前需要做好人员配置工作。

对于准备离职的员工做好思想工作，使其安心工作至搬仓结束。对于有意愿留任的员工，对其生活给予一定照顾，如通勤、住宿、饮食等，增强员工对企业的归属感。

搬仓工作量大，且货运公司的大卡车在夜间行驶较为方便，故应尽量 24 小时轮班作业。

3. 搬仓实施

1）搬仓方案

搬仓是一项系统工程，需要制定完备的方案或计划，按天分配任务和资源。对于任务分派，可采用按照货位和按照商品两种方式安排。

（1）按照货位安排任务。按照货位安排任务时，需把仓库划分为数个区域，并依此制定搬仓方案。划分区域要尽量精细，如把一排货架甚至一个货架作为单独区域，规定好每天需搬运哪些区域。把下架装箱人员分为若干组，每一组负责一个细分区域。

如果原有仓库在搬仓完成后不再使用，货架需及时拆卸，运到新仓库再次利用。

在安排计划、分配任务时，不仅要考虑货架的数量，还需要考虑本区域货品的操作难易程度以及货架是否满载。

（2）按照商品安排任务。这种操作方式存在缺陷：一是下架时需要先找到商品，若一种商品存放于多个货位则需要走动数次，才能完成一种商品的搬仓，操作效率低；二是若没有严格执行同一类商品集中存放的要求，就可能出现产品散落各处的情况，不利于现场管理。所以，这种方式一般很少采用。

确定任务安排方式后，需列出详细的搬仓计划，责任到人。如谁负责旧仓库货物的清点，谁负责货物到达新仓库后的签收，谁负责运输途中的安全等，搬仓计划如表 2-19 所示。

表 2-19　搬仓计划

编号	所属区域	责任人	所需天数	货架编号	涉及商品	起止时间	所需车次	

此外，打包商品时要统一标识，避免混乱。

2）资源准备

（1）人员。搬仓时，仓库人员按承担的工作可以分为两类。

日常运营人员。负责搬仓期间仓库正常的收货、发货工作。搬仓过程中订单量一般先降低，后增大，因而仓库收货、发货人员应做相应调整。随着搬仓工作的进行，人员逐渐转移至新仓库，也要适时进行人员安排。

搬仓工作人员。这部分人员负责下架装箱、装托盘、装车、卸车、开箱上架等。根据计划确认每天的工作量即可确定所需人数。由于搬仓工作量大，还需考虑轮班。

（2）运力。一般来说，搬仓运力主要依靠向运输公司租借车辆。与运输公司签订合同时要把每一天所需要的运力规定好。

安排专人对转运车辆进行监控及调配，做到满负荷运转。对于较贵重商品，特别是零散商品要安排专人押车。

（3）设备和耗材：包装耗材有纸箱、胶带、填充材料、记号笔等。其他耗材有抹布、美工刀、锁（用于锁闭运输车厢）等。

（4）后勤。搬仓如果实行轮班 24 小时作业，需要注意安排好作息时间，并提供充足的食品和饮水。

3）现场管理

搬仓作业现场千头万绪，需要临机决定的事很多，要注意以下几点。

（1）搬仓和运营分别管理。

（2）旧仓库和新仓库分别管理。

（3）灵活安排资源。如订单分拣出现问题，则可以从搬仓人员中抽调部分善于拣货的员工协助处理。在搬仓过程中，如果下架装箱的进度超过预期，则可以从中抽调部分人力，分配到进度慢的环节。

（4）每日总结，据此安排第二天的具体工作。事先制定的方案只是计划，在实施时可能会出现误差。现场管理者需要对当日工作做出总结。一是要了解当天出现的问题，防止再次发生；二是根据搬仓进度，灵活安排第二天的工作。

（5）及时处理异常。搬仓现场总会出现各种各样的问题，若不及时处理，可能会影响搬仓计划。常见的异常有：订单发货异常，货品无法找到，货物无法发出；由于大量货品搬仓，且经历多次搬运，易发生货损；资源预备不足等。

4）搬运流程

搬仓点数签及搬仓登记如表 2-20 所示。

表 2-20　搬仓点数签及搬仓登记

<table>
<tr><td>搬仓点数签
托盘号：
件　数：
码盘签名：　运输签名：　收货签名：</td><td>搬仓登记表<table><tr><td>日期</td><td>车次</td><td>托盘号</td><td>件数</td></tr><tr><td></td><td></td><td></td><td></td></tr><tr><td></td><td></td><td></td><td></td></tr><tr><td></td><td></td><td></td><td></td></tr></table></td></tr>
</table>

（1）散装货物下架摆放托盘，用缠绕膜固定，并在每个托盘上张贴搬仓点数签并签名；将托盘货物信息记录在搬仓登记表上，以便核对。

（2）运输人员核对每托盘货物的箱数并在搬仓点数签上签名，无误后装车，加封条或加锁。

（3）到达新仓后检查封条或加锁有无异常，无异常卸车并将货物摆放到指定位置。

（4）新仓人员核对箱数，在搬仓点数签上签名并撕下回收，以便有异常时核对，并拆托盘上架；整托盘货物直接点数后用叉车铲上货架。

（5）做到每一环节都要签字确认，每一托盘货物都有单据可查，都有运输记录。

（6）注意防范搬运过程中货物散落，如出现及时整理收集。

4. 搬仓之后

搬仓之后需要做的事项主要有以下几点。

（1）异常订单跟进解决，要么取消，要么想办法发货。

（2）旧仓库的清理和交接，或重新安排。

（3）新仓库的盘点，确保数量无误。

（4）新仓库货位的优化、工作流程的测试及调整。

（5）员工生活条件的改善。

第三章

见此图标 微信扫码
从零开始学做物流经理

物流装备设置

一、物流技术装备

物流技术装备，是指用于存储、运输、装卸搬运、包装与分拣、流通加工、配送、信息采集与处理等活动的设备设施，其类别具体如图 3-1 所示。

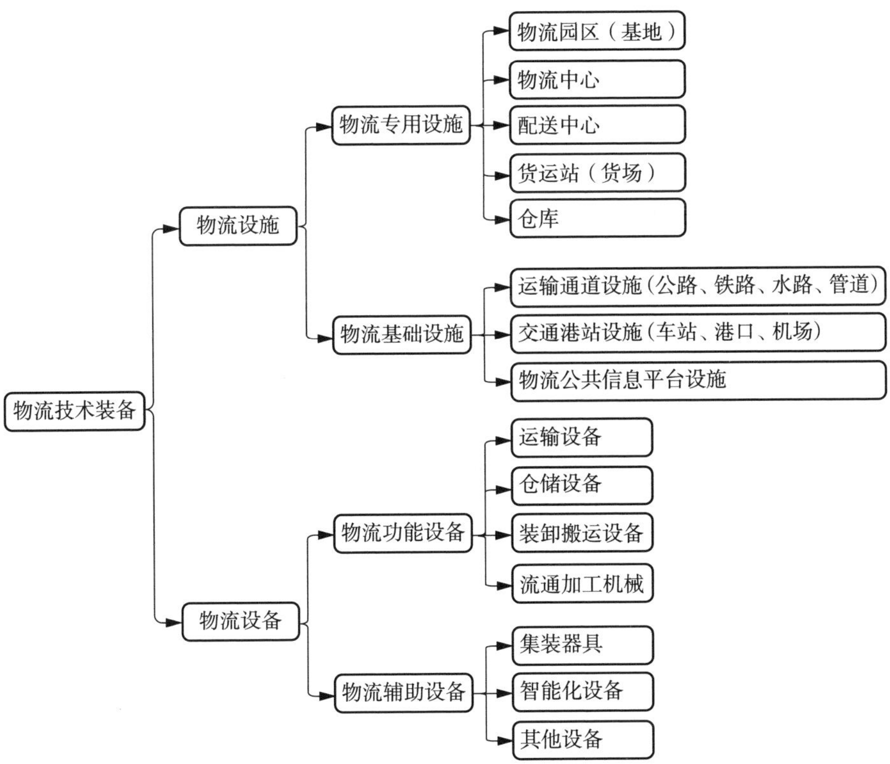

图 3-1　物流技术装备类别

以下针对仓库常用的物流设备做具体介绍。

1. 仓储设备

存储设备主要有货架、堆垛机、室内搬运车、出入库输送设备、分拣设备、AGV①、搬运机器人等。

2. 装卸搬运设备

装卸搬运设备主要有千斤顶、葫芦、起重机、装卸桥、输送机、提升机、架空索道、叉车、牵引车、跨运车等。

3. 流通加工机械

流通加工机械主要包括切割机械、包装机械（充填、罐装、捆扎、裹包、贴标、封口、清洗、干燥、杀菌、真空包装）等。

4. 集装器具

集装器具包括集装箱、托盘、集装单元器具等。

5. 智能化设备

智能化设备主要指 GPS②、GIS③、条码（含二维码）、RFID④、移动通信网络、计算机网络、自动化立体仓库等。

6. 运输设备

运输设备包括载货汽车、货船、管道运输设备等。

7. 其他设备

（1）保管养护设备：测湿仪器、去湿机、通风机、除锈机、空气幕等。

（2）计量设备：地磅等。

（3）安全消防设备：包括防盗报警设备、火灾自动报警设备（感烟探测器、感温探测器、火焰探测器、可燃气体探测器等）、灭火器、自动喷水灭火设备、消防车、消防梯、消防水泵、给/蓄/泵水设备等。

仓库常用装备中投资较大的主要有三大项：货架、车辆（包括叉车及配送车辆）、信息系统。一套先进适用的 WMS⑤、TMS，会大大提升仓库工作效率。

---

① Automated Guided Vehicle，仓库机器人。

② Global Positioning System，全球定位系统。

③ Geographic Information System，地理信息系统。

④ Radio Frequency Identification，射频识别技术。

⑤ Warehouse Management System，仓储管理系统。

在选择仓库设备时需要关注以下四个问题：一是所用设备能够降低单位搬运成本，减少搬运时间；二是最大化地提高立体空间使用率；三是能够减少能源消耗和排放；四是设备使用过程中能够确保员工人身安全。

图 3-2　仓库常用设备

 链条式输送机	 牵引车	 电动液压升降平台
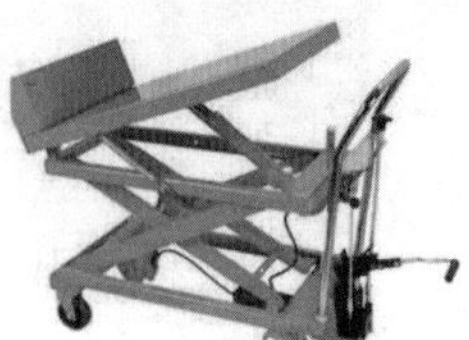 手动液压升降平台	 缠绕式裹包机	 捆扎机
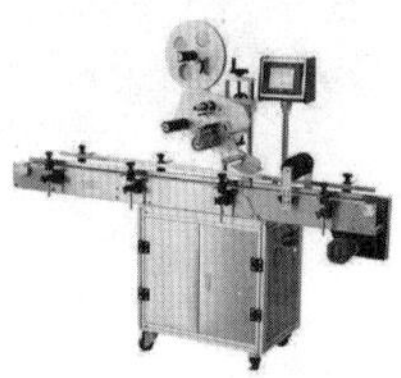 贴标机	 打码机	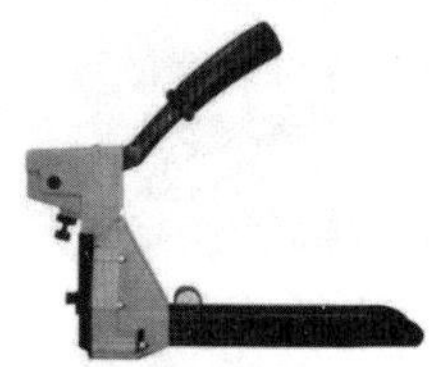 手动封箱机

图 3-2　仓库常用设备（续）

选择物流装备时，重点要考查以下指标。

（1）生产能力。能够满足当前需要，并满足发展需求。以叉车为例，托盘带货一般重 2 吨左右，购买一辆最大起重能力 1.5 吨的叉车就不合适。

（2）安全可靠。设备性能稳定，使用时可确保员工安全，即使偶有失误，也不会造成严重后果。

（3）易维修。设备应易于维修，不需厂家工作人员亲临。同时，备件齐全、易获取，价格适中。

（4）互换性。新添置的设备需要与原有设施成体系。如购置的货架应与原有货架长、宽、高一致，立柱、横梁、搁板可相互替换。

（5）易操作。设备操作简便，容易上手。

（6）节能性。能耗低，节约能源。同时，应符合国家有关规定，如尾气排放要达标，符合或高于现行国家标准。

（7）配套性。在维护和操作等方面，要与企业现有设备互有关联，以节约人员培训、辅助装备购置等费用。

（8）售后服务。厂家可提供安装、调试、人员培训及维修服务。

知识链接

机器设备管理要点

（1）使用。根据机器设备的性能及操作要求培训操作者，使其正确使用设备。

（2）点检。设备使用前后要根据一定标准进行状态及性能确认，及早发现问题。

（3）保养。根据设备特性，定时进行检修、清洁、上油等，防止设备劣化，延长其使用寿命。

二、叉车选型

叉车是对托盘货物进行装卸、堆垛和短距离运输作业的各种轮式搬运车辆，通常使用燃油机或电池驱动。选购叉车时需综合衡量以下各项性能指标。

（1）载荷中心距。载荷中心距指在货叉上放置标准的货物时，其重心到货叉垂直段前壁的水平距离，1~4 吨的叉车载荷中心距为 0.5 米。

（2）额定起重量。额定起重量指货物重心到货叉前壁的距离不大于载荷中心距时，允许起升货物的最大重量，以吨为单位。当货叉上的货物重心超出规定的载荷中心距时，受制于叉车纵向稳定性，起重量相应减小。

（3）最大起升高度。最大起升高度指在平坦坚实的地面上，叉车满载货物升至最高位置时，货叉水平段的上表面与地面间的垂直距离。

（4）门架倾角。门架倾角指无载的叉车在平坦坚实的地面上，门架相对其垂直位置向前或向后的最大倾角。前倾角的作用是为了方便叉取/卸放货物；后倾角的作用是当叉车带货运行时，预防货物从货叉上滑落。一般前倾角为 3°~6°，后倾角为 10°~12°。

（5）最大起升速度。最大起升速度指叉车满载货物起升的最大速度，以米/分为单位。提高最大起升速度可以提高作业效率，但起升速度过快容易发生货损和机损事故。目前，国产叉车的最大起升速度已提高至 20 米/分。

（6）最高行驶速度。对于起重量为 1 吨的内燃叉车，其满载时最高行驶速度不少于 17 米/分。

（7）最小转弯半径。叉车在无载低速行驶、打满方向盘转弯时，车体最外侧和最内侧至转弯中心的最小距离，分别称为最小外侧转弯半径和最小内侧转弯半径。最小外侧转弯半径越小，叉车转弯时需要的地面面积越小，机动性越好。

（8）最小离地间隙。最小离地间隙指车轮以外，车体上固定的最低点至地面的距离，它表示叉车无碰撞越过地面凸起障碍物的能力。最小离地间隙越大，叉车的通过性越高。

（9）轴距及轮距。轴距指叉车前后桥中心线的水平距离。轮距是同一轴上左右轮中心的距离。增大轴距有利于叉车的纵向稳定性，但车身长度增加，最小转弯半径增大。增大轮距有利于叉车的横向稳定性，但会使车身总宽和最小转弯半径增加。

（10）直角通道最小宽度。直角通道最小宽度指叉车往返行驶成直角相交通道的最小宽度，宽度越小叉车性能越好。

（11）堆垛通道最小宽度。堆垛通道最小宽度指叉车正常作业时需要的最小通道宽度。

（12）满载最大爬坡度。满载最大爬坡度指叉车满载时，在干燥、坚实的路面上，低速行驶所能爬越的最大坡度。

（13）叉车外形尺寸。

根据动力和结构的不同，叉车可分为多种，如图 3-3 所示。

<table>
<tr><td rowspan="2">内燃叉车</td><td>
普通内燃叉车。一般采用柴油、汽油、液化石油气或天然气发动机，载荷能力 1.2~8.0 吨，作业通道宽度 3.5~5.0 米，常用在室外、车间或其他对尾气排放和噪声没有特殊要求的场合</td><td>
重型叉车。采用柴油发动机，承载能力 10.0~52.0 吨，用于货物较重的码头、钢铁等行业户外作业</td></tr>
<tr><td>
集装箱叉车。采用柴油发动机，承载能力 8.0~45.0 吨，用于集装箱搬运</td><td>
侧面叉车。采用柴油发动机，承载能力3.0~6.0 吨。不转弯时具有直接从侧面叉取货物的能力，主要用来叉取长/大件货物，如木条、钢筋等</td></tr>
</table>

图 3-3　常见叉车

电动叉车	 电动叉车。以电动机为动力，承载能力 1.0~4.8 吨，作业通道宽度 3.5~5.0 米，应用于室内操作和其他对环境要求较高的场合	 电动牵引车。以电动机驱动，利用其牵引能力（3.0~25.0 吨），拉动装载货物的小车，用于车间内或车间之间大批货物的运输。没有取物装置和载货平台，不能装卸货物，也不能单独搬运货物
仓储叉车	 搬运车。承载能力 1.6~3.0 吨，作业通道宽度 2.3~2.8 米，货叉提升高度约 2.1 米，用于仓库内水平搬运及货物装卸，分步行式、站驾式和坐驾式三种	 插腿式叉车。叉车前方有带小轮子的支腿，能与货叉一起伸入托盘叉货，由货叉提升货物，支腿依靠滚轮地面行走，稳定性好。承载能力 2 吨以下，车速低、结构简单、外形尺寸小，对地面要求较高，用于狭窄的通道和室内堆垛、搬运
	 堆垛车。分为全电动和半电动两种，承载能力为 1.0~1.6 吨，作业通道宽度 2.3~2.8 米，货叉提升高度 4.8 米以内，用于仓库内的货物堆垛及装卸	 前移式叉车。承载能力 1.0~2.5 吨，门架可以整体前移或缩回，缩回时作业通道宽度 2.7~3.2 米，提升高度最高 11 米，用于仓库内中等高度的堆垛、取货作业。车身小、重量轻、转弯半径小、机动性好，可用于地域狭小处
	 电动拣选车。分低位（2.5 米内）和中高位拣选叉车（最高可达 10 米），承载能力 2.0~2.5 吨（低位）、1.0~1.2 吨（中高位）	 三向堆垛叉车。分高位驾驶和低位驾驶两种，叉车不需转向，货叉旋转即可实现两侧货物堆垛和叉取，通道宽度 1.5~2.0 米，提升高度 12.0~14.5 米

图 3-3 常见叉车（续）

数据显示，当叉车的通道宽度大致等于托盘的长度（约 1.5 米）时，仓储面积利用率为 66%；当叉车的通道宽度相当于托盘的两倍长度（约 2.7 米）时，仓库面积利用率为 50%左右；如果叉车的通道宽度是托盘的 3 倍长（约 3.5 米）时，面积利用率为 40%。因此，叉车类型与仓储面积利用率有很大关系，选型时应综合权衡、慎重决策。

对于经常于室外作业，且场地道路不平坦的情形，宜选用以柴油或液化石油气为能源的内燃式叉车。

此外，叉车启用要有走合期，一般为新车开始使用的前 50 小时，里程 500 千米以内。

三、货架选择

货架有多种分类方法，见图 3-4；常用货架如图 3-5 所示。

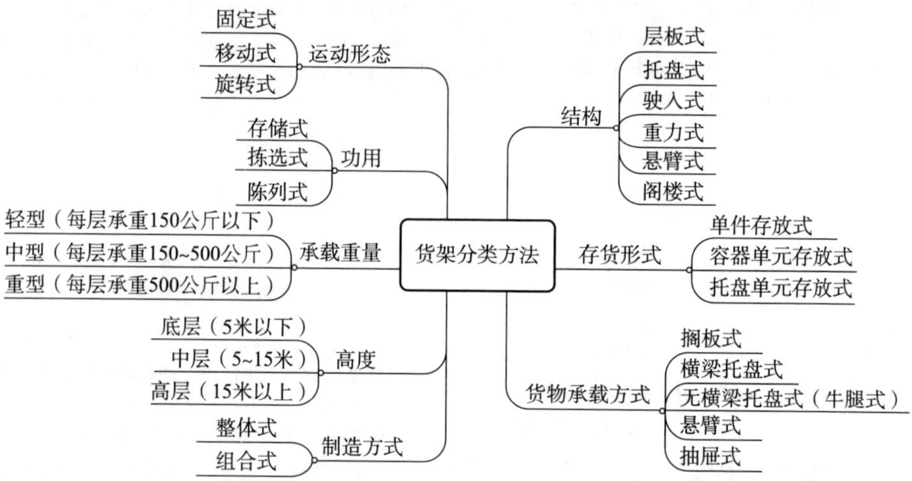

图 3-4　货架分类方法

层板式货架：最常用的货架，适用于散装商品存储、展示

高层货架：主要用于自动化立体仓库

图 3-5　常用货架

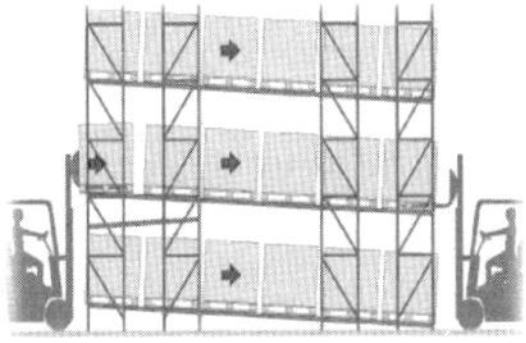

重力式货架：分托盘式和箱式两种。每个滑道只能存放一种货物，用于存储品种少、批量大、周转快的商品，可节省近50%的仓储面积。
重力式货架的滑道越长，死角越大。成本约为普通托盘式货架的5~7倍。制造加工、日常维护保养要求较高

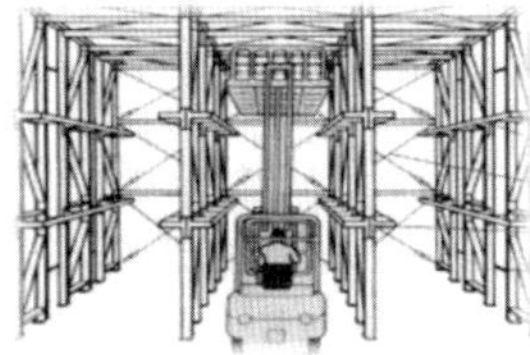

驶入（贯通）式货架：成本低、存储密度大，适用于品种少、批量大的货品存取，多用于冷库。
不便于货物的先进先出，且对叉车操作人员有较高要求

阁楼式货架：底层货架既可用于储存货物，又是上层建筑的承重支柱。各楼层间距通常为2.2~2.7米，顶层货架高度一般为2米。
主要适用于老仓库改造，增加存储面积

移动式货架：适用于出入库频率低的轻小型货物。
轨道需埋在地下，不适于后期仓库改造，建造成本较高

悬壁式货架：适于放置长、大、笨重商品，如钢材

抽屉式货架：适用于轻小商品，如电子零件

托盘式货架：以托盘为存储单位，适用于整件商品

图3-5 常用货架（续）

采购货架要考虑以下几个因素。

（1）商品特性。包括商品的尺寸大小、外形包装、重量等。同时，要提前确定储存单位，如按单件还是按托盘存放货物，并结合企业未来发展需求做好货位数量规划。

（2）库房架构。包括梁下的有效高度、梁柱位置、地板平整度和承重强度、防火及照明设施的安装位置等。

（3）存取性。要衡量商品的储存密度，以及是否需要支持商品先进先出等。货物储存密度高会降低可存取性。

（4）出入库量。包括存取频率、平均批量等。

（5）搬运设备。需提前确定货物搬运方式，主要支持人工搬运还是叉车搬运，并据此衡量通道宽度、需要举升的高度与重量等。

市场上货架品种很多，但质量良莠不齐。单从外观上看差异不大，但不同品牌的货架每层承重量差别很大。选型时，一定要对货架样品进行严格测试。

四、WMS 选型

WMS 系统的开发商很多，比较专业的有唯智、富勒、info、MA、RP 等。但是，产品同质化严重，软件功能大同小异。在采购 WMS 时，需遵循以下原则。

（1）引进 WMS 系统前，要确保现有业务流程有效，对仓库的发展有清晰蓝图。同时，选购过程中要保持开放心态，向软件商说明需求并让其展示对应的解决方案。千万不可遮遮掩掩，不明确需求会对后期应用带来较大风险。

（2）WMS 系统须与企业使用的其他管理软件兼容。由于企业库存和账目管理基本通过 ERP 系统进行，而 ERP 系统往往会为账务设置大量的业务逻辑，导致 WMS 系统集成难度大大增加。如果软件商只懂仓库运作，对于 ERP 系统账务管理机制和背后的业务需求不甚了解，失败风险很大。

同时，要确保业务流程在引入 WMS 后继续流畅运行，并得到优化。这是非常花费时间、精力并需要经验的工作。

（3）提前了解增加仓库和用户数的费用、二次开发费用，以及是否需要支付海外专家费用和软件运维费用等。

（4）关注仓储和物流行业的软件商。

（5）选择专业队伍强的软件商。

（6）确保软件商有充沛的可控资源，能随时提供必要的咨询和支持。特别是系统刚刚上线时，可提供 24 小时全天候服务。

（7）选用仓储和物流专业人士认可的 WMS 系统，而不是项目开发者或者分析者认可的系统。对于软件开发商提供的产品要进行深度演示，确定系统具有企业所需要的全部功能。

（8）选择与企业仓库操作类型相似且有成功案例的 WMS 系统，并通过现场走访，与产品的使用者、管理团队进行直接沟通。

(9) 选择规模适中的软件开发商。规模过小可能缺乏相关资源，规模过大的可能对企业的个性化需求支持不够。

(10) 确保 WMS 系统由最新的软件技术开发，能够满足未来的发展需求。

(11) 选用终端客户可配置的软件包。由于未来需求很难预测，因而 WMS 要具有高度灵活性。WMS 系统改进是必要的，但不能影响系统升级，且产品费用可以接受。

(12) 关注 WMS 性能。WMS 是实操要求非常高的系统，波次处理、分配等环节都涉及大数据计算，性能优良很关键。功能可以通过二次开发弥补，性能往往很难提升。

(13) 关注软件架构，确保 WMS 系统在技术架构上和企业的其他管理系统一致。如此，后期团队相对容易支持和运维，出现问题也好解决，运维的成本亦可控。

需要考虑或设定的架构包括但不限于：B/S 还是 C/S？集中部署还是各仓库安装软件？使用哪种 DBMS[①]？.NET 还是 Java？Windows 还是 Unix 平台、RF 手持终端架构？

(14) 确保有得力的团队负责 WMS 系统实施。同时，相关部门一定要参与其中。

知识链接

物流信息系统

在企业内部，物流信息系统与财务、营销、采购等部门交互；在企业外部，与客户、供应商、3PL、其他供应链伙伴交互，一般包括以下三部分功能。

一是订单管理系统（Order Management System，OMS）：包括库存可得性、信用审核、发票开具、产品分配、订单履行等。

二是仓储管理系统（WMS）：包括库存水平管理、分拣线路规划、存储空间利用、分拣任务分配、工作量安排等。

三是运输管理系统（TMS）：包括拼货、车辆调度、运输方式选择、运输路线规划、货物跟踪、运费支付、运费审核、投诉处理等。

① Database Management System，数据库管理系统。

TMS 选型

TMS 主要包括订单管理、配载作业、路线规划、调度分配、行车管理、GPS 车辆定位、车辆管理、人员管理等模块。TMS 对车辆、驾驶员、线路等进行全面详细的规划、统计及考核，可大大提高运作效率，降低运输成本，适用于运输公司、企业物流部门下属的运输车队等。

TMS 的选型与 WMS 大同小异，操作过程中需注意以下事项。

（1）要全面考虑主要业务需求，既要关注当前，也要考虑未来发展。

（2）明确、记录、复核并优化现有业务流程，据此确立新系统的主要功能，并根据重要性对其排序，并划分为必需的、非常想要的、最好有的。

（3）列出实施 TMS 系统可获得的收益，计算其购置及运维成本，进行 ROI① 分析。

（4）组建项目团队，并争取企业高层的支持。团队成员应包括财务、采购、销售、IT、物流部门等相关人员。

（5）与软件开发商面对面沟通，不仅要与其销售人员，还要与技术支持人员面谈。

选择软件开发商，需注意以下几个方面。

（1）选择拥有丰富操作经验的软件开发商。

（2）选择企业文化与本企业相似、行业中口碑较好的软件开发商。

（3）提醒软件开发商关注软件收益而不是软件特色。

（4）软件开发商不仅提供系统，而且可帮助安装、培训和维护，特别是在实施阶段可提供全面支持。

（5）考察候选软件开发商的经营状况及信誉。

（6）选择费用合理的 WMS 系统，根据需求评估预算。

（7）权衡是购买还是租用或在第三方服务器平台运行。

五、WMS 系统需求

为做好 WMS 系统选型，首先应明确需求，一套适用的 WMS 至少应该具备以下功能。

1. 入库管理

1）预到货通知

（1）采购部门收到供应商发货确认函或通知后，在相应采购单上录入到

① Return on Investment，投资回报率。

货方式，如自提、送货上门等。

（2）根据预设的包装规格计算预计到货件数，并预分配货位；若货位不足则给出预警。

（3）可设置收货时间窗口，承运人可登录系统预约送货时间。

2）提货通知管理

（1）客服人员收到承运人督促提货的通知后，录入系统。

（2）配送人员在规定时间内提货，同时与库管岗位交接（支持移动端操作），以提货及时性为考核指标。

（3）添加必要信息后，提货通知转为入库任务。

3）入库任务与派工

（1）采购部门根据订单生成入库任务（录入或转化），入库类型包括但不限于外购入库、调拨入库、退货入库等。

（2）支持无单入库，但需增设采购部门审核环节。

（3）人工或按一定规则自动将入库任务分配至相关负责人。

4）收货管理

（1）库管人员根据入库任务，逐一扫描商品条码并输入数量，并与采购单据比对生成差异表；若无差异一键入库，更新库存数量及相关信息。

（2）支持人工入库，即查点商品后手工列出差异明细。单据操作人员根据查点结果修改数量，完成入库操作。

（3）支持同一单据分批入库，支持 UNDO（回退）操作。

（4）产品入库时，按一定规则生成批次号。

5）条码生成与打印

到货产品条码不全时，按规则生成条码并打印。

6）到货差异处理

（1）到货差异表（采购单据与实物不符条目），须经采购部门审核确认。

（2）到货差异属于货运公司原因的，由收货人提出索赔，系统提示价格；索赔金额转入财务指定账户，同时生成索赔单据。

（3）到货差异属于供应商发货错误（发错型号、少发、多发）的，由采购部门修改入库单据，审核后由仓库操作入库（务必手工操作），全程可追溯。

7）上架管理

（1）根据货物上架策略，推荐最佳上架货位。影响上架策略的因素有随机货位、容量、尺寸、重量、体积、SKU、数量、出库频度等，库管员也可自行决定货位并通过 PDA 进行修改；另外，可设置库位限制，如必须为空、不允许混放产品、不允许混放批次等。

（2）货物上架前首先扫描包装箱/盒上的条码，提示作业人员将商品放到事先分配的货位。作业人员将商品运到指定货位后，再次扫描货位条码，以确认货位是否正确。

（3）使用条码管理商品时，要把商品库位信息、收货任务推送至库管员 PDA。

8）流通加工

主要包括商品特征码的生成和管理，结合序列号管理，保证商品可追溯。

9）其他入库

对借用归还管理、其他入库的支持。

10）看板生成

（1）根据入库任务进度生成看板。

（2）与显示设备关联，如电子屏。

2. 存储管理

1）有效期管理

（1）对同一到货批次的商品，支持录入生产及到期日期，并提供相应预警（如商品临期提醒）。

（2）支持商品批次管理，以便于先进先出。

2）商品状态管理

对某些商品可进行冻结，如有质量问题的商品不能发货等。

3）盘点管理

（1）支持按一定逻辑生成盘点单，如可按商品、货位、周转率等生成盘点单；支持异动盘点、循环盘点；支持明盘、暗盘两种方式。

（2）下达盘点任务，工作人员依货位顺序扫描条码并输入数量。

（3）根据盘点结果直接生成盈亏明细，审批后系统自动调整库存数量。

（4）盘点人员使用 PDA 先扫描商品条码，再扫描货位条码，系统对放错货位的商品给予提示，并可汇总生成报表。

4）移库操作

支持商品的移库（调拨）、移位（货位）操作。

5）货位管理

货位绑定（考虑锁定情况）及修改。

6）不良品管理

使用两个 ID 号或其他可行方式对不良品单独管理，以便与正品区分。

3. 出库管理

1）出库任务

根据出库单据，生成出库任务或拣货单。

2）出库派工

（1）派工规则：人工或自动。

（2）出库规则：先进先出、就近原则、批次、线路最优、尾数先出、ABC、波次（订单量、客户、路线、承运人等多种维度）。

（3）支持越库（交叉转运）和直通。

（4）可设置急件处理规则。

（5）若支持分区管理，系统可自动把订单拆分成不同的拣货单，且互相之间可追溯。

3）分拣管理

（1）下载分拣任务至PDA，逐一提示待拣选商品货位及数量，引导库管员分拣。

（2）库管员扫描货位编号及商品条码，输入数量，正确则通过；不正确则提示型号或数量错误，重复此过程直到该任务完成。

（3）整个操作过程支持UNDO操作。

（4）因库存差错，账面库存充足的商品不能发出时，系统形成清单传递至下一环节；对于该清单中不能发货的商品，系统通过数字代码指明原因，如包装破损010、库存差错020等。

（5）异常处理：如建议替代拣货位置，更新位置状态，自动生成货品不足和补货请求等。

4）分拣路径优化

（1）根据出入库频率、库位位置等提出货位优化建议。

（2）根据员工的分拣路径，提出路径优化策略。

5）装箱支持

（1）根据已分拣单据生成装箱任务，并分配至相关人员（人工或自动）。

（2）生成装箱单并打印。

（3）支持装箱过程中的特殊规则：一种商品可能装入多个箱中；装箱完成点击确认时，所装商品与订单不符（多装、少装、错装）时预警；装箱时整件商品连续编号问题，如当前正在处理第8箱，另有5箱整件，可在输入数值后，箱号直接定位到第13箱；已装箱的商品可以拿出，即UNDO操作；

装箱后自动出库；换箱问题，装完一箱后，点击直接定位下一箱号；极端情况下，一个商品分成两箱包装；当前任务暂停，使用者选择另一任务等。

6）出库确认

（1）人工出库，支持批量操作；或使用PDA装箱，核对无误后系统自动出库，同时更新库存数据（结合货位上数量的变化）。

（2）可以添加未发货原因，并按需生成自主退货统计表。

7）货运信息录入

（1）对每一订单，录入发货总件数、货运公司信息；由订单合并为拣货单时，存在多张订单对应一个总件数的情形。

（2）发货标签打印。

（3）承运人信息管理。

（4）全程物流条码支持。

8）报废管理

（1）提交报废申请，经审批（或部分审批通过），一键出库。

（2）商品回收或丢弃，残值金额通报财务部门。

（3）月初自动生成上月报废单据，提醒财务部门进行相应账务处理。

9）自用管理

（1）自用商品申请的审批，审批人自选。

（2）审批通过后系统自动出库，通报申请人取货。

10）其他出库

对借出、赠品等其他出库的管理。

4. 统计报表

1）发货进度监控

（1）对某一时间段（一般指当天）的发货进度进行监控，进度情况包括订单已打印、分拣中、装箱中、复核中、配送在途等。

（2）对每张拣货单，按区域或其他维度显示拣货、装箱进度。

2）工作量统计

对各岗位工作量进行统计，作为绩效考核依据；显示员工工作效率、绩效排行，并生成看板。统计维度包括但不限于分拣行数、装箱行数、退货处理行数、理赔产品处理行数、处理的各类单据张数、涉及的总金额等。

3）当前库存查询

可查询商品当前库存分布，包括各级仓库、锁定库等。

4）库存流水

可查询商品某一时间段内的出入库明细记录。

5）盈亏明细

可查询某一时间段内，某个仓库的盈亏明细，含金额。

6）货损明细

可查询某一时间段内某仓库的商品报废明细，包含金额及报废原因（制作报废单据时手工录入）。

7）锁定商品查询

对某些被占用的库存商品进行查询，可追溯销售单据。

8）单据查询

出库单、入库单、盈亏单等的查询及打印。

9）库存统计

对当前库存，可根据商品维度进行统计，显示金额、数量等。

10）出入库明细

每一笔出入库均为一行，需要列明出入库单据的编号、业务类型、业务对象、数量、金额、日期等。

11）货位使用情况查询

货位使用情况可视化，可统计可用存货空间大小。

12）入库监控

对应入库任务，监控入库进度。

13）信息预警

预警条件包括但不限于订单 n 小时未处理、收货 n 小时未上架、补货任务 n 小时未执行。

14）未发货商品明细

可查询显示商品信息、未发货原因及数量等。

5. 系统管理

1）系统管理

权限管理、系统初始化、数据库备份等。

2）数据管理

货物编码管理、未被确认操作的查询和处理、与实际不符的数据库查询和处理等。

3）标签模板

生成多种标签模板，如货位标签、条码标签、物流标签等。

4）仓库设置

（1）仓库名称、相关属性等的增、删、改。

（2）货位设置。

（3）多级仓库支持，支持订单拆分、合单功能等。

5）例外处理

若 PDA 及相关系统出现故障，支持所有业务活动的手工操作。

六、WMS 系统实施

在 WMS 系统选型和上线过程中有很多容易被忽略的问题，以下问题要特别留意。

（1）过分相信软件开发商的系统演示。在演示会上，要控制交流的内容和进程，尽量使用企业的作业数据。若有条件，将演示过程录像；同时，使用拟购买版本进行演示。

（2）过分依赖系统上线测试。测试毕竟不同于系统正式运行，测试无问题不代表上线无问题，要把上线工作计划与步骤文档化并严格遵守。对于系统测试、实施中遇到的问题或瑕疵，要记录在案、切实解决，己方的项目经理须在每个细节上负起责任来。

（3）只关注软件本身，不关注软件开发商未来可提供的服务及其背景。再好的 WMS 系统在标准软件之外也需要增加 10%~50%的定制工作量。因而需签订一份系统维护合同，尽管会增加成本，但可确保获得来自厂家的支持。

（4）预算太低。一般情况下，针对软件项目的实施要在预算之外增加 20%~30%的开支。WMS 系统实施是流程再造，是解决问题的过程，很多看似不起眼的因素可能会导致预算超支。正常而言，软件费用包括以下几点：①使用许可。系统运行需要获得软件许可证，通常按用户数收费，即个人电脑使用者或无线数据终端使用者数量。市场上还有其他不同的收费方式，包括根据交易付费或者按月付费（SaaS 模式），但通常不是完全购买 WMS 系统。②专业服务。项目调研、实施、培训和在线支持服务的成本。③定制成本。根据专项需求更改标准版系统的成本。

（5）购买低端系统，却期望得到高端服务，显然不现实。

（6）过于信任软件开发商。软件功能的确认、业务需求描述一定要精确，己方要有专业人员全程跟踪、监督 WMS 系统实施。由于各行业、不同供应链环节业务需求千差万别，软件开发商的成功经验，置于企业不一定会成功，企业要主导 WMS 系统实施的整个过程。

（7）准备时间不足。选购 WMS 系统，包括功能需求定义、RFP① 编制、软件开发商及其产品考察等工作，一般需要 2~4 个月的时间。至少要搞清楚以下基本问题：为什么实施 WMS？预算多少？可预期的效果如何？项目需多长时间？新系统将对原业务流程有何影响？这些问题听起来简单，但需要足够时间进行调查、讨论和确认，每项工作都要做实、做细。

（8）WMS 系统实施是一把手工程。WMS 系统实施是流程再造，是“伤筋动骨”的大事。企业领导应该始终关注，至少是阶段性关注。企业领导应重点把握几个关键点：如果是新仓库，需参加前期总体规划汇报会；如果是旧仓库，需关注前期流程分析与诊断会；参加 WMS 系统需求总结会；现场考察、测试软件开发商的系统应用；每周听取一次项目经理的汇报等。

（9）畏惧高新技术，能力不够。定义需求、确认实施计划、控制预算等都要谈判。WMS 的实施过程，说到底是讨论与谈判的过程，必须重视谈判。

（10）签署合同过于草率。谈判的结论、项目的需求文档（如 RFP）、需求定义、实施的要求与计划等，只要事关时间、成本、质量三个方面的事项都要写进合同。一份只确认报价、付款方式的合同无法保证项目的顺利实施。

WMS 系统的实施，可以参照以下流程进行。

1. 调研

1）流程调研

（1）整理现有管理流程，对不合理的环节进行梳理和优化。同时，考虑 WMS 系统对 ERP 系统流程的兼容性。

（2）分析现用系统如 ERP 的仓储管理模块，对系统功能中任何小的缺陷都要高度重视，特别是系统接口之间影响可靠性和准确性的问题。

2）明确期望改善之处，包括但不限于：

（1）提高数据录入效率，降低发货差错率，增加防错功能。

（2）采用 PDA 方式移动作业，根据实物标签进行物流流转，降低无效工时；自动记录工作量数据。

（3）智能拣货、上架，降低对一线人员的技术依赖。

---

① Request for Proposal，项目建议书。

（4）实现动态、快速盘点。

（5）完善仓储管理规则，包括先进先出、批号生成、条码生成、智能上架（如按照重量和货品稳定性，系统自动推荐适用的高低货位）、商品流动性划分（如按照进出货频率划分产品的 ABC 类别，实施不同的管理策略）等。

2. 实施

1）项目试点

先建立一个试点项目，关注一个客户、一种产品或一个功能，小范围测试系统，以确保系统满足要求。

2）软件部署

软件部署包括服务端软件部署、客户端/移动端软件部署、参数设置（单据控制、用户账户与权限建立、拣选策略、库位管理、上架策略、批次管理和序列号追踪等）。

3）基础资料导入

（1）初始化，导入库存数据。

（2）批量设置或导入批号规则、条码规则、货位编号、标准包装数量等。

（3）对于每个 SKU，需有以下数据：货物的尺寸（长、宽、高）和重量、用于货物存储的包装箱尺寸、供应商、批次号、特殊存储条件等。

（4）对于每个货位，需有以下数据：货位编号、可使用的尺寸（长、宽、高）、承重力、适宜存放的货物类型、是否为危险品等。

4）设计标签模板

如货位标签、物流标签，同时打印所有货位标签并张贴于货架上。

5）培训

培训包括统一的会议讲解、作业人员实际模拟培训等。此外，系统的前期测试也是一种有效的培训。

3. 正式上线

（1）上线前要保证软件、硬件到位，如服务器、PC 工作站、网络基础设施、打印机、无线数据终端等。

（2）保证基础资料准确无误。

（3）选择库存相对静止的时间实施，如停工或晚间。

（4）制定应急预案，当系统功能无法满足需求时，有备用方案可供选择。

（5）与 ERP 系统对接。

（6）信息技术人员在 WMS 系统上线第一周须现场办公。

4. 持续改善

系统上线后要不断优化、提升性能，具体做好以下工作。

（1）制定标准 SOP[①] 作业流程。

（2）制作硬件异常情况下的解决方案并下发。

（3）定期组织作业人员培训。

（4）新需求提出并立项改进。

① Standard Operation Procedure，标准运行流程。

第四章

见此图标 微信扫码
从零开始学做物流经理

库区管理原则

一、库容库貌

保持良好的库容库貌，是一常规考核项目，库容库貌属定性指标，只有通过对比才能得出结果。库容库貌具体要求标准，可以归结为“三整”，即整齐、整洁、调整，如图 4-1 所示。

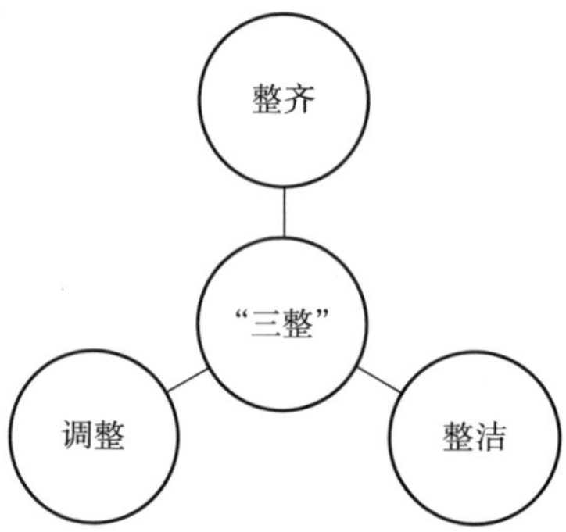

图 4-1　库容库貌要求

1. 整齐

货架或托盘上货物摆放整齐，同一种商品摆放一处。

（1）主通道一侧（向外）货物摆放后拉线对齐；货架垂直方向吊线看齐，顶部向里倾斜。

（2）通道设置边界线，货物摆放不得越线，不能画线的加装栏杆。

（3）上架货物与货架宽向垂直摆放，不上架货物要装箱。

2. 整洁

清理地面，保持窗明几净，减少或消除视觉污染，并做以下检查。

（1）商品开箱后是否能保持外观干净，无破损；塑料缠绕膜、打包带是否及时清理干净？

（2）货架积尘清理如何，何时、何人清理？

（3）堆放的废旧物资是否杂乱？

可按照 6S 管理法清扫环节的要求执行。

3. 调整

（1）货物整理

随着商品的进出，原本摆放整齐的货物会显得凌乱，必须不断整理。整理货物可方便很多后续工作，如便于商品盘点等。

货物摆放要坚持“五五摆放”，即以“5”为基本计数单位进行摆放。既便于盘点、发放，又整齐美观。“五五摆放”的形式主要有：平行五（平放五件）、直立五（直叠五件）、梅花五（五件环形排列）、三二五（二件压三件）、一四五（四件顶一件）、平方五（长、宽各五件）、立方五（长、宽、高各五件）等。

标准货架大多宽 0.5 米，货物不大的纵向放置两三列，可充分利用空间。

（2）货位优化

整箱发货的商品无须上架，可以码放在托盘上，发货时用叉车直接拖走。零散发货的商品，可打开 1~2 箱摆放于货架上，用完再补。滞销商品及时清理、下架。

（3）空间优化

减震器等产品需要垂直放置，可使用仓储笼等收纳工具；皮带类产品 SKU 多、备货量少，推荐使用类似报箱货架。管理者要多观察、多思考，寻找甚至设计合适的货架或收纳工具。

二、安全距离

做好仓库的规划与货物摆放，既可以确保仓储安全，也便于货物的收发，提高作业效率。在货物摆放过程中，一定要遵照“五距”管理要求，如图 4-2 所示。

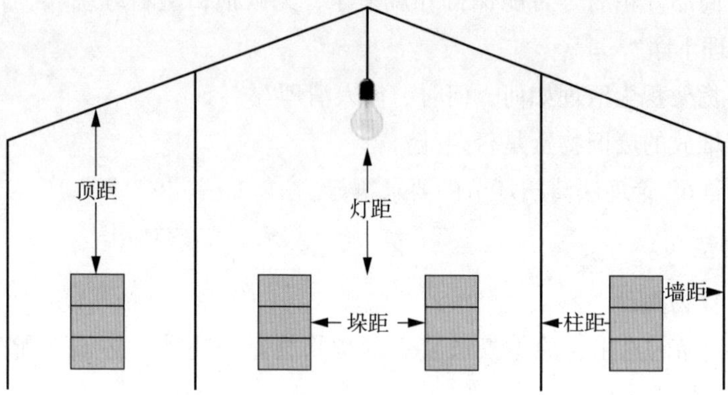

图 4-2 “五距”示意

1. 顶距

顶距指堆货顶面与仓库屋顶面之间的距离。一般平顶库房顶距 0.5 米以上；“人”字形屋顶堆货顶面以不超过横梁为准。若发生火灾，一定的顶距可防止火燃烧至屋顶。

2. 灯距

灯距指固定照明灯与商品的距离。灯的垂直下方与堆垛的水平间距不应小于 0.5 米，以免灯光产生的热量引发火灾。

3. 墙距

墙距指墙壁与堆货的距离，分外墙距与内墙距。一般外墙距在 0.5 米以上，内墙距在 0.3 米以上。

4. 柱距

柱距指货堆与屋柱（含梁）的距离，一般为 0.3~0.5 米。柱距可用来防止屋柱散发的潮气使商品受潮，并保护柱脚。若发生火灾，柱距过小会使货物起火后直接灼烧柱子，从而使其结构发生变化，致使房屋整体垮塌。

5. 垛距

垛距指货堆与货堆之间的距离，通常为 1 米。垛距可使货堆与货堆之间隔离，防止混淆，同时便于通风、检查。一旦发生火灾，也易于抢救、疏散物资。

除了“五距”外，仓库管理中还有一些其他安全距离要求。

1. 疏散安全距离

全库主要疏散通道的净宽度不应小于 3 米，其他疏散通道净宽度不应小于 2 米。在疏散通道转弯和交叉部位的两侧墙面、柱面距地面 1 米以下设置灯光疏散指示标志；确有困难时，可设置在疏散通道上方 2.2~3 米处；疏散指示标志的间距不应大于 20 米。

2. 消防器材安全距离

消防器材周围严禁堆放物品，应留出相应的消防通道。灭火器的摆放应稳固，铭牌向外。手提式灭火器应该设置于灭火器箱内或挂钩、托架上，顶部离地面高度不应大于 1.5 米，底部离地面高度不宜小于 0.08 米。防火卷帘门两侧 0.5 米范围内不得堆放物品，并用黄色标识线划定范围。室外消火栓不应埋压、圈占；距室外消火栓、水泵接合器 2 米范围内不得设置影响其正常使用的障碍物。

3. 电路安全距离

临时架空线路必须采用绝缘性能良好的导线，其截面应能承受用电负荷和机械强度。应用电杆或沿墙用合格瓷瓶固定架设，导线距地面的高度：室内不低于 2.5 米，室外不低于 4.5 米，与道路交叉跨越时不低于 6 米。

进入配电（控制）柜、台、箱内的导管管口，当箱底无封板时，管口应高出柜、台、箱、盘的基础面 0.05~0.08 米，挂墙式配电箱的箱前操作通道宽度不宜小于 1 米。

安装吊扇时，扇叶距地高度不应小于 2.5 米；除采用安全电压外，敞开式灯具的灯头与地面距离应大于 2.5 米。电源开关安装位置应便于操作，开关边缘距门框边缘的距离宜为 0.15~0.2 米；在潮湿场所，应采用具有防溅电器附件的插座，安装高度距地不应低于 1.5 米。

4. 室内道路宽度

室内道路路面宽度：主干道宽度不宜小于 4.5 米，次干道宽度不宜小于 3.5 米，支道宽度为 3~4.5 米。

专供电瓶车行驶的道路宽度：单车道路宽度不宜小于 2 米，双车道路宽度不宜小于 3.5 米。

专供内燃叉车行驶的道路宽度：3 吨及以下叉车单车道路宽度不宜小于 2.5 米，双车道路宽度不宜小于 4 米；5 吨叉车单车道路宽度不宜小于 3.5 米，双车道路宽度不宜小于 6 米。

沿主干道设置的人行道宽度1.5米；其他人行道宽度不宜小于0.75米。当人行道宽度需超过1.5米时宜按0.5米的倍数递增，人行道同时通行手推车、三轮车时宽度不小于1.5米。

5. 易燃易爆商品储存

各种商品不应直接落地储存，一般应垫高0.15米以上；无货架堆高不应超过3米。

液化石油气钢瓶与燃具的净距离不应小于0.5米。软管与家用燃具连接时长度不应超过2米，并不得有接口（主要用于食堂）。

三、目视管理

目视管理，即可视化管理，是指利用形象直观、色彩适宜的各种视觉感知信息来组织现场生产活动，旨在达到以下目标。

（1）提高劳动生产率。

（2）规范员工行为和活动，特别是使问题尽早曝光，保证员工、督导人员能够及时发现异常，及时矫正。

（3）减少时间、能源、人员、物料、空间等资源浪费。

实施目视管理，可以参照表4-1。

表4-1　目视管理方法

类别	目标	方法
商品管理	明确商品品牌与品类	挂品类（品牌）标识牌。如刹车片区、火花塞区等。可用铝塑板，蓝底白字
	决定商品放置位置	使用彩色区域线进行标识（即定置管理）
	商品分区（仓库内）	挂分区指示牌，如一区、五区等。可用KT板，蓝底白字
	区域划分（仓库外）	挂分区指示牌，如各发运线路指示（东向、西向等）。可使用铁支架和亚克力板
作业管理	明确作业计划并监督进展	可使用发货登记黑板，随时更新完成情况（在已经发货的客户名称后画钩）
	按照要求实施	运作问题即时记录于黑板（看板）上
	描述库内各功能区域	绘制仓库定置图，各区域用不同颜色标识；库内实地用油漆进行分界
设备管理	叉车等设备放置区	用油漆分界
	尽早发现异常	点检黑板（看板）
	叉车状态标识挂牌	区分待维修、正常、故障等

（续表）

类别	目标	方法
安全管理	防止人为失误导致事故	制作操作环节注意事项宣传板；机械设备开关旁张贴安全操作规程
	注意现场环境的高低凹凸、转弯、上下坡等情况	使用油漆或荧光色标识
	区分人行、车行专用道	使用油漆进行分界标识。特别是对于疏散通道，用油漆画线提示逃生方向
	消防器材随时可用	在显眼位置张贴消防器材位置图、安全警示图（多张）。可用 KT 板，蓝底白字
	提醒员工作业安全	制作安全管理制度展板。可用 KT 板，蓝底白字
人员管理	人员身份明确	制作工装、工卡、来宾卡
	分工明细	制作组织架构图、每日值班人员看板、卫生责任区看板等
	员工工作状态	制作绩效考评看板、员工工作差错看板、员工优秀事迹表扬看板、员工之星看板、培训考核结果看板。可用黑板（白板）和打印件
	仓库业务流程、员工职责	制作仓库出入库流程、员工职责看板等。悬挂时要距地面 1.6 米，下对齐。KT 板，蓝底白字

制作各种标示牌、指示牌的基本要求：位置显眼、颜色醒目、文字精练。除了上述易于展示的内容，还有一些状态信息需要管理者结合实际情况，探索可行的可视化方式，具体如下。

1. 人（man）

员工士气如何，有无缺席，由谁替代其工作？

工作方法如何？

是否遵守标准，工作效率如何，是否具有问题意识，有无责任感？

是否具有上岗资格，有无经验，是否适合工作岗位？

员工是否愿意改进提升，人际关系如何，身体健康状况如何？

…………

2. 机器（machine）

场地充足吗？

机器或设备是否充足？

机器运行状况如何，效率如何？

…………

3. 材料（material）

是否存在材料浪费情况？

材料是否易于取用？

…………

4. 方法（method）

员工的工作方式是否正确，工作区域是否张贴了作业标准书？[①]

作业流程是否合理，工作标准是否科学，方法是否安全，能否确保绩效？

…………

5. 测量（measure）

流程是否正常？

措施是否已实施，效果如何？

…………

四、货物摆放

商品的货位摆放方式对工作效率会产生较大影响。因此，上架商品需要依据一定的规则，具体如下。

（1）商品按编号依次排列。一般以一排货架（如5组）为单位，从第1个货架的第1层第1个货位，到第5个货架的第1层最后1个货位，依商品编号按顺序放置。再从第5个货架的第2层第1个货位起继续摆放，商品在整排货架上呈S形。

（2）按照“同种纵向摆放”规则安置商品，保持列内外一致，一列摆满另起一列。单品存货较少时，可采用交错摆放方式，即将该商品放在一列位置最里面，剩余位置可摆放另一种商品，如图4–3所示。

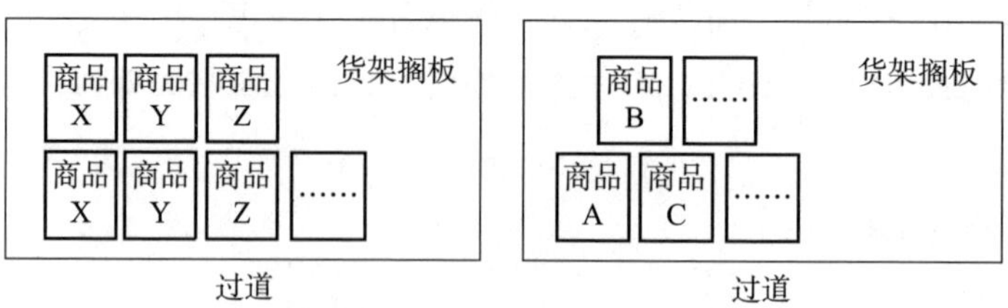

图4–3　货物摆放方式示意

（3）对于库存量较大商品，一种方式是在货位上放置1箱或固定数量商品，其他放置货架顶层或两端（区域入口处容易拿取的地方），在托盘或楼板

① 说明工作顺序、标准时间、安全注意事项、质量检查点、异常确认方式及其处置步骤。

上排列整齐。整箱发货时从货架顶层或两端取货，零散发货时从货架上提取，货架清空后及时补充。另一种方式是把货架最底层搁板抬高，库存量较大商品码放底层搁板下方。

堆放商品时要参照外包装上注明的层高限制，耐压及包装牢固的放在下方。如果地面承重量不足（二楼及以上），在货物或货架下放置木板以分散重力。

（4）上架商品拆除外包装，以节省空间。

（5）商品编码面向过道，方便查找。

（6）货架与窗户间至少预留 0.5 米通道以防雨淋。有些商品不能被阳光直射，需要避开窗户放置。

（7）易混淆的商品放置不同货架，或使用物料盒进行区分。

（8）同一商品放置位置不得超过两处。

（9）贵重商品置于仓库最深处。

（10）临近有效期的商品摆放于货位最前面（靠近过道），优先发货。

（11）分拣商品应由上而下拿取，并将挪动的商品及时归位，严禁从中间抽取。

托盘上商品若码放不合理，容易倾倒造成损坏。所以，托盘上码货要做到货箱交叉，各层交错；每层箱数一致，方便清点，具体要求如下。

（1）大不压小、重不压轻、标签向外；货物不超出托盘四边，边缘留出 1~2 厘米空间。

（2）根据货物包装的储运标识，按文字、箭头标示方向码放，不超高、超重、倒置、侧置货物。

（3）一单多件货物码放多个托盘的应遵循一致性规则，各托盘码放的货物数量、层数、箱数相同。

（4）同一托盘一般只放置同一种商品；商品数量较少时允许拼盘码放，但不可将异类商品交叠码放，以免混淆。

（5）依据货物堆码要求，码堆要互相错缝压实，高度不超过 1.5 米，必要时使用胶带缠绕加固。

知识链接

托盘码放

图 4-4　四种托盘码放方式

表 4-2　四种托盘码放方式的比较

类别	说明	优点	缺点
多层互不交错（重叠式）	各层码放方式相同，上下对应，层与层之间不交错堆码。适用于货品面积较大，特别是自动装盘操作情形	操作简单，操作速度快，包装物四角与边重叠垂直，承压力大	层与层之间缺少咬合，稳定性差，容易发生塌垛
层间纵横交错	相邻两层货品旋转 90 度摆放，一层为横向放置，另一层为纵向放置，层次之间交错堆码。比较适用于自动装盘堆码操作	操作相对简单，层次之间有一定的咬合力，稳定性比重叠式好	咬合强度不够，稳定性不够好
层间旋转交错	第一层货品相邻两个面为 90 度，两层之间货品相差 180 度堆码	相邻两层之间咬合交叉，托盘货品稳定性较好，不容易塌垛	堆码难度大，中间形成空穴，降低了托盘承载能力
层间正反交错	同一层不同列货品以 90 度垂直码放，相邻两层货物旋转 180 度码放	不同层间咬合强度较大，相邻层次之间不重叠，稳定性较高	操作较复杂，速度慢

五、货位管理

货位管理是指对存放货物的仓库货位进行规划、分配、使用、调整等。按照使用方式，货位可分为自由货位和固定货位。

自由货位（随机货位），是指每一个货位均可存放任何一种货物（相互间有不良影响者除外）。只要货位空闲，各种货物均可存入。这种方式的优点是能够充分利用空间，提高仓库的储存能力。缺点是货位上放置的货物经常变动，仓库管理人员收发查点时寻找货物比较困难，影响工作效率并易导致收发差错。

固定货位，是指严格规定货位只能存放某一规格、品种货物。这种方式的优点是每一种货物存放位置固定不变，管理人员容易熟悉并记住各种货物的货位，便于收发查点，可提高收发货效率并减少差错。缺点是不能充分利用仓储空间。

当前，货位管理需要借助 ERP 系统的支持，即把存货区域进行整体规划，对存放货物的每个位置进行编号，再通过 ERP 系统将商品与货位编号进行绑定。打印拣货单时，货位编号可直接显示于商品编号之后。工作人员分拣时，可根据货位编号按图索骥，很容易找到所需商品。但也要求库管员必须按照指定货位放置商品；否则，需要修改 ERP 系统中商品、货位的对应关系。

对于存储空间不充裕的仓库，可以让货位颗粒度尽量粗一些，即每个货位空间尽量大，一种或几种（库存量特别少的可能几十种）货物对应一个货位。这样可以充分发挥固定货位、自由货位的优势，充分利用仓储空间，缩小查找范围，方便分拣。

以水西汽配公司为例，设计采用了 6 位货位编码方式。

（1）编号第 1 位代表库房，用大写英文字母表示。一区至五区，分别用 A、B、C、D、E 表示。

（2）编号第 2~3 位为整排货架编号，每排货架 1 个编号，支持 1 个库房 99 排货架。

（3）编号第 4~5 位是货架组号，指一排货架中的某一组。

（4）编号第 6 位是层号，普通货架一般 4~5 层。

例如，货位编码 B01013，代表二区、第 1 排、第 1 组、第 3 层。

有一种例外，有时货架两端地面堆放有货物（补货区），由于没有层，所以最后一位可以使用字母进行区分，如 D、X 等，如图 4-5 所示。

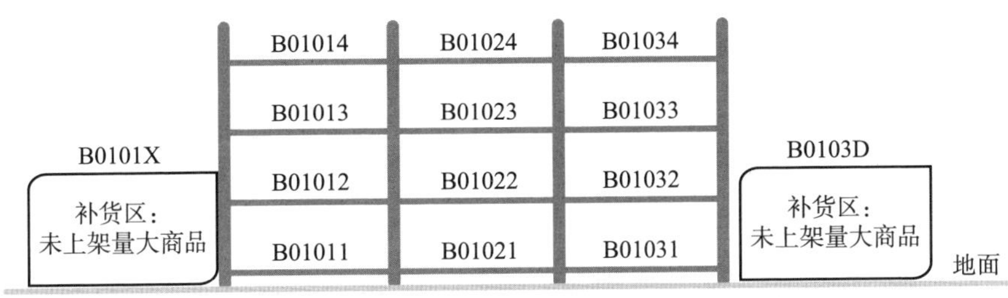

图 4-5 货位编码示意

上述货位编码方式存在两个问题。

一是不适用于S形分拣。S形分拣即工作人员在一个过道只通过一次，把过道两边的货物全部拣完，整个分拣路线呈S形。货位编码方式可以参照城市道路两侧的门牌号编号方式，一边为奇数，另一边为偶数。如左边第一个货架为B01×××，第二个货架为B03×××；右边第一个货架为B02×××，第二个货架为B04×××，以此类推。

二是这种编码方式将货架的每一层作为一个货位，颗粒度较大，如果使用物料盒把每层区分成多个货位，就需要增加1~2位编码进行标识。这种情况下可以采用五号定位法：库号（库内货区代号）、组号（货架组号，可选）、架号（货架代号）、层号（货架层次代号）、位号（层内货位代号）。

货位管理方式不必强求统一，只要能够提高工作效率即可。但是，如果存放商品的货位经常变化，则需要安排专人随时调整ERP系统中货位编号与商品的绑定关系，费时费力。

对于门店实施货位管理，规则略有差异。以水西汽配公司为例，门店一般选在汽配城或汽修厂客户聚集区，由于房租偏高，店面往往不大，多为多层建筑。一楼为店面，用于商品展示、业务洽谈；二楼及以上为仓库。因空间有限，有时楼梯上都会摆放少量货物，空间利用率高，货位编号较为复杂。实际操作中，门店货位标签如图4-6所示。

图4-6 门店货位标签示例

门店货位标签码具体含义如下。

（1）第1位字母代表楼层或库房。其中，Y代表一楼，E代表二楼，S代表三楼，T代表楼梯，K代表仓库（与店面分离的仓库）。

（2）第2位数字，用来标识一个楼层有几个房间。本例中指一楼第1个房间。

T后数字代表楼梯位置，T1指一楼到二楼的楼梯，T2指二楼到三楼的楼梯，依此类推。

K后数字代表库房编号，如附属仓库有两个，则为K1、K2，以此类推。

（3）第 3~4 位数字，代表该房间中的第几排货架。

（4）第 6~7 位数字，代表该排货架的第几组。

（5）第 8 位数字为层数，底层为 1。

本例 Y112-025 的含义为：一楼，第一个房间，第 12 排货架，第 2 组，第 5 层。同理，若使用物料盒区分每层货位，需要再增加 1~2 位层内货位代号。

（6）条码。条码按 CODE-39 规则编制，前 4 位为标志码，保证货位编码与其他商品编码不重复，此例中为 2001。后面几位为货位编码，除英文字母及分隔符外的所有数字，如货位 Y112-025 条码对应的数字为 2001112025。

门店工作人员按照上述规则将各货架进行编号后，使用条码打印机打印货位标签粘贴于货架。同时，从 ERP 系统中导出库存明细表，在每种商品后填写货位编号，再将表格导入 ERP 系统，即可完成商品与货位的绑定。

六、条码管理

条码管理的优势体现在以下几个方面：一是仓库管理更加规范，可大幅降低库存差错率、发货差错率；二是减少发货复核、盘点等工作量；三是降低仓库工作人员知识能力需求，缩短学习时间。但是，针对客户少、单次订货批量大的仓库，条码技术的优势并不明显。

相对于手工管理，引入条码管理对各岗位的工作量会产生较大影响，如表 4-3 所示。

表 4-3 引入条码管理导致各岗位工作量的变化

类别	序号	对比项目	工作量变化	时间
入库	1	到货卸车	不变	不变
	2	条码打印	增加（商品原无条码时，条码标签需贴到最小销售单位）	增加（商品原无条码）
	3	贴码	增加（商品原无条码）	增加（商品原无条码）
	4	扫码、清点	基本无影响	不变
	5	入库（ERP 操作）	扫描条码后直接入库，不需要在 ERP 系统中操作，减少单据复核工作量	减少库管员复核单据时间，减少订单处理员入库操作时间
	6	商品上架	条码管理必须严格按照已经分配的货位上架，一种产品需要扫描两次（货位编码、商品编码），工作量略有增加	增加

（续表）

类别	序号	对比项目	工作量变化	时间
出库	1	单据传递	减少	减少
	2	任务分派	自动分派需要软件支持，手工分派会增加工作量；不需打印拣货单	稍有减少
	3	分拣	不变	对熟知货位的员工影响不大，但利于新员工尽快上手
	4	核对	不需要手写装箱单；可杜绝发错商品型号，但数量差错无法避免	减少
	5	装箱	不变	不变
	6	封箱、标贴、搬运	不变	不变
	7	出库	装箱人员扫描条码后一键出库，不需在 ERP 系统中操作	减少
其他	1	盘点	不需要打印盘点单，可直接分派盘点任务；盘点后不需手工统计库存差异，系统自动调整，盘点工作量减少	减少
	2	货位维护	需库管员定期检查货位与商品对应关系，发现放错位置的商品要及时调整	增加
	3	补货	若仓库空间不足，需建立补货机制，派专人负责；若货位充足，则不需要	增加

引入条码管理对出入库流程的影响，如图 4-7 所示。

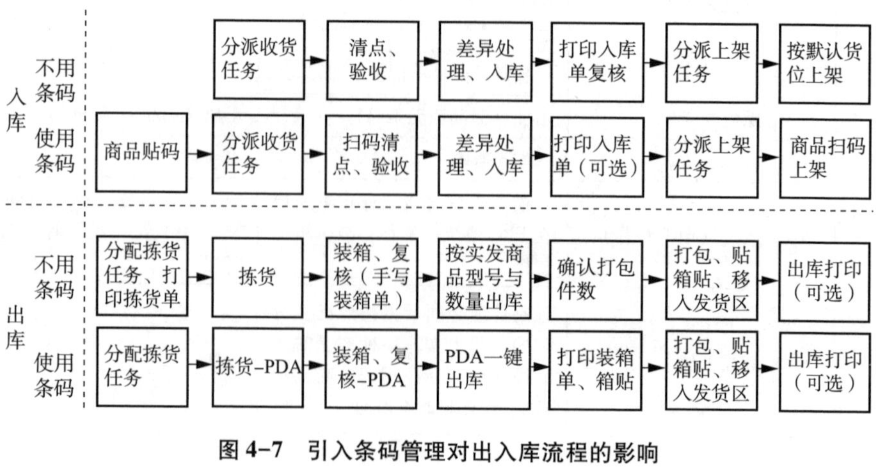

图 4-7　引入条码管理对出入库流程的影响

引入条码管理，对部分岗位的工作内容也会产生影响，如表 4-4 所示。

表 4-4　引入条码管理引发部分岗位工作内容变化

仓库岗位		部分岗位工作内容变化
原有	订单处理	单据打印工作取消，转向任务分派、调度及异常处理
	装箱员	不需要书写装箱单，不需要具备产品专业知识
	库管员	严格按指定货位上架，不能随意放置商品。另外，巡视货位，随时调整，确保货位商品与系统货位编号对应
新增	标签组	收货时及时粘贴标签，否则会影响收货进度

引入条码管理对批发型仓库的效率提升效果并不明显，且会增加投入，但这是基于熟练员工比例大的情况。若新手较多，人员流动率高，为保证员工尽快上手，结论则会大相径庭。

除了标识商品外，条码在物流配送环节的应用非常普遍。在货物发运、配送环节使用条码可加快处理速度，减少发货差错，特别是容易实现越库作业。

以某汽配电商为例，其电子商务平台后端连接供应商，前端连接最终客户（一般指汽车修理厂）。客户需要配件时，可通过平台提供的知识库查询配件型号，使用比价功能锁定供应商，直接下达采购订单，由供应商接单备货。

供应商对配件进行打包后，打印电商平台基于客户信息自动生成的物流条码（收货方、件数）并粘贴于货物上，统一发运至电商的配送中心。配送中心工作人员使用 PDA 扫描收到的货物，确认下一个收货点（区域仓），并把需要发往同一个收货点的所有货箱转运。以此类推，当货物到达下一个节点，重复上述分流流程。货物到达终端配送点后，终端配送点工作人员逐件扫描货箱确认收货客户，交由对应的配送人员（车辆）配送。

货物到达客户处，客户使用 PDA 扫描货箱，确认收货；或由配送人员使用 PDA 扫码，打印收货单，客户签收拍照留存。

第五章 作业制度要求

见此图标 微信扫码
从零开始学做物流经理

一、工作计划

做任何事情都应有计划，以明确目标。同样的工作，有人做起来轻松自如、井井有条，有人却丢三落四、错误百出。凡事预则立，不预则废。闲时无计划，忙时多费力。

制订工作计划并严格执行，至少有五个作用，如图 5-1 所示。

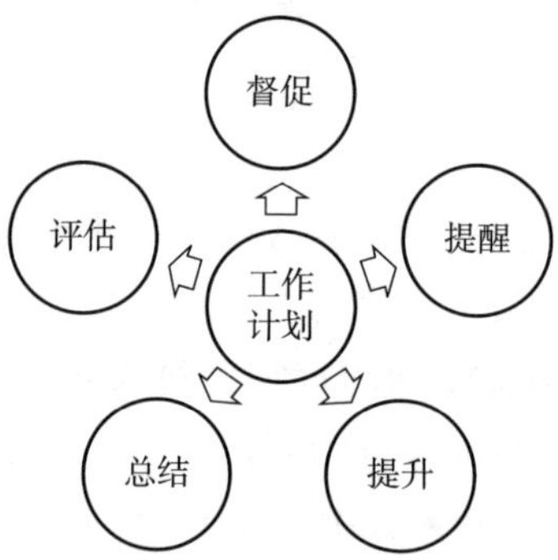

图 5-1　制订工作计划的五个作用

1. 督促

人都有惰性，如果没有量化指标，仅靠员工自觉性工作很容易出现偏差。计划具有督促作用，能让员工养成良好的习惯。按计划行事，可以让员工不拖拉、不推诿、不依赖。有些员工工作无计划，上班时才考虑要完成什么任务，思考有哪些待办事项，一个上午很快就能混过去。表面上看很忙，其实并没做多少工作。

若提前制订工作计划，则可做到心中有数，自然提高工作效率。如盘点库存，则可于前一个工作日下班前准备好盘点单，次日上班即可开工。有分拣任务可暂停盘点，间隙或拣完货再继续进行，充分利用碎片时间。

2. 提醒

人一忙起来都会忘事，特别是对于仓库员工来说，日常工作头绪多、任务杂，很容易忘记工作安排。如果有工作计划，随时翻看，就不会忘掉工作安排。

3. 提升

制订工作计划，通过厘清各项工序间的逻辑关系，可以增强员工的逻辑思维及书面表达能力。例如，库管员接到通知，周一到周三需给门店大量配货某种产品，如果原计划盘点该产品，则可根据新的情况把盘点时间调整为周三之后，如此产品数少了盘点也更容易。

4. 总结

通过制订工作计划，可以发现工作中存在的不足，及时改进提高。例如，对比计划与实际完成情况，可以准确评估完成某项工作需要的时间，为日后做相关工作积累经验。

5. 评估

计划还具有评估功能。

计划总不能按时完成，据此则可以分析是岗位人员配置问题、工作量分配不合理，还是员工能力不够，抑或是员工态度不端正、没有执行力？

员工制订工作计划可以使用“简道云”提供的表单，内容包括上周总结、下周计划、需要协调解决的问题等。

二、例会制度

每周例会是一种重要的管理工具，需专门制定相应制度，以笔者所在的水西汽配公司为例。

1. 周例会时间

由于仓库上下班时间不固定，故例会选在每周三中午 12：30 召开。

2. 周例会议程

（1）各主管发言，汇报其分管工作（盘点、积压退货处理等）的推进进度。

（2）各负责人反馈上周待办事项处理结果。

（3）经理总结，指出工作中发现的问题，提出工作要求及改善措施，了解发布规章制度，组织员工培训等。

（4）了解需要协调解决的问题，共同探讨，提出方案。

3. 会议纪律

（1）参会人员不得无故缺席，因故不能参加者必须提前请假。

（2）准时参加会议，不得迟到早退、不得中途离席。

（3）将手机关闭或设为静音，不得做与会议无关的事情。

（4）会议资料不得外泄。

（5）会议决定及重要事项与会人员需认真记录。

4. 会议纪要与跟踪落实

（1）每周例会由仓储经理撰写会议纪要，会后发布。

（2）周例会纪要模板如表 5-1 所示。

表 5-1 周例会纪要模板

<table>
<tr><td>会议日期</td><td></td><td>会议时间</td><td colspan="2"></td></tr>
<tr><td>主持人</td><td></td><td>记录人</td><td colspan="2"></td></tr>
<tr><td>缺席人员</td><td colspan="4"></td></tr>
<tr><td colspan="5">决策事项</td></tr>
<tr><td>序号</td><td colspan="2">内容</td><td colspan="2">决策人</td></tr>
<tr><td>1</td><td colspan="2"></td><td colspan="2"></td></tr>
<tr><td>2</td><td colspan="2"></td><td colspan="2"></td></tr>
<tr><td>3</td><td colspan="2"></td><td colspan="2"></td></tr>
<tr><td>……</td><td colspan="2"></td><td colspan="2"></td></tr>
<tr><td colspan="5">待办事项</td></tr>
<tr><td>提出者</td><td colspan="2">待办事项内容</td><td>计划解决日期</td><td>责任人</td></tr>
<tr><td></td><td colspan="2"></td><td></td><td></td></tr>
<tr><td></td><td colspan="2"></td><td></td><td></td></tr>
<tr><td></td><td colspan="2"></td><td></td><td></td></tr>
<tr><td></td><td colspan="2"></td><td></td><td></td></tr>
</table>

（3）待办事项跟踪落实由仓储经理或其指定的主管负责。待办事项未按时完成的，对责任人进行一定的处罚，并确定办结日期。

周例会纪要很有价值，周例会纪要反映了日常工作中的具体问题，以及针对问题的解决方案或要求，每半年可整理、汇编一次，作为日常管理规范参照使用。周例会纪要内容示例如下。

（1）禁止私自出售仓库内任何物品（包括旧托盘、报废用品等），禁止私自使用已入库的物品（如促销礼品、饮料等）。

（2）任何人不得对外泄露经营信息、客户信息，违者扣发当月工资。

（3）及时查看相关通知信息。工作时间除向其他部门发送文件外，不得利用网络发布与工作无关的信息。

（4）因包装、库存原因无法发货的，订单处理员需及时通报门店。

（5）完成当日所有工作者可提前下班。

（6）货运公司通知提货的，相关责任人要记录清楚信息，特别是提货地点。

（7）若有更换包装的商品，发完旧货，再发新货。

（8）仓库各区域要重视自主退货，库存商品存在差异的要及时调整；损坏或包装破损的商品要做报废处理。

（9）新产品到货，尤其是型号相近容易混淆的商品，须及时通报，提醒装箱员工注意。

（10）仓库各区域务必保证货物先进先出，特别是润滑油、蓄电池、护理品及标有生产日期的产品。

…………

三、有效会议

很多管理者都有类似的经历：每当一个方案提出后，总会有人提出反对意见。

这是因为人们通常有坚持既定工作方式的惯性，对于新的事物、新的做法往往会本能地排斥、拒绝，而不考虑其价值。

同样，人们一旦选择了一种立场，便会产生维持它的动机，因为这样才能显得前后一致（参见罗伯特·B. 西奥迪尼所著的《影响力》）。

针对这种现象，为提高会议效率，可以使用以下技巧。

（1）提前公布议题，让大家有充足的思考时间，而不是会上临时搞突然袭击。

（2）先提问题，再出方案。如先提出推广某种分拣方法（解决方案），大家往往会反对，但是若让大家找出提高分拣速度的方法（需要解决的问题），反而会促使大家思考新方案。

（3）提出建议，再综合、比较大家的建议方案。

（4）每个人须先深入思考，不允许仓促发言。

在实际管理中，有一种富有成效的会议效率提升方法：爱德华·德·博诺（Edward de Bono）博士开发的六顶思考帽方法。这种方法让与会人员在讨论问题时不以单一角度分析，而是从五个维度通盘考虑，进行定向思考。同时，与会人员在思考过程中会强制实现角色转换。六顶思考帽内涵如图 5-2 所示。

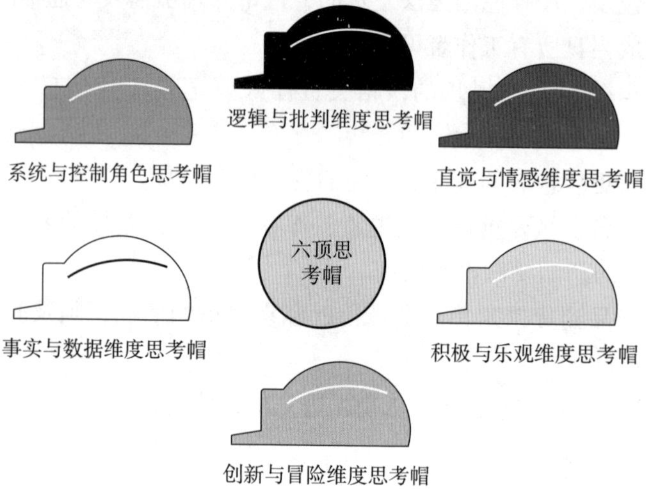

图 5-2 六顶思考帽内涵

系统与控制角色思考帽：通常由会议主持人控制。

事实与数据维度思考帽：关注已经被核实或证实的事实。

直觉与情感维度思考帽：对问题的直觉。

积极与乐观维度思考帽：负责对问题提出积极看法。

逻辑与批判维度思考帽：负责详细分析某个问题的不足之处。

创新与冒险维度思考帽：代表创造性思维。

由主持人控制整个讨论过程，其余维度没有明确要求，可以随机而定。但有一点需要注意，所有成员要同时在一个维度上展开讨论。

六顶思考帽法一般程序：针对××问题，先集中收集各类数据、现状、事实，思考这么做的好处。再列举面临的困难和阻碍，寻找解决困难、排除障碍的方法，凭直觉选择方案，得出结论。整个过程可以进行多轮。

六顶思考帽法让参加会议的人员从多维度出发，简化思考过程，并做换位思考。如此，对某个议题持反对意见的人，必然也会思考议题的积极方面。

总之，六顶思考帽方法=维度分析+换位思考。

四、订货规范

曾经一段时间，笔者负责的仓库订单积压较严重，当天订单难以全部发出。经观察分析，发现问题出在以下几个方面。

一是门店向仓库订货无时间限制，经常有下午6：00后要求紧急发货的情况。通常仓库上午比较轻闲，订单基本集中在下午。一些门店一天加急订货五六次，导致每天要发的货发不完。

二是上班不记考勤，员工迟到问题较严重。上午8：30上班，一些员工9：00多才到岗。上班第一件事就是打扫卫生，弄得仓库里尘土飞扬，等可以正常工作时已经是9：00之后了。由于没有加班费，员工下班非常准时。

针对以上情况，为提升仓储服务水平①，经与客户协商，我们拟定了以下订货规范。

（1）门店订单分常规、加急两种。

（2）常规订单，门店必须在前一日晚上12：00前提交，订货品种不限，接单次日发货。

（3）加急订单当天发货，品种控制在15种以内（即15个SKU）；超过15种，则按多张订单核算。每个门店每月允许加急订单30张，超过30张，每单收取服务费20元。每年5月1日至10月31日，加急订单提交时间至下午3：30；11月1日至来年4月30日，加急订单提交时间至下午3：00。

（4）特别着急的订单可提供快递服务，提交订单时间可延迟到下午5：00，不收取服务费。

（5）仓库每积压订单1张，或发错货物1次，可抵销1次服务费。

（6）仓库每月最后一日停止发货，进行盘点。

常规订单和加急订单分开处理，上午处理常规订单，下午处理加急订单，保持全天工作量大体平衡。施行订货规定后，门店每天提交的加急订单相应减少，缓解了仓库发货压力。同时，仓库收取的服务费可作为活动经费，用于组织团建活动。当然，服务标准应视服务内容、行业、地域、实际情况，灵活确定。

要解决订单积压问题，其他方面亦须同步跟进。

（1）严格考勤纪律。物流经理率先垂范，准时到岗。

（2）合理安排工作，打扫卫生时间从早上调整到下午下班后。

（3）支付加班工资。加班累计8小时计发1天工资。

改变订货规则，影响门店订货流程，可能会遭到抵制。为此，物流经理

① 或称为服务标准，如订单截止时间、数量要求等。

一方面要顶住压力，坚持原则；另一方面要做好协调沟通工作，争取客户的理解与支持。

五、包装规范

《包装术语　第1部分：基础》（GB/T 4122.1—2008）对商品包装做了明确定义：为在流通过程中保护产品、方便储运、促进销售，按一定技术方法而采用的容器、材料及辅助物等的总体名称。也指为了达到上述目的而采用容器、材料和辅助物的过程中施加一定方法等的操作活动。

包装有很多种类，其中运输包装是以运输贮存为主要目的的包装，它具有保障产品安全，方便储运装卸，加速交接、点验等作用。汽配产品形状各异，大小不一，且客户订货时比较零散，故发货前需要包装，常用材料为瓦楞纸箱。

为规范仓库及门店包装作业，保证商品安全送达，笔者专门制定了部门包装规范。

1. 适用范围

本规范适用于仓库向门店（含各类客户），或者门店向客户包装待发运货物，及门店向仓库提交退货商品的包装。

2. 包装要求

（1）包装时须清空纸箱，箱底用胶带加固。

（2）包装时要注意分类，遵循“大不压小、重不压轻、易碎品特殊包装”的原则。

（3）同一规格或同一型号商品装于同一箱内，同一产品保持同一朝向。

（4）轻、重商品分别包装，怕压易碎商品用气泡膜加固，装箱后粘贴“易碎勿压”标贴；较小、易散失物件用塑料袋（小盒）包装，或用橡皮筋扎紧。

（5）液体类商品单独包装，并在外箱粘贴“请勿倒置”标贴。

（6）同一批发运商品包装规格、样式应一致，并保持包装物干净无灰尘。

（7）较轻商品可用多个小箱合装于大箱，以节省物流费用。

（8）复核后，须将拣货单（1份）、装箱单（1份，复写联）置于一个箱内，外贴“内附清单”标贴。

（9）如需把多件小包装捆绑为一件大包装，每件小包装上应注明“X-1、X-2…”字样，并用胶带固定。

（10）每箱商品重量原则上不得超过25千克。

（11）封箱时使用本企业专用胶带，不使用透明胶带，以避免第三方开箱取货。

3. 执行说明

本规范由物流部制定、解释及修改，即日起执行。

该规范出台后运行良好，但包装材料却出现了问题。

随着国家对环境保护的日渐重视，造纸行业逐步整合，导致瓦楞纸箱成本大幅上升。尽管可从二手市场购买旧纸箱替代，但费用并不低。另外，使用纸箱包装，若路途较远，则很容易损坏、丢货。销售部门提议，可否使用塑料的周转箱包装产品。

周转箱，也称为物流箱，在运输、配送、储存、流通加工等环节应用很广，如图 5-3 所示。

图 5-3　周转箱

使用周转箱关键是如何回收。首先，由于周转箱不能折叠，占用空间较大，逆向运费与发货运费相差不大。其次，客户能否及时返回箱子。若回收不及时，购置成本相当高。最后，若借助第三方物流发运，“野蛮装卸”难以避免，损坏率较高。经核算，每个周转箱至少需使用 30 次，才能与当前的包装费用持平。

业务部门经过探讨，决定先期在部分重要加盟客户（VIP）中使用，每家收取保证金 2000 元。累计 20 个工作日必须返回周转箱，否则按天扣减保证金。若客户原因造成箱子损坏，则照价赔偿。

购置周转箱时，应关注以下问题。

（1）估算数量。可根据货物与周转箱的体积、发货频率、平均发货量等指标进行核算，同时要考虑周转箱的空隙率（一般为 10%~30%）。

（2）市场上周转箱的质量差异很大，要选择生产材料安全无毒、质量有保证的周转箱。

（3）按一定比例购置不同规格的周转箱。装载重货如刹车片的箱子体积不能太大，装载灯泡等轻货的箱子体积则不能太小。

（4）购买可套叠存放的周转箱（上大底小），返回时可以摞在一起以减少件数，平时存储也能够节省空间。

周转箱使用过程中，需要注意以下事项。

（1）装箱时均匀放置，避免尖锐物体直接放置周转箱底部，以免周转箱因受力不均发生侧歪、损坏，或损坏箱内货物。

（2）堆码时要考虑周转箱承重，以及堆码高度。周转箱装货不能过满、超高。

（3）使用配套托盘时应考虑周转箱尺寸是否合适，避免摆放不当发生侧歪或倒箱。

（4）预防周转箱从高处跌落，防止爆摔和底面受力不均。

（5）防火、防高温，避免露天存放，防暴晒，不可经常接触水或油类，避免过快老化。

（6）借助第三方物流发货时尽量直达，减少中转和搬动次数。

（7）叉车装卸时要小心操作，避免货叉碰撞箱体；周转箱在托盘上容易滑动，使用叉车搬运时须注意平稳行驶。

（8）发货时要准确记录周转箱规格及数量，以便回收核对。

六、搬运规则

搬运作业应遵循以下规则。

（1）距离最小。力求商品流动距离最短，避免大批货物长距离搬运。

（2）量大优先。货物流量大的就近布局。

（3）标准作业。使用标准托盘及相应设施，提高搬运效率。

（4）简化作业。减少搬运次数，简化搬运步骤，力争一步到位。

（5）连续作业。做好衔接，不发生或少发生停顿或等待，避免迂回、交叉和倒流。

（6）利用重力。利用高度差、采用滑道等方法搬运，同时预防产品磕碰或人员受伤。

（7）提高活性。活性指数反映货物搬运的难易程度，应适度提高，如图5-4所示。

（8）遵从科学。搬运设备等设计和布置满足人体工程学要求。

（9）关注安全。适当防护，保障员工及货物安全。

（10）使用机械。根据吞吐量、距离和资金条件，合理配备搬运设备，并

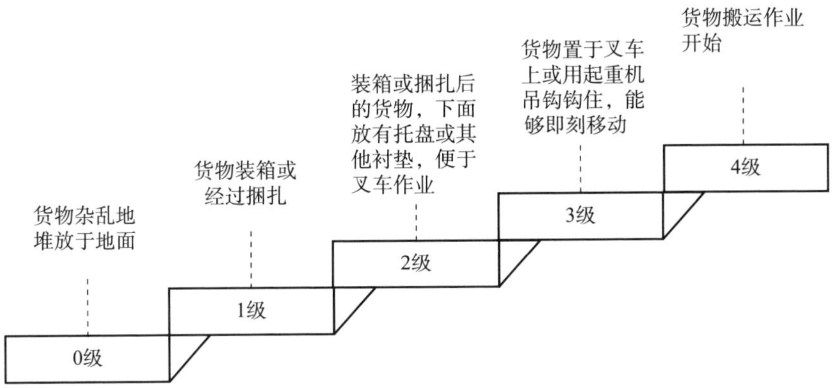

图 5-4 货物活性指数级别

着重系统配套性。

（11）合并配送。合并车辆减少运输次数，提高装载率。

（12）科学选址。寻找合适的中转仓库或配送中心，降低搬运量。

选址时，首先确定运费支付主体。供应商支付运费的，首选直发；企业自行承担支付运费的，集货后再配送（中转），具体如图 5-5 所示。

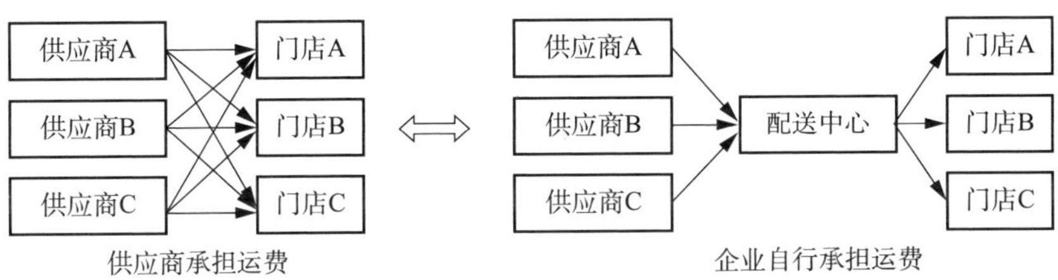

图 5-5 根据不同的运费支付主体，选择直发或中转

搬运操作流程和方法需要不断完善，常采用的优化措施及改善方法如表 5-2 所示。

表 5-2 优化搬运操作流程的措施及方法

因素	目标	措施	方法
搬运对象	降低总重量、总体积	降低重量体积	调整库房布局、合并相关作业，降低搬运量
			消除重复、无意义的搬运作业
			选用适宜的包装材料
		优化搬运系统	应用 SHA[①]、6W1H 等分析方法，精简搬运环节

① 搬运系统分析（System Handling Analysis，SHA），是美国理查德·缪瑟博士提出的一种系统分析方法，适用于物料搬运项目。

（续表）

因素	目标	措施	方法
搬运距离	缩短搬运距离	减少回程	调整库房布局，降低搬运量
		回程搭载	依据各网点相关性调整布局，循环、往复搬运
		缩短距离	调整库房布局，直线化、平面化搬运
		减少搬运次数	货物单元化、集装化（托盘化）
			利用大型搬运机
搬运空间	减少搬运所用空间	减少搬运空间	调整库房布局，充分利用三维空间
		缩减移动空间	选择占用空间小、不需太多辅助设施的设备，降低回转空间需求
搬运时间	缩短搬运时间	缩短搬运时间	利用高速设备，或连续作业
		减少搬运次数	利用大型搬运机增加单次搬运量
搬运手段	提高效率	增加搬运量	利用大型搬运机或高速设备
			利用输送带等连续设备
			工序流水线运作，消除拥挤、阻塞和紊乱问题
		减少劳动力	使用斜槽、滚轮输送带等重力设备

知识链接

搬运系统分析6W1H技术

Why：为什么需要搬运；为什么如此操作；为什么要按此顺序操作；为什么物料如此接收、运输、包装等？

What：要移动的对象及其特征、数量、种类是什么；需要什么资料，如何获取；是否需要机械化、自动化；是否需要人工控制；有无意外情况等？

Where：物料应放置何地；何地需要物料搬运；哪里存在物料搬运问题；何处应该使用物料搬运设备；哪些操作可以消除、合并、简化等？

When：何时需要移动物料；何时需要自动化；何时需要整理物料；何时需要删减作业等？

Who：谁搬运物料；谁参与系统设计；谁提供系统设备等？

Which：哪种操作是必要的；可以选用哪种设备；哪种方案最佳；哪种标准评价最佳等？

How：物料如何移动；如何分析物料搬运问题；如何应对意外情况；如何衡量物料搬运绩效等？

七、收款风险

日常工作中，有时门店会就近去仓库取货（自提）。对于合作时间较短的新客户，一般要求付款提货。这种情况下，仓库员工就要代收货款。员工代收货款有较大风险，如收到假币等。为防范风险，物流部门可与门店约定：一律不代收现金。门店若到仓库提货，可先制作销售单，仓库见单取货，工作人员通过电话与客户确认后交货，提货人须在销售单据上签字。

除此之外，还有两种涉及仓储的物流业务的收款风险。

1. 物流公司代收款

很多企业，对于刚有业务往来的异地新客户订单经常让物流公司代收货款。其操作流程是：第三方物流公司送货，客户见货把货款交给送货司机，由送货司机转交发货方。这种情况下有货运公司卷款潜逃的风险。

使用小型货运公司发货收货要特别留心。

2. 通知放货

通知放货方式是指第三方物流公司将货物运送到客户所在地前通知收货人提货，收货人见货付款。其风险在于货运公司的管理水平，有些管理不善的公司，不能严格执行通知放货的规定。

有一种情况是客户声明已付款并提供回执，收到货物后利用票据（或移动支付）支付的时间迟滞，把汇款返回，导致发货方人财两空。

还有一种情况是犯罪嫌疑人冒充发货方通知货运公司放货。

总之，收款有风险，发货需谨慎。

八、严防管理漏洞

无论规章制度如何完善、执行如何严格，企业日常经营中都难免存在这样那样的漏洞，仓储部门更容易发生这方面的问题，以下几个方面需特别留意。

1. 损坏商品的暗箱操作

在仓库存货的管理上，特别是贵重商品需认真仔细盘点，预防相关负责人进行以下“暗箱操作”：对于损失贵重商品，相关负责人为规避责任，可能会偷梁换柱，以次充好，即找一箱封条不太好的同类产品从底面打开箱子，取出完好产品，把损坏的放进箱子封好。遇到整箱订单时，便可神不知鬼不觉地发货。有的门店收货比较粗放，一看是原箱，计一下数量就入库了。一段时间后即使发现，也难以查明原因。

2. 库存盈余的暗箱操作

库存盈余，一般是由于该发的货物没发，或由于货物没有及时入库。需要警惕的是相关人员同时进行盈、亏操作，尤其是其所管辖的商品库存出现大的差异时。如某货物（丢货、发错货等）亏损了2900元，另一种货物盈余了2950元。相关人员把两种货物瞒报为一种货物的盈亏，从仓库盘点数据上看仅为盈余50元钱，一般管理者就会觉得没大问题。

此外，仓库相关人员与相熟门店串通，其所管辖的商品有盈余时，通过正常的物流途径折价销售给门店（如半价）。因为这些商品没有列入库存清单，仓储管理者不易察觉。同时，门店员工接收这些商品也不入库、走账。

3. 库存亏损的暗箱操作

对于管理不善导致的商品亏损，常见的暗箱操作手法有：在盘点或库存抽检前，趁其他人不注意私拿少量商品，藏匿于托盘底下，上面正常摆放商品。汽车配件特别像润滑油这类商品，库存量一般较大，外包装相差不大，若不仔细盘点很容易蒙混过关。该类商品流动性大，为避免断货，采购部门会经常采购补足库存，所以少量差异很难发现。

另外一种操作方式是，仓库相关人员谎报：某商品到货不足，请采购部与供应商交涉。这种情况下，供应商多半会补发或赔偿。

4. 盈亏兼有的暗箱操作

对于工作人员失误，导致其所管理的商品库存数量出现差错，且有盈有亏，相关人员有机会与门店串通进行暗箱操作。例如，某员工负责的仓库区域有2000元的A商品盈余，有1000元的B商品短缺。此时，该仓储人员可让门店订购1000元的B商品，却把A商品发给门店。如此，仓库B产品的短缺就被弥补了，门店也多得了1000元货物。

5. 包装破损的暗箱操作

为促进销售，减少退换货，很多企业对包装破损商品进行折价处理。在该种情况下，仓储管理者要警惕仓库员工与经销门店串通进行违规操作。

如预防经销门店以破损包装替换仓库新发货物包装，并与相关人员串通取得仓储部门的确认，借以获得折价优惠。

6. 兑现奖品的暗箱操作

为促进销售，企业会组织各种促销活动，或直接兑付现金，或扫码积分兑取礼品。为此，要预防员工私拿奖券或扫描条码兑奖。

九、逆向物流

社会经济生活中，物质循环有其内在规律，如图 5-6 所示。

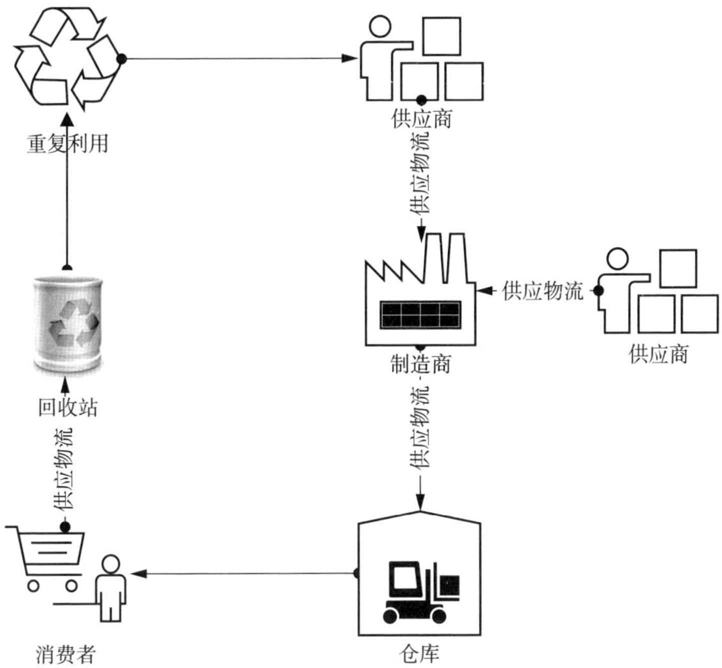

图 5-6　物质循环内在规律

回收利用产品可以节能环保，减少资源消耗，但会引发逆向物流。我国 2001 年公布的《中华人民共和国国家质量标准物流术语》，对“逆向物流”如此表述：指不合格物品的返修、退货以及周转使用的包装容器从需方返回供方所形成的物品实体流动。如回收用于运输的托盘和集装箱、接受客户的退货、收集容器、回收原材料边角料、零部件加工中的缺陷在制品返工等的反向流动过程。

逆向物流会提高企业成本。统计数据显示，逆向物流成本可能是正向物流的 4~5 倍，逆向物流过程涉及的环节（如评价、修理退回的产品）可能是正向物流的 12 倍。

以笔者所在的水西汽配公司的逆向物流活动为例，逆向物流主要涉及门店积压退货、产品理赔、仓库发错的商品退回等，有以下 8 种类型。

（1）报废的、客户不想要的、损坏或有缺陷的产品，可通过维修或再生产后出售。

（2）陈旧、过期或临近保质期的产品，仍可回收或再销售。

（3）未售出的产品，通常指有再销售价值的积压库存。

（4）由于安全或技术缺陷被召回的产品，可维修或回收利用。

（5）需要退换的产品，修理后可再投入使用。

（6）可循环使用的产品，如托盘等。

（7）可用于再生产或再销售的产品或零部件。

（8）可回收废金属，如报废的刹车片、刹车盘。

针对逆向物流，可采用以下措施、办法。

（1）避免：提高产品质量，制定使退货量最小化或消除退货的措施。

（2）把关：在逆向物流的入口点检查和审核商品，消除不必要的退货或使退货最少。

（3）缩短逆向物流周期：分析过程，压缩退货时间，以增加回收价值。

（4）开发优化信息系统：改善产品可见性，减少不确定性，降低退货数量。

（5）退货中心：选择最佳的场所和设施布局，缩小逆向物流距离。

（6）定价：为退货或返销产品确定最好的价格。

（7）外包：现有人力、基础设施、经验或资金不足时，利用第三方处理和管理逆向物流。

（8）零退货：制定政策，给予退货补贴或现场销毁产品解决退货问题。

笔者所在的水西汽配公司为减少逆向物流，采取了以下措施。

（1）已向门店发放退货补贴的商品不允许退货。

（2）门店退回的临期商品按一定折扣收取，借以减少退货数量。

（3）退货及理赔通过专用信息系统管理，退货前必须经过审核，未经批准的商品不允许退回。

（4）通过开发 ERP 系统的自动补货模块，提高门店订货精准度，减少退货数量。

（5）报废产品，以及不再需要的理赔旧件经批准后可在当地处置，不必退回仓库。

十、盘点制度

盘点，是对库存商品的实际数量进行清查、清点，即为掌握货物的流动情况，以仓库商品的实有数量与 ERP 记录的账面数量相核对，以便准确掌握库存数量。盘点是仓库管理一项重要的基础性工作，需专门制定盘点制度，具体如下。

(1) 仓库盘点范围包括所有在库商品及包装物。

(2) 仓库盘点分为每日盘点、库存抽查、月中盘点、月末盘点和异动盘点,如图 5-7 所示。

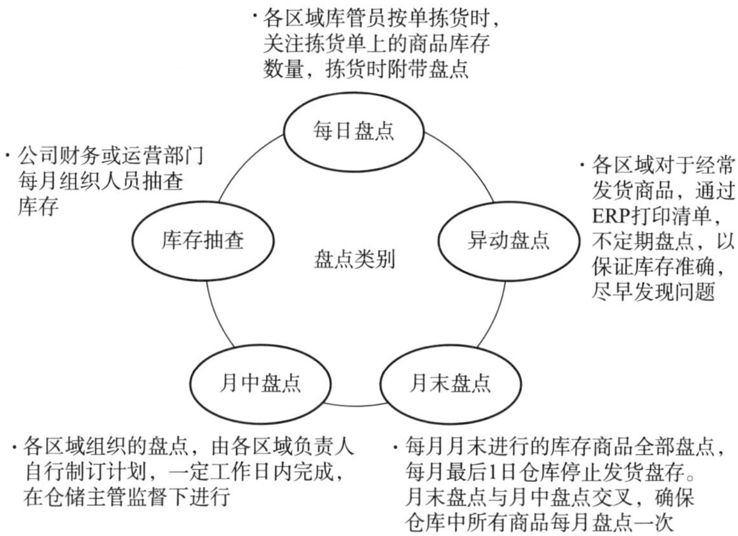

图 5-7 库存盘点分类

(3) 盘点采用实盘实点方式,禁止目测、估计数量。

(4) 盘点时,注意摆放商品;盘点后需对商品进行整理,按原来或合理的顺序摆放。

(5) 工作人员应本着“细心、负责、诚实”的原则盘点。盘点过程中严禁以下行为:①弄虚作假,虚报数据;②漏盘、少盘、多盘;③书写潦草、错误;④丢失盘点单。

(6) 盘点人员按货架顺序对存货进行盘点,并填写盘点表单。盘点单填写错误,不得撕毁,可修改但必须保留修改痕迹。盘点单的内容包括商品名称、单位、库存数量、实盘数量,以及商品状况(不良品、废品、包装破损等)。

(7) 初盘结束后,初盘人员将盘点单交给该区域负责人,对存在差异的商品进行复盘。复盘人员不应受初盘人员影响,须独立清点商品并做记录。

(8) 盘点结束后,各区域负责人应及时收回盘点单,汇总并存档;若发现数据与 ERP 中数据不符,应查明导致差异的原因。

(9) 盘点出现盈亏时,各区域负责人需根据盘点单填制盘点数据调整申请表,经仓储主管核准、签字,在 ERP 中进行盘盈、盘亏处理,盘点数据调整申请表如表 5-3 所示。

表 5-3　盘点数据调整申请

商品名称	零件号	商品品牌	库存数	实盘数	差异	原因	备注
							商品状态，如过期报废、包装破损、不良品等

提交日期　　　　申请人签字（区域负责人）　　　　审核人签字（仓储主管）

（10）各区域负责人应于当月最后一个工作日下班前提交盘点数据调整申请表。

（11）各区域负责人应仔细分析差异产生的原因，并提出改进方案，防止此类问题再度发生。

对于库存差异，原因确认往往较复杂。为此，我们专门确定了仓库库存差异原因查找流程，如图 5-8 所示。

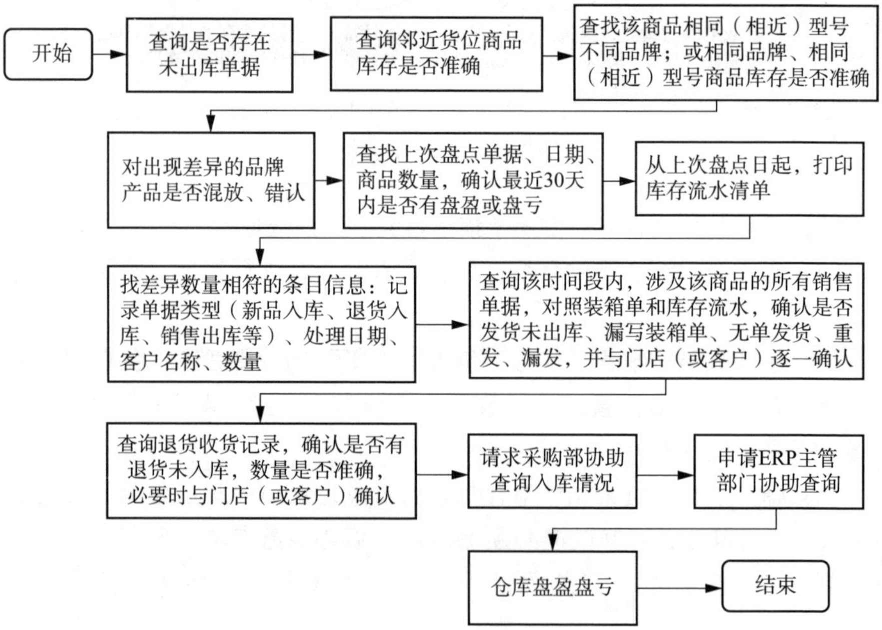

图 5-8　仓库库存差异原因查找流程

十一、供应商合规

现代物流管理的追求目标可以概括为 7R，即将适当数量（right quantity）的适当产品（right product），在适当的时间（right time）和适当的地点（right place），以适当的条件（right condition）、适当的质量（right quality）和适当的成本（right cost）交付客户。

仓储管理工作中，一般要求在向下一个环节（客户端）服务时坚持7R标准。实际上，对于上游供应商也应该坚持7R标准。这些具体要求也称为供应商合规性。

规模较小的分销商、代理商在采购谈判时并不具有话语权。但大中型流通企业有条件对供应商交付方式提出明确要求，确保其以最适当的方式交付产品。

“80/20”规则同样适用于供应商的管理：20%的供应商提供了80%的库存产品，20%的供应商可能带来80%的进货问题。因而，供需双方交易前就产品包装、发运标准达成共识非常关键。在向供应商下达采购订单之前，需要双方确认的事项主要包括以下两方面内容。

1. 交货时间

供应商应该在双方约定的时间送货，而不是其方便的时候。

2. 包装

运输包装是纸板箱、塑料、手提袋、防滚架、托盘还是散装？是否与仓库现有设备（叉车等）兼容？

（1）若用托盘，则须明确尺寸，包括长、宽、高及类型（如四向入口）。整托盘货物外面是否有缠绕膜防水，每托盘标准多少箱等。

（2）若用纸箱，确认质量如何，搬运时是否容易破损，是否防水，尺寸大小是多少等。

（3）确认包装是否符合行业惯例，如润滑油一般4升装每箱6桶，每箱产品的重量大约多少，是否过重不易搬运等。

（4）确认外包装箱上是否印有搬运注意事项，指明堆码高度和内含产品数量。若为危险品，是否有特别标识；若为进口产品，是否有中文标识。

（5）确认包装箱（外包装）、产品包装盒（内外装）是四面都有商品编号，还是仅在相邻两面；若只有一面印有商品标识号，堆码时需注意将标号朝外。另外，商品标识号字号要大一些。

（6）每箱中有多个SKU的混装货物是否有标记？对于混装货物，可以要求供应商用标签注明“拼箱”。如此收货时则不容易出现差错，把散货当作整件商品处理。

（7）确认内外包装箱（盒）上是否印有条码或二维码；若有，是否清晰无损坏。

（8）确认产品有无防伪处理措施。

（9）包装规格是否考量用户需求。如某种火花塞每辆车需要6支，包装规格若是每包4支，客户订货时就会比较纠结，只能一次订购12支（3盒）。

供求双方约定后，须让供应商提供样品，以确保完全符合要求。

十二、物流跟踪

对于流通企业而言，物流配送速度构成其核心竞争能力。

但企业为提高配送能力，构建配送网络，无疑会增加成本。当企业的能力达不到客户期望的服务水平时，不如利用信息技术弱化不确定性带来的影响，及时向客户通报订单处理进度。一套完善的订单跟踪系统，除了要实时反馈状态信息，还要能够估算所需的时间。

以网上购物为例，消费者购买一种商品，即使并不急用，也想尽快收货。如果电商网站对于商品的物流信息更新滞后，很多消费者可能会直接联系卖家（商城），咨询订单处理进度。若电商平台物流跟踪体系比较完善，消费者随时可以监控订单状态，一般情况下，即使配送时间较长消费者也安心。

对于仓库来说，也有类似的要求，门店需要及时获取货物的配送信息，以便向消费者做出承诺。企业若有统一的电子商务平台或ERP系统，跟踪物流信息其实不难解决，无非是及时更新订单处理状态，具体可按以下方式进行。

（1）门店（客户）提交订单后，订单状态显示：已提交或已接单。

（2）订单审核通过，转入仓库打印，订单状态变更为：已进入××仓库进行处理。

（3）仓库开始分拣商品时，状态变更为：订单正在配货中。仓库若支持PDA扫描条码分拣，库管人员接受任务后状态变更为：订单正在拣货中。分拣完成，库管人员在PDA端点击完成，此时状态变更为：订单正在打包中。

（4）打包完毕，ERP系统根据实际发货商品数量确认出库（或PDA自动出库），状态变更为：订单已打包完毕。

（5）配送人员把货物运送物流公司，或由物流公司到仓库提货，开具货运单，配送人员扫描条码，订单状态变更为：订单已交××货运发送。

若为订单处理状态增加一些描述性语言，如“货运公司正在飞奔送货中”，客户体验会更好。

物流配送服务中，及时更新配送状态信息，作用是不可估量的。特别是，当客户期望的服务水平与企业的实际能力反差较大或物流配送环节暂时出现问题时，更需实时提供辅助信息，以把不利影响降至最低。

十三、供应链

随着市场及物流行业的发展，市场对物流服务要求越来越趋向于一体化解决方案。客户需求的变化，要求物流服务逐渐向供应链服务领域拓展。如何优化供应链成为各物流企业提升物流服务水平的重要考量。供应链优化途径如图 5-9 所示。

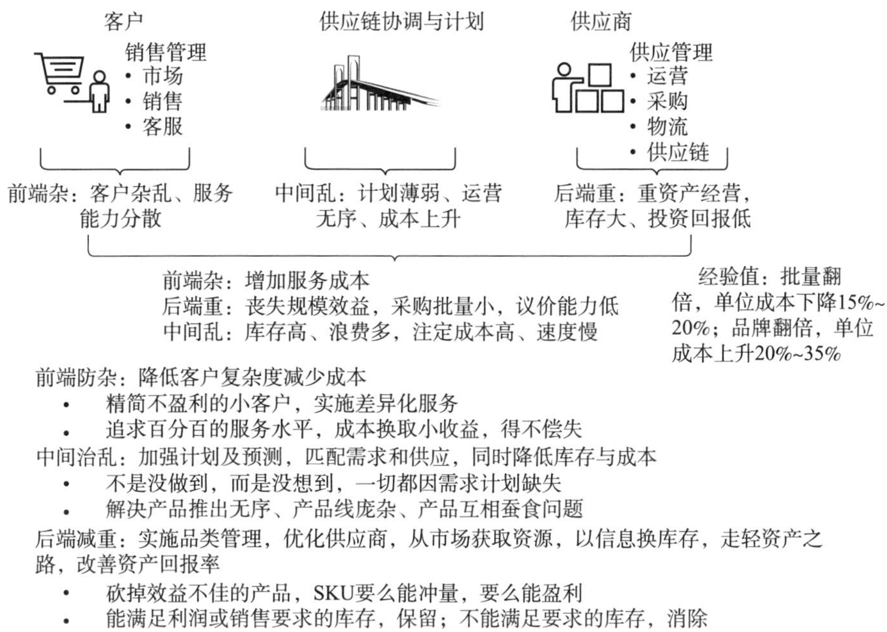

图 5-9　供应链优化途径

结合图 5-9，针对贸易型企业，做如下解析。

1. 前端防杂：优化客户，做减法

实施前端防杂，就是充分利用“二八原理”，划分 ABC 类客户。A 类客户须作为重点，对其提供优质服务；C 类客户数量最多，企业应逐步淘汰无价值客户，提高服务门槛。例如，客户自提货物，不提供配送服务；缩短账期等。虽然一时会有所损失，但长远来看，可以节省资源，以便为重点客户提供优质的服务。

2. 后端减重：减少库存资金占用和仓储成本

以笔者所在的水西汽配公司为例，在库商品有 150 多个品牌，但很多商品只有不到 10 个 SKU，采购量很小，难以形成规模效应，很难有议价空间。该类商品只在主要品牌商品断货时，用其填补漏洞。

对于该类商品可以通过缩短订货周期、减少订货批量的方式降低资金占用，减少库存积压。

3. 中间治乱：建立计划体系

首先企业应设立计划部门或相应岗位，按周分析销售情况，结合供应商促销活动、市场竞争情况，随时调整销售计划。按周制订计划，采购部门据此采购，减少盲目性；销售部门需推出有针对性的市场营销活动。

其次要分析库存合理性，分析库存持有成本。所谓库存持有成本，是指和库存数量相关的成本，包括库存商品所占用的资金成本、库存服务成本、仓储空间成本及库存风险成本。

（1）资金成本，是指库存商品占用了可以用于其他投资的资金。无论这种资金是从企业内部筹集还是从外部筹集，对企业而言，都因保有库存而丧失了其他的投资机会，一般取当时的商业贷款利率确定其成本。

（2）库存服务成本，是指按照货物金额计算的税金，以及为维持库存而投入的保险费用。

（3）仓储空间成本，是指货物所占用空间的租赁费用。

（4）库存风险成本，主要包括商品损坏成本、因过期报废导致的废弃成本、因被盗造成的损耗成本等。

当销量一定，库存周转率越高，单位商品在库停留的时间越短，持有成本越低。以1个月的订货情况为例：假设某品牌商品1个月订货金额为40万元，可保证94%的市场满足率。现若改为每周订货一次，缺货即补，基于当前的物流配送能力，交货期一般为2~3天。按每周订货一次，该商品的采购资金需求大约为10万元，甚至更少。

当然以上分析较理想化，实际操作中还需分析库存数据、下达订单的成本（采购成本）；因为发货批量小，增加的运输费用；仓库员工清点散货所增加的人工成本等。

总而言之，减少订货批量、增加订货频率，是降低资金占用的一个有效途径。但这种方式会加大仓库员工的工作量。

第六章

见此图标微信扫码
从零开始学做物流经理

作业控制手段

一、拣货方式

经验数据显示：仓库或配送中心与分拣作业直接相关的人力投入占总投入的50%以上，分拣作业时间占整个仓储作业周期的30%~40%，属于最消耗资源的环节。

1. 分拣技术

目前，分拣技术主要有三种：人到货、货到人、自动拣货。

（1）人到货。人带车辆到货架拣货。

（2）货到人。人不动，货架自动移动。

（3）自动分拣。全自动，不需人工。

2. 分拣模式

播种式拣选法。多份订单集中一批，对其中每种商品进行汇总，拣选后再按品种客户进行分货（形似播种），不适用于SKU超过50种的订单。

摘果式拣选法。针对每一份订单，拣选所需商品（形似摘果），特点是每人每次只处理一份订单，适合每张订单订货量不大的情形。

3. 拣货方法

（1）单人纸质化拣选法：一个人持一张纸质订单，拣选所有商品。

（2）分区拣选法：存货被分成几个区域，工作人员各自负责本区域的商品。

（3）分类式拣选法：结合摘果式和播种式两种拣选方法，一次分拣多张订单，商品放至拣货车的不同层或不同框中，每层或每个框中的商品分属不同的订单。

（4）S路径拣选法：货架两侧货位号采用与城市道路门牌号类似的编排方式，即一个货架通道，一侧为双号，另一侧为单号，工作人员一趟可拣完存放于通道两侧所有的商品。如此操作，工作人员行走路线呈S形，一趟即可完成拣货任务。S路径拣选法需要WMS把拣货单中的商品按实际货位顺序进行排列。

（5）蚂蚁拣选法：通常把靠近起点的位置称为上游，靠近终点的位置称为下游。拣货员从上游接过订单和拣货车，沿着分拣路线进行拣货，直至遇到下游拣货员，并把订单和拣货车移交对方；同时，沿原路运回，直至遇到上游拣货员，开始新的循环。采用蚂蚁拣选法，拣货员在上游和下游之间往返，而非固定于某一区域，交接点也不相同。

（6）扫码拣选法：拣货员根据手持终端PDA提示，于相应货位拣取商品，扫描商品条码，若无误再查点具体数量，并于无线手持终端上确认。一条指令确认完成后，系统自动跳出下一个拣选指令，直至订单分拣完毕。

（7）语音拣选法：由系统发出拣选指令，提示货位、商品和数量。拣货员拣取完商品，语音回复。系统提示下一条指令，直至订单分拣完毕。

（8）按灯拣选法：利用安装在货架储位上的电子设备，通过计算机，借灯光引导拣货员完成分拣工作。

（9）电子标签拣选法：根据商品位置和订单数据，由计算机发出出货指示，操作员根据电子标签显示的数量完成分拣作业。

仓库常会采用波次管理法下达拣选任务。所谓波次（Wave），是指将具有一个或多个相同特性的订单进行集中处理。依波次管理可提高处理效率，平衡作业的负荷和资源，适用于订单比较集中的情况。波次划分主要有以下几种方法。

1. 按订单量

按照先到先处理的原则，当订单量累积达到预先设定的指标[①]时，且不超过分拣人员（或设备）的处理能力，即做一个数据截取，把之前累积的订单汇总成一个波次。这种方式适用于交货时间比较宽松的情况。

2. 按配送路线

无论是仓库自有车辆送货，还是委托第三方物流公司送货，通常都按照一定的路线进行。由于每条配送线路都有约定的装车时间，因此这种方式隐含了波次完成时间的要求。如果使用第三方物流配送，可以把使用同一承运人的订单作为一个波次。这种方式可平衡装卸工作量，即便停车场较小也不致阻塞。

3. 按时窗

时窗即时间窗口，指在一时间段内，可以对事件或事物进行处理或者反应。如某仓库规定，收货必须预约时间窗口。若约定的送货时间窗口为9：00—10：00，则必须在这一时段内送达，提前或推后都不予接收，需要重新预约。

① 依据每张订单的SKU数、订单间SKU重合度、每个SKU的要货数量等综合测算。

当订单配送时间比较紧张时，可以按照订单配送完成时间要求，每隔一段时间做一次数据截取，并把这段时间累积的订单汇总成一个波次。这种方式通常用于确定的送货时间点或下班之前的订单数据截取。如仓库订单截止时间为下午 3：00，则把这个时间点之前的订单作为一个波次，备货后当天发出。如果时间充裕，也可把其后 1 个小时内的订单做成下一波次，提前备货，以缓解第二天上午的工作压力。

4. 智能化

根据某种优化算法汇总订单后，按照目标最优的要求可对汇总的订单进行波次划分。这种方式对 WMS 的要求较高，需要提供全面精确的数据支持，且由于涉及多参数优化问题，难以找到简便实用的算法。

此外，还有运输方式（如航空或公路）、订单优先级（如常规备货订单、加急订单）、订单类型（客户订单、门店订单）、固定收货人数量（如一次 10 个收货人的订单为一个波次）、待发运产品的重量/体积等分批方式。

二、搬运操作

搬运操作看似简单，执行却有相应的要求和技巧。

1. 基本要求

（1）操作前认真检查所用工具是否完好可靠，是否超负荷。

（2）搬运时须轻拿轻放、重不压轻、大不压小、堆放平稳。堆放物不可歪斜，高度要适中，易滑动件要用木块垫塞。

（3）搬运易燃、易爆物品时须轻拿轻放，严防震动、碰撞、重压、滚摔、摩擦、倾斜和倒置，要在可能产生或积聚静电的设备上安装接地装置，不使用易产生火花的工具。

（4）搬运怕热、怕潮危险品时须采取防护措施，在腐蚀性商品附近设置水池或冲洗设备。

（5）车辆装运不超载、超高、超长、超宽，否则须采取保护措施，设置明显标志。车辆行驶时，人员不准站立在货物和前拦板之间，车辆未停稳不得上下。

（6）车辆装卸易燃、易爆品时，有排气管的一侧不得靠近货物。雷雨天气禁止装卸易燃油料。

（7）危险品严禁与其他货物混装。

（8）装车时随行人员要注意站立位置。

（9）装卸场地须平坦，道路畅通。夜间装卸时，要提供安全照明设备。

（10）搬运场地不得吸烟。

2. 工作程序

（1）搬运重物前，须采取必要的个人防护措施，如佩戴手套，穿防砸、防滑鞋，衣着要合体、轻便。

（2）检查物体上是否有钉子、尖片，并做处理。

（3）靠近物体蹲下，缓慢平稳地将物体搬起，不要猛举或扭转躯干（高血压患者尤其注意此项）。

（4）使用手掌紧握物体，不可只用手指抓住。

（5）重物先放于半腰高的工作台或适当位置，调整好再搬。

（6）传送重物要移动双脚而不是扭腰，双脚同时朝向搬运的方向。

（7）搬运重物时，特别小心工作台、斜坡、楼梯等地方，重物高度不要超出眉眼。要移动过门的，预防撞伤或擦伤手指。

（8）两人或多人一起搬运重物时，应由一人指挥，保证步调一致，同起、同落。

（9）用小车推、拉重物时，物体要置于人的前方。

知识链接

车辆配载

车辆配载，是指为充分利用运输工具的运载质量和容积，合理安排货物位置，提高车辆的装载率和利用率，以节省运力，降低成本。车辆配载注意事项如下。

（1）轻货、抗压性差且易变形的货物放置上方，重货置于下方，大不压小，注意层限；注意保护价值高的货物。

（2）易滚动的卷状、桶状货物须垂直摆放。

（3）放置于门口包装或内物易破易泄漏的货物，用木板等辅助材料堵住缝隙。

（4）大件放置车厢门口，须左右对称、前后均衡，重量分布平衡。

（5）轻、重货物合理搭配，堆码要紧凑，先紧后松。

（6）规律、整齐堆码，不超过车辆最大载重量；堆码不能过高，不超出车厢宽度。

（7）发往同一地点的货物一次装载，后送先装。

（8）外观相近、容易混淆的货物要分开装载。

（9）装货完毕，车箱口处须加固，防止卸货时货物倾倒导致货损或人身伤害。

三、抢单模式

抢单模式，指把仓库入库、出库单据由原来人工分派改为仓库人员通过PDA设备抢单，每单都有对应具体的奖励金额。每张单据具体有多少奖励须根据品类、体积、重量等参数核算。类似于滴滴运营模式，仓库人员相当于司机，每一张订单相当于乘客，谁先抢到乘客，该单生意就属于谁，该模式具有以下优势。

（1）抢单模式可大大提高员工的工作效率。日常工作中员工你追我赶，实现内部良性竞争。

（2）拉开员工间的工资差距，改变了原来“基本工资+平均奖金”的大锅饭模式。

（3）对仓库人员的工资和奖金进行重新分配，提高了员工的积极性。

水西汽配公司仓库实施抢单管理模式后，在下面几个方面产生了明显成效。

（1）工作效率大大提高，工作计划可提前完成。

（2）内部形成竞争机制，激发了员工的积极性，提高了工作效率。

（3）抢单模式对工作绩效不佳的员工促进作用明显。

不过，应用抢单模式需要依托PDA硬件设备与软件支持，且针对水西汽配公司仓库来说，还是存有一些问题，抢单模式存在的问题如图6-1所示。

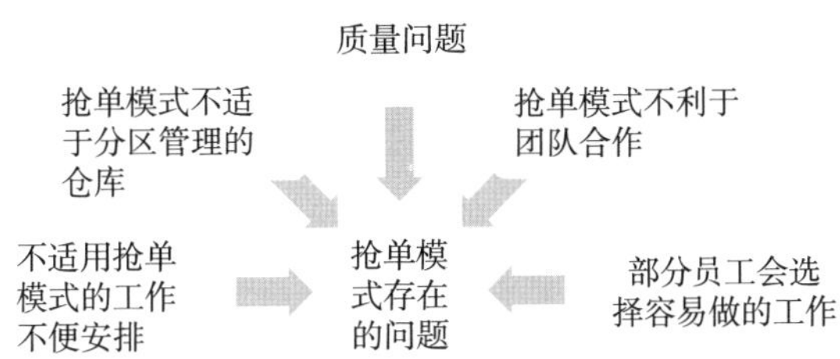

图6-1　抢单模式存在的问题

一是不适用抢单模式的工作不便安排。例如，订单打印、配送、理赔、装卸等岗位，没有办法进行“抢单”。时间长了，势必影响员工的工作积极性。

二是抢单模式不适于分区管理的仓库。各个区域分管的货物性质不同，处理方式也有差异。如商品较重时，需要两人一组合作完成拣选工作，无法安排抢单。

三是质量问题。过于强调速度，若无必要措施，质量必然受到影响（如分拣的差错率会提高）。

四是抢单模式不利于团队合作。员工更关注自身的利益，严重影响员工之间的团结协作。

五是员工倾向于选择容易做的工作。由于各种商品的拣货（出库）、清点（入库）难易程度不同，如有的商品货位位在高处（C 类产品），分拣时间自然会比较长，这样的单据可能没人抢，从而影响仓库整体工作安排。

四、运费管理

资料显示，运输费用占比物流总费用超过 50%。为有效控制成本，可基于三个层面对运费进行管理，即第三方物流承运商管理、配送主管人员管理、自有车辆管理。

1. 第三方物流承运商管理

（1）引入承运商时，要了解其资质并签订货运合同，约定是否缴纳押金、运费核算及结算方式（现付、到付、月结）①、货损处理方式、退出机制等。

（2）要确保承运商达到其声明的服务水平，托运的货物要准时、安全抵达目的地。运输过程中发生的货物丢失、损坏，能够及时赔付。

（3）长期由 1~2 家承运商承运的，要将其运费标准同市场上其他承运商进行比较，如可以借助物通网②等网站比价。

（4）不定期分析承运商计价方式是否合理。如按重量计价，若装货点没有地磅，计算时是否按最重的货物核算运费。

（5）包车运输时，要确认是否存在多用车辆，或该使用小车而用了大车的情况。

（6）充分利用承运商的回程车，相对于市场价大约低 1/3。

2. 配送主管人员管理

（1）与承运商保持密切联系，不定期沟通督查，及时发现异常情况；随时与门店（客户）沟通，了解真实运费水平。

（2）部分承运商为了揽活，可能会贿赂配送主管人员，要时刻关注。

（3）是否存在工作人员虚报运费情况（可要求于单据上标注出库、入库单号）；是否存在异常费用，如空置费、放空费、等待费等。

---

① 现付指发货方发货时支付运费。提付（到付）指收货方提货时支付运费。月结（回单付）指发货后付费，每个月结算一次，付款方可以是收货方，也可以是发货方，货运公司一般只对长期合作的客户提供月结服务。

② http：//www. chinawutong. com/.

（4）是否存在工作人员虚报货物重量情况，如将 10 吨货物虚报 12 吨，按 10 吨付运费，按 12 吨报销费用。

3. 自有车辆管理

1）车辆油耗管理

（1）实施百公里油耗定额制，对各车辆油耗做明文规定。车辆油耗标准夏季（6 月—8 月）、冬季（11 月—翌年 1 月）因使用空调或暖风相应增加 10%。

（2）实行一车一卡油耗核算登记制度，所有车辆必须在规定的加油站用卡加油，禁止现金加油。

（3）车辆管理员定期统一对车辆油卡充费。

（4）车辆管理员每月对单车公里数、加油总量进行统计分析，计算单车百公里实际油耗。计算方法：当月油耗实际节（超）=（百公里油耗标准-百公里实际油耗）×当月公里数。按油耗超出部分进行处罚，按节约部分适当奖励。

2）日常管理

（1）单车年维修费标准：5 万公里或两年以内的新车，原则上只有保养费用，全年定额 3000 元，其他车辆定额视车况做具体规定。

（2）车辆管理员负责维修管理工作，做好单车修理记录和费用登记。经修理厂鉴定车辆必须大修的，由车辆管理员将情况汇报仓储经理，并将费用预算上报公司领导批准后再行修理。

（3）配送人员每天必须认真填写车辆行驶记录（目的地、行驶里程）。

（4）员工需要使用公车，须经车辆管理员审批，并承担燃油费用。若用车过程中发生交通事故或产生其他费用（如过桥费），由用车人承担。

（5）仓库车辆使用库存配件的，按自用管理制度相关规定执行。

五、先进先出

实现货物先进先出，是仓储管理的一项重要任务。常用的先进先出管控方法有辅助设施法、区域规划法、批次管理法和时间标贴法。

1. 辅助设施法

使用重力式货架，从低处出货，高处入货，无须 ERP 支持。缺点是投资较大。

2. 区域规划法

双区制：从 A 区入货，从 B 区出货，两区循环使用，即 A 区、B 区不固定。双区制适用于货位固定，空间比较大的仓库。

循环堆放法：双区制的一种改进方案，即用多个货位放置同一种产品，设置入货、出货两个标识。出货标识指向存储时间最长的库存，先发；当该货位的货物发完后，标识移到下一个存货存储时间最长的货位。入货标识指向可入新货的货位，直至放满，标识移到下一个空货位。采用循环堆放法的条件与双区制相同。

3. 批次管理法

批次管理法要求仓库对收到的每一批货物于 ERP 中生成批次号（当前日期+产品类别标识）。入库时，仓库管理人员要在 ERP 中计算出货位，生成并打印批次标签，粘贴在货物上。拣货单应指明本次待发货物的批次编号和货位，库管员须严格按照指令发货。

4. 时间标贴法

时间标贴法对于收取的货物，按月用不同颜色标签进行区分。在仓库显眼处张贴颜色区分图，发货时可直观哪些是陈货，哪些是新货。具体操作如下。

标贴设计：标贴呈圆形，上、下两部分；上半部分代表季度，下半部分代表月份，组合表示第几个季度的第几个月，如第三季度的第二个月为 8 月。

季度颜色：第一季度为绿色，第二季度为红色，第三季度为黄色，第四季度为白色。

月份颜色：第 1 个月为白色，第 2 个月为灰色，第 3 个月为黑色。

为区分入库日期，可在标签的季度颜色区域填写数字表示年份与具体日期，如“18-15”上绿下灰的标贴，代表 2018 年 2 月 15 日。

对于整托盘商品，入库时标签应贴在最下层中间的货箱上，并在垂直的两面各贴 1 个；散货，标签应贴在外包装箱上。发货时按照到货日期，先进先发。

时间标贴法不需要 ERP 提供专项支持。

六、发货差错

对于发货差错严重的仓库，可采用头脑风暴法，查找发货差错原因，以便针对性地整改。

头脑风暴法又称智力激励法，由美国现代创造学奠基人奥斯本提出。成功的头脑风暴会议应遵循以下原则。

（1）禁止批评和评论，但与会人员不要过于自谦。

（2）目标集中，追求设想数量，越多越好。

（3）鼓励与会人员结合其他人的想法，提出见解。

（4）与会人员一律平等，记录所有人的设想。

（5）主张独立思考，不允许私下交谈，以免相互干扰。

（6）提倡畅所欲言，任意想象，自由发挥。

以笔者所在的仓库为例，通过头脑风暴会议，大家提出了导致发货差错的各种原因及应对措施，具体如表 6-1 所示。

表 6-1 发货差错原因及应对措施

问题类别	表现	措施
单据混乱	拣货单看不清，或仓库员工看错行	加大拣货单行距、加大商品名称、数量字号，分栏填写；及时更换打印机色带
	同一张拣货单重复拣货	使用多联单，各库区固定联次
业务流程	不同货物混放一处；拣货后，装箱区商品放置混乱，同一客户的商品放置于多处，或混放（A 店的货放在 B 店处）	制定货物摆放规则
	不填写装箱单	填写装箱单
工作态度	态度问题：工作不专心；心情不好；睡眠不足；情绪激动；核对不仔细；想早点完工；拣货时漏拿；拣货后放在别处没拿过来……	罚款
	业务知识：业务不精；记不清每箱货物数量；弄错型号；对货位不熟悉；看错品牌	以老带新、加强员工培训

针对发货差错，笔者经过试验总结，采取了相应举措，取得了一定成效。

由于仓库装箱区域的空间有限，只有 100 多平方米，平时大家拣完货后，见缝插针，有空间就放。尽管通过给拣货单编号可实现分拣同步，但各库区商品有多有少，并不均衡，各人的速度亦有快有慢。因而，经常是某一个库区分拣完货物，放了一地；其他库区的库管需要挨个查找，以便把同一个店要的货集中到一处。

针对以上情况，大家提议，让订单处理员打印拣货单时，把字号放大。实施一段时间发现效果不好，因为拣货单基本是平放在货物上，字号再大远了也看不清。

于是，大家开始用号牌标记门店。从远处就能知道哪个门店的货物放在什么位置。但由于门店众多，光找号牌就得花费几分钟，粗心的连号牌都装箱发到门店去了。

最后，一位主管提议，把仓库的装箱区域划分为10个分区，从0到9编号。放置货物时，按照拣货单编号的尾号放置。如56号拣货单，货物就放到6号区域。

因为是手工操作，为控制差错率，笔者规定一人负责装箱，同时读出商品型号；另一人负责填写装箱单，内容包括箱号（第几箱）、商品编号及数量。所有商品装箱完毕后，装箱单和拣货单要互相核对，以确保无误。

填写装箱单有两个作用：一是按货物名称写，能准确记录实际发货商品；二是可作为仓库发货依据。虽比较烦琐、机械，但有利于控制发货差错率。当然，如果用PDA①扫描条码装箱，直接生成装箱单，就不必人工填写了。

为保证不漏写，我们规定发货不填写装箱单的，一次扣30分。同时，要求书写装箱单的员工必须签名，不定期检查，违规一次扣30分。经过整改，仓库发货差错从一个月30次降到大约20次。

日常操作中，除了发货商品型号、数量易错外，还有一种情况就是发错地址，如把A店的货物发到B店。这种情况尽管不多，但影响很坏。如何解决？还得从内部管理抓起。

配件商品分类处理。整件商品如蓄电池、润滑油（整箱发货，不允许拆零），不需要打包，只需确认箱数（物流行业一般称为件数）。这类商品批量大，直接搬运至发货区。对于量小、不规则的散件商品，则需要人工装箱、打包发运。

制度规定：散件商品装箱、复核、封箱后，需贴上箱贴（书写“内附清单”“此面向上”“易碎勿压”等提示字样）。复核人需在装有发货单据的箱子上注明总件数，标记如“C店4/23”，其中数字“4”指散件商品共4件，数字“23”指该门店共有商品23件，其他19件为整件商品，放置于发货区域。

货物从装箱区域搬运至发货区域，需在发货区内登记件数。如“C店4/23”具体指C店共23件货物，其中4件散货装箱复核后与另外19件整件货物一起置于托盘上。对于一天可能有两张以上订单的门店，拣货、装箱也需分成多批，合并发货，以减少运费（件数越多，单件运费越低）。例如，A门店上午有一订单12件货物，下午一订单7件货物，发货区如何登记？可以用“加”的方法，即搬运多少写多少，用“+”标识，即写成“A店12+7”，如

① PDA（Personal Digital Assistant），个人数字助理。本书指用于扫描条码（或二维码）的手持终端。

此可以清晰地表示 A 门店共有两单，每单各有多少件。

若条件允许，可以要求所有货箱都贴上发货标签。这样操作有两个好处：一是货物不易混淆，二是通过贴标签可以发现差错。如果数量不对，标贴就会多或少，因为标签的数量是按照发货登记总数打印的。发货标签应载有收货人姓名、电话、地址、件数等信息。

同时，要求装卸组协助货运公司装车时再次确认发货件数，货运公司不得自行取货装车。货运公司开具发货单据，需确认发货数量无误。发货单据相当于运输合同，应至少保留半年备查。

因系人工操作，发货差错难以避免。为此，我们另行制定发货差错处理规则，如下。

①发货差错指因仓库原因造成配送的商品数量、型号与客户订单不符。②发货差错认定以装箱单为准。③门店（客户）发现的发货差错，可提交订单处理员。订单处理员根据对方反馈，核实装箱单、确认商品当前库存数量，审核发货流程并回复。④已认定的发货差错分别依据表 6-2 所示的方式处理（收货 2 个工作日以内反馈）。⑤对于故意不填写装箱单、装箱单与实物不符等情况进行严肃处理，扣发责任人当月工资直至开除。⑥门店或客户对仓库装箱单数量或型号有异议的，可提供相关证据，如照片、监控录像等，明确责任按上述规则处理或双方协商处理。⑦订单处理员按月汇总发货差错，月底通报物流经理，依据考核方案对相应责任人进行奖惩。

表 6-2 发货差错处理

类别	处理方式	说明
少发	门店按少发商品数量提交退单，仓库入库	相当于未发
多发	（1）商品退回	
	（2）门店补单	如多发 1 个，门店需提交 1 个该商品的订单，相当于仓库配发 1 个商品
发错型号	（1）退回错发商品	
	（2）门店补单	例如，门店采购的是 A 商品，实际收到的是 B 商品，门店需要提交采购 B 商品的订单，相当于仓库配发该商品。对于实际应收的 A 商品，门店制作退货单，仓库做入库处理

通过多方努力，笔者管理的仓库发货差错率持续下降，平均每月在 15 次以下，按订单数统计准确率达到 99.98%。

但一段时间后，仓库发货差错率又有所升高。经分析发现，主要原因为库管员发货不仔细，拣货差错率高。个别员工一个月发生50多次差错，即便装箱员工万分小心，也总有漏网之鱼。针对以上情况，经研究，笔者决定实施拣货专项考核方案。

1. 适用范围

仓库库管岗位。

2. 考核周期

每月1次。

3. 考核方案

（1）由装箱人员负责记录库管人员的拣货差错，每种商品记1次。

（2）每月1—3日，由仓储主管统计差错次数，如实通报。

4. 奖惩

（1）每月对拣货差错率最低的2名员工进行奖励，各奖励价值100元的礼品或购物卡、电影票等。礼品由仓库经理征求获奖员工意见，向市场部申请或单独购置。若当月存在并列情况，则按具体人数奖励。例如，当月无差错员工有3人，则对3人进行奖励。

（2）每月对拣货差错率最高的2名员工进行处罚，每人罚款100元，于其当月工资中扣除。若当月差错率存在并列情况即不止2人，则按具体人数处罚。例如，当月3人发生最多的8次差错，则对3人进行处罚。

5. 获奖礼品经获奖者确认后，每月4日由仓库经理向公司申请，批准发放

该方案执行后，仓库拣货差错率降到每月10次左右。

七、直通管理

直通，或称直发，是指门店直接向供应商提交订单，由供应商发货到门店，货物不经过仓库中转。直通方式可以节省约50%的运费，能够减少仓库管理成本。采用直通方式发货时，供应商经常有采购数量或金额限制，所以直通主要适用采购批量比较大的情况。

直通业务流程：门店提交直通订单—采购部门审核确认后，将订单转发供应商—供应商发货—仓库入库、出库—门店入库，具体如图6-2所示。

越库是一种与直通类似的操作方式，指不同供应商的各种货物到达仓库后，经过拣货、组配，直接送至货车装载区，省去上架入货位、存储等物流

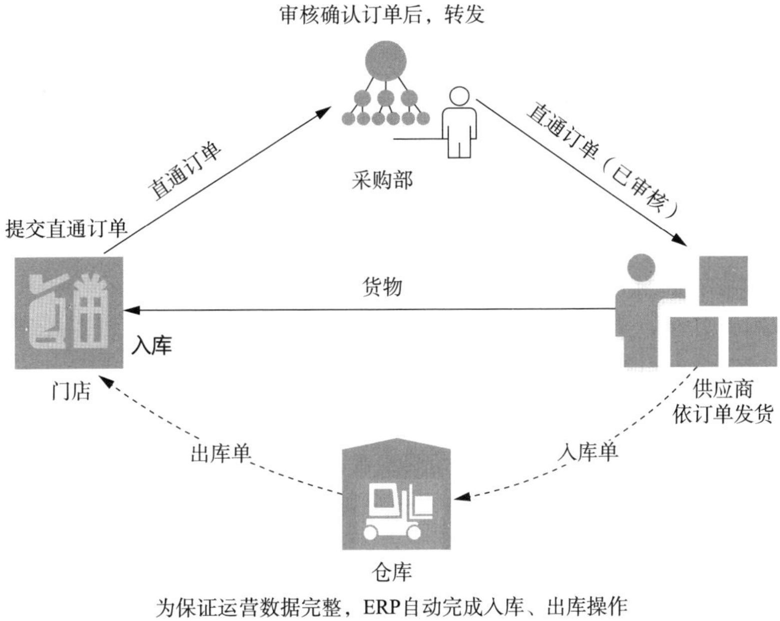

图 6-2 直通业务流程

程序，立刻转运供应链的下一节点。越库可分为前配送与后配送两种方式，具体流程如图 6-3 所示。

	供应商	仓库	门店
前配送	按发货目的地粘贴物流条码标签，发运	扫描条码标签，按目的地集货、转发	收货
后配送	批量发运，不做区分	根据发货目的地，粘贴物流标签、集货、转发	收货

图 6-3 越库流程

1. 前配送

供应商按照发货目的地对产品进行分类，并贴上物流条码标签。仓库工作人员收货时，扫描条码标签确认目的地，并将发往同一目的地的商品集货，装上出货车辆，而不需要临时堆码；货物只是“通过”仓库，无须滞留。

前配送方式下，供应商必须知道每种产品采购量及客户具体信息，以便张贴相应标签。

2. 后配送

门店从供应商处订购产品后，运至仓库进行分拣整合，仓库工作人员在接收货物时张贴标签确定目的地，集货发出。

能否实施越库作业，需要考虑以下五个因素。

（1）市场需求。只有产品需求批量大，且仓库的空间、人力充裕时，越库作业方可实施。

（2）供应链各环节间的协调程度。越库作业需要分销商、供应商及门店相互协调与合作，如哪一方负责贴条码标签、哪一方负责开发信息系统等，需要供应链各成员提前协调。

（3）供应链信息流顺畅。越库作业要求供应链各成员间建立强大的信息系统，实现资源共享，需要各环节采用通用条码和标准化包装，以简化处理程序。

（4）第三方物流的支持。由于要求高、运输过程中不允许出现差错，越库操作需要第三方物流公司具有先进的技术、可靠的运输手段以及充足的运力支持，以保证整个过程按照预定计划顺利实施。

（5）产品质量。实施越库作业，产品在到达仓库后只进行简单分装与组配，不可能对其质量进行仔细检查，因而要求供应商确保产品质量。

越库作业无法实现货物的先进先出，是其不足之处。

八、退货管理

为提高库存周转率，笔者所在的水西汽配公司规定下属直营门店的商品可以在一定时间范围内进行调换，故经常有门店把商品返回仓库，称为积压退货。具体处理流程：门店提交申请—采购部门审核—门店将审核通过准予退货的商品打包发回仓库—仓库检验、清点，可以接收的商品入库，不能接收的商品返还门店—财务部门根据收货情况进行相应账务处理。具体如图 6-4 所示。

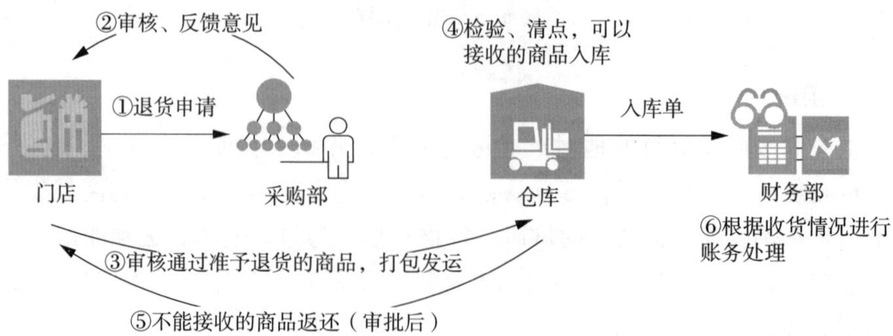

图 6-4　积压退货处理流程

处理积压退货比新品要复杂得多。新品到货只需随机抽检一小部分，若无问题直接入库。因退货中可能夹杂不能接收的商品，如已使用过、损坏或临近失效期等，所以清点时需逐一检验、核对。

处理积压退货时，为减少仓库与门店间的矛盾，经与公司高层沟通，笔者提出积压退货收货标准，明确以下产品仓库可拒收。

（1）季节性产品，以及门店请采购部门单独订购的产品。

（2）公司不再经营，或供应商已经更换包装的产品。

（3）已使用过，或超出保质期的产品。

（4）包装盒、上下封盖、标签、内衬不完整或破损的产品。

（5）包装盒上有手写字迹，或严重褪色的产品。

（6）包装盒与产品不符。

（7）外观 8 成新以下的产品。

结合钉钉的第三方软件“简道云”，笔者设计了退货跟踪表单，制定积压退货处理流程如下。

（1）门店向仓库发出货物时，在简道云表单中登记门店名称、退货日期、货运公司名称、货运单号、发货件数。

（2）仓库配送人员收到信息提醒后及时跟进，预估到货日期并按时取货。

（3）货到仓库，配送人员与库管员交接，并在表单对应栏中确认收货，输入收货日期。

（4）库管员在规定时间内检验、清点，将可接收产品的清单提交订单处理员，做入库处理。

（5）库管员在“简道云”表单中确认入库，输入入库时间。

具体环节由各岗位分别确认，方便后期跟踪考核。另外，由仓储主管跟进退货处理进度。

对于仓库拒收的产品，使用钉钉审批功能，拍照、说明拒收理由，提交采购部门审批。采购部核定拒收的产品，库管员通知门店，打包发回。

九、库存差错

总体来说，可以从以下三个方面来控制库存差错：一是严把入口，保证入库准确。二是控制出口，保证仓库发货准确无误，封堵不正常的发货渠道。三是加强仓库内部人员管理，确保货物不灭失，确保账实相符。导致库存差错的原因较多，具体可以鱼骨图（见图 6-5）说明。

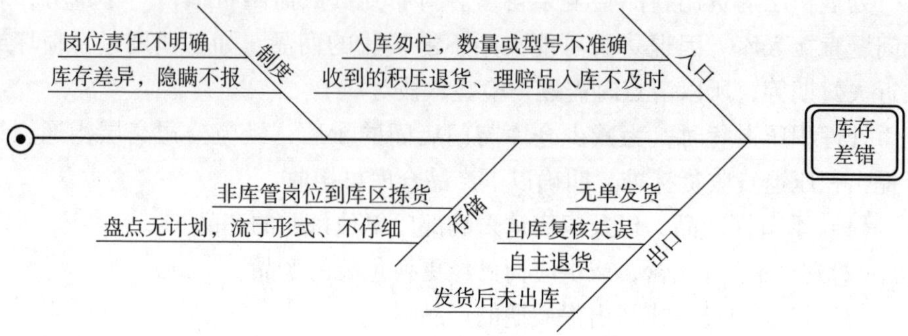

图 6-5　库存差错原因

鱼骨图是由日本著名质量管理专家石川馨提出，是用于发现问题根本原因的一种方法，也称为因果图。该图简捷实用，深入直观。结合鱼骨图，可从以下四个角度，分析导致库存差异的原因，并提出相应对策。

1. 严把入口

由于仓库每天都会收到门店发回的积压退货或理赔品，清点虽由仓库负责，但入库手续由其他部门在 ERP 上办理。因而，经常出现商品入库了，退货还没有上架的情况。为此，各库管岗位对于收到的积压退货，应核定清点上架时间，可规定 1~5 件（箱）退货 5 个工作日内上架；6 件以上退货 10 个工作日内处理完毕。

对于新品到货，可要求商品清点入库后，根据实际点货清单①，与入库单进行核对，确认入库商品型号、数量准确无误。

2. 控制出口

（1）装箱岗位复核务必认真仔细，对于错发货物的，按次扣减考核工资。

（2）严禁无单发货。特殊情况下的无单发货，必须经仓储主管批准并担保。

（3）正确处理自主退货。② 产生自主退货，说明库存数据不准确。对于这种情况，应由订单处理人员专门记录，将自主退货次数一并计入库管员绩效。

（4）杜绝货物已发，ERP 系统不做出库的情况。对于已处理的订单，订单处理员必须于当日在 ERP 系统中办理出库。

---

① 已经对照实物确认的供应商发货清单。

② 指仓库库存清单显示有货，但仓库找不到货物。该情况下，因为无货可发，只好让客户退单。

3. 存货管理

（1）除本库区库管员外，其他人一律不许入该区域拣货，以明确责任。

（2）明确商品盘点要求。由各库区自行制订盘点计划，确保所有商品每月至少盘点一次（即滚动盘点），由分管库存控制的仓储主管跟踪进度、抽查结果。

4. 规章制度

（1）各库区若发现库存差异，必须于24小时内在ERP系统中进行处理，保证库存数据准确。

（2）对于明知库存有误却隐瞒不报的员工，一经发现给予严肃处理。

知识链接

唱收唱付

不方便填写装箱单时，可以借鉴银行唱收唱付的做法。具体操作方式如下：装箱时两人一组，一人装货并读出商品编号与数量，如“GDB 3788三个”；另外一人持拣货单，找到该商品后回复“GDB 3788三个，有”，并在拣货单相应条目后画勾。采用这种方法，两个人都要大声读出商品标识号及数量，相当于对同一种商品复核两遍，能够大大提高准确率。假设一人装箱出错的概率为5%（即准确率95%），使用唱收唱付的操作方法，理论上差错率会降低至5%×5%＝0.25%，准确率提高20倍。

十、损毁赔偿

仓库工作相对单调，员工作业过程中常因急躁、缺乏耐心或粗心大意造成货物损坏。

商品毁损可分为到货毁损、在库毁损、发货毁损三种情况，如图6-6所示。以水西汽配公司仓库管理为例，相应的处理规则如下。

1. 到货毁损

仓库收货时，要认真检查到货商品状态。若发现商品损坏，按照收货流程签收时应注明，并根据采购价格及时向货运公司提出索赔。因收货人工作失误、收取破损商品的，收货人自行向货运公司索赔；货运公司不能赔付的，对收货人处以50~200元的罚款。

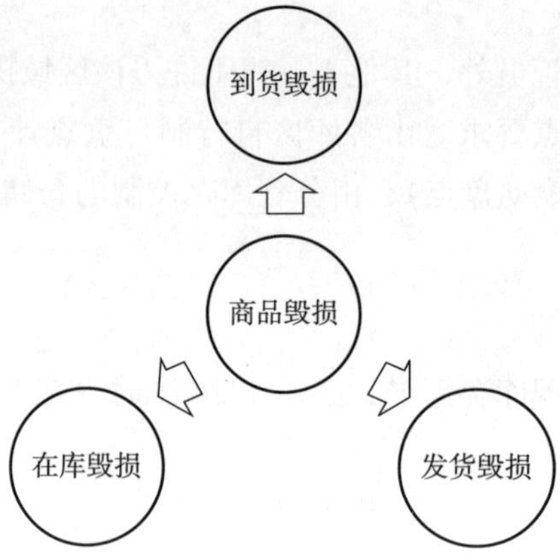

图 6-6　商品毁损的三种情况

2. 在库毁损

在库商品保管不善，如超高翻倒、搬运跌落、叉车碾压等，非不可抗力、自然因素或货物（包装）本身性质导致的人为非故意货物损坏、污染，按损坏商品价值进行赔偿，具体如下。

（1）损坏商品成本价 600 元以下（含）的，责任人按成本价的 50%进行赔偿，并予以通报批评；高于 600 元的，报请公司总裁确定赔偿金额，并予以通报批评。

（2）若商品毁损为工作人员故意，一经查实，处以商品成本价的 2 倍罚款，并记过 1 次；情节严重的，报请公司总裁处理。

3. 发货毁损

配送人员在发货过程中，因个人失误造成的商品毁损（含丢失），成本 600 元以下（含）的，责任人按成本价的 50%进行赔偿；高于 600 元的，报请公司总裁确定赔偿金额。

若商品毁损是由其性质、包装不符合约定或超过储存期造成的变质、损坏，相应管理人员不承担赔偿责任，但有义务提醒仓库人员对此类商品进行及时处理。

对于员工不慎导致的商品毁损，要提出相应补救措施。如只是外包装破损，不影响使用，可打折销售，减少损失。

此外，商品经过第三方物流运输，甚至在多家货运公司间中转，破损不可避免。若将商品退回，仓库亦无法处理，时间长了只能报废，损失不小。故对于货物从仓库发出，货到门店后出现毁损的情况，需要有相应的处理规则。经过与采购部门协商，我们决定制定相应的商品破损处理规定，具体如下。

（1）规定适用于物流部门向门店及客户配送商品过程中发生的破损。

（2）商品破损是指物流部门所配送的商品在门店或客户收货时发现破损，包括商品损坏及包装破损。

（3）物流部门装箱人员或库管员发货时，发现待发商品包装破损，必须提前通知门店或客户，确认是否发货；未提前通知的，门店或客户可按下述规则将商品退回仓库，相关物流费用由物流部门承担。

（4）已认定的商品破损，门店需在收货 2 个工作日内予以反馈，提供商品及外包装照片（前提是商品外包装完好）。对于商品损坏或包装破损的退回，门店需提交退货单。对于包装破损的，门店可申请折扣优惠。

（5）对于商品破损，若商品包装异常，门店或客户应与货运公司协商索赔事宜，物流部门不予受理。

（6）对于故意发送损坏商品的，一经查实，对相关责任人处以扣发当月工资直至解聘的处分。

（7）门店或客户若故意破坏商品包装，以不正当手段骗取商品折扣的，一经查实，通知公司领导及人力资源部做相应处理。

（8）对于门店（或客户）认定仓库不认同的包装破损商品通报采购部，可按 9 折（含）处理。低于 9 折的，需门店（或客户）电告采购部经理确认。

（9）对于物流部门和门店双方确认的商品包装破损，可由门店代销。若 30 天内仍无法售出，退回仓库；商品退回时要做好标识，并将发货信息通知仓库。

（10）经采购部确认的打折商品，由物流部门通报销售及财务部门，调整价格并做相应的账务处理。

十一、自用管理

笔者所在公司主要经营汽车配件，个别员工从仓库取货，通过商品自用的方式出库、付款。仓库自用商品的出库价按照成本价（采购价）核定。但公司规章制度规定：员工所用商品按批发价结算，而商品批发价除采购价外，还要加上运费、仓储管理费等。所以，员工自用商品不能按自用方式出库。为此，我们制定仓库自用产品登记规定。

（1）自用商品，仅限于仓库车辆（叉车）所用商品。员工自用商品，须持销售部门制作的销售订单取货。

（2）仓库自用商品，需填制自用商品申请表，内容包括：零件号、商品品牌、数量、车牌号等。经分管库存的仓储主管同意并签字，方可取货。订单处理员根据签署的单据，在 ERP 中办理出库手续。

（3）每月月底，订单处理员导出当月自用商品明细，核算总费用，填制费用报销单，向财务部门报销。

规定制定后，员工通过自用方式购买商品的情况得到了合理控制。但仍有个别员工以报废的名义，偷拿商品自用。针对这一情况，我们通过规范报废流程，以杜绝这类问题，具体要求如下。

（1）规定所述商品指因外观或质量出现缺陷而不能正常发货的商品。

（2）规定适用于仓库处理不良商品，如损坏的蓄电池、灯泡、刹车片、刹车盘等。

（3）商品报废按以下流程处理，如图 6–7 所示。

（4）提交商品报废申请时须拍照作为凭证。

（5）报废商品时，须经负责库存的主管现场确认。

（6）故意损坏商品以报废挪作己用的，处以商品价格 3 倍的罚款，并警告一次，情节严重的，报公司领导处理。

（7）对于报废的润滑油，只是包装破损不影响使用的，不得抛弃，供仓库自有车辆使用。

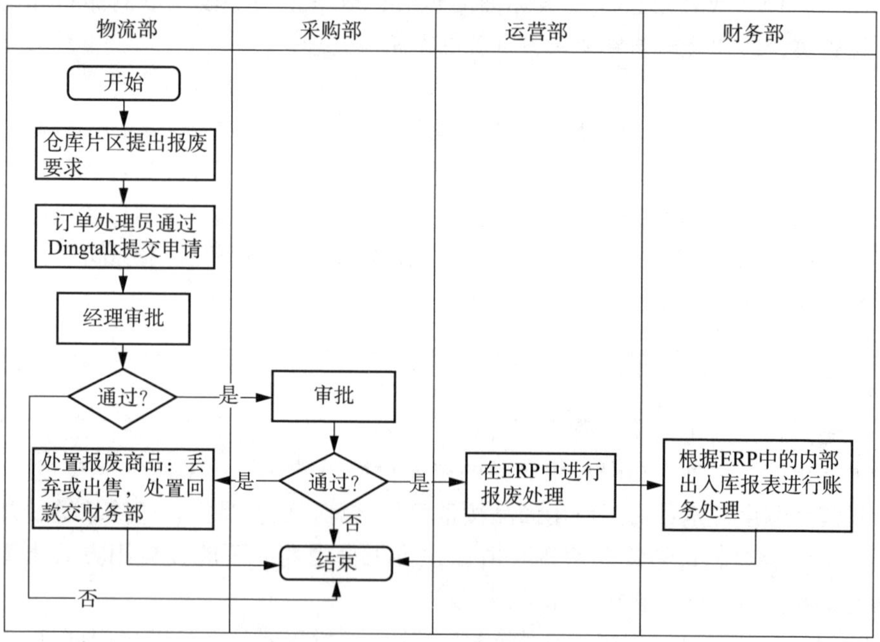

图 6–7　商品报废处理流程

十二、库管技能

库管员是仓库最重要、人数最多、任务最重的岗位。面积较大的仓库，一般设置库管员、配货员和补货员岗位。库管员负责盘点控制库存，出入库审核并签字确认。

为提高工作技能，仓库库管员应遵照下列要求和规范。

1. 必备技能

（1）正确辨识商品。

（2）清楚商品具体存放货位。

（3）正确使用托盘，按规则码放商品。

（4）熟悉各类单据及使用。

（5）熟练使用叉车（限有驾照员工）、地牛搬运货物。

（6）熟练操作升降机。

（7）准确开具货运单据（发货单）。

（8）依据装箱规范装箱，正确书写装箱单。

（9）依据装箱单、库存流水等单据追踪库存有差异的商品。

（10）了解商品中英文商标、名称。

2. 规范操作

1）收货

（1）依据回单签署规则，按实收商品件数签署货运回单，数量有误的通报采购部门。

（2）根据供应商发货清单或公司采购清单逐一清点到货商品，发现差异及时通报采购部门。

（3）商品外包装破损的，查看内含物是否完好；发现问题，立即索赔并通报采购部门。

（4）货物清点完毕入库，并核对入库单据，积压退货同样处理。

（5）到货商品及时搬运至仓库内，并做上架处理。货位不足时可将滞销商品打包用明显标识注明数量（以便盘点），并置于所辖区域内。

（6）货物放置时应考虑分拣方便性、堆码高度、宽度及稳定性。

2）存货

（1）做到货物先进先出。

（2）根据常规发货量确定货位空间大小，并定期整理。

（3）货位商品不足及时补货。

（4）同一型号商品放置一处。

（5）按计划盘点，保证每月至少盘点一遍。

（6）及时查看自主退货登记表，发现商品库存有误及时修改。

3）发货

（1）按照拣货单编号拣货，对不能发货商品加以标注，拣货后签名。

（2）分拣时查看每种商品型号，不可因为商品置于一处而忽略。

（3）不发已损坏商品，包装破损应提前通知客户。

（4）拣货前在拣货单上对本区商品加标识符号，以免遗漏；已拣选商品加以标识，避免重复。

（5）零星拣货有外包装商品，按层拿取。

（6）及时报废已损坏的商品。

4）卫生

（1）每周至少打扫卫生2次。

（2）打包带、空纸箱、垃圾等随手清理。

5）配合

（1）做好本职分工，明确岗位要求。

（2）积极协助其他同事。

知识链接

回单签署

回单，是指第三方物流公司送货上门，由收货人确认妥收的单据。签单之后若出现问题，第三方物流公司不再负责，故要慎重签单。

收货时，工作人员发现所收商品异常，如少货、破损，不得签署回单，可以打收条交送货司机。待货物清点完毕，再补签回单。若第三方物流公司要求送货人必须带回回单，货运回单签署方式如表6–3所示。

表6–3　货运回单签署方式

货物情况	回单备注内容	注意事项
整托盘外观无异常	外包装完好，内物不详	不得只签名，不备注
整托盘外观有异常	外包装破损，内物不详	未实际清点货物前， 不得填写损坏的商品数量
发现渗漏（含所有液体）	有渗漏	不得填写渗漏产品数量
件数短缺	实收××件	不得填写短缺件数
件数盈余	实收××件	不得填写多收××件
商品损坏（含包装破损）	商品损坏，明细待查	未实际清点货物前， 不得填写损坏商品明细
外包装污损或进水	商品污损（进水）	未确认前不得填写具体污损（进水）商品数量

特别注意：备注内容，须加盖收货章。

第七章

见此图标微信扫码
从零开始学做物流经理

库存分析方法

一、库存分析

生产或流通企业资金除了人工费用外，主要有两个去处：要么花在固定资产上，要么花在库存上。统计数据显示，库存成本能占到企业运营成本的60%以上。

企业库存一般可分为以下三种。

（1）周转库存，指企业正常生产经营所需持有的库存。

（2）安全库存，指企业为防止断货而不得不持有的库存，源于业务或市场的不确定性。只有减少不确定因素，才能从根本上降低安全库存。

（3）多余库存，企业库存多余主要根源在于人的行为，如计划失败、大批采购以获取价格优惠等。控制多余库存必须从组织行为着手，如促进供应链上的信息共享，推动计划、预测与补货协同，以及提高决策水平等。

企业库存量过大、过小都容易出现问题。库存量过大，易产生以下问题：持有成本高、占用大量资金；市场价格下降，商品贬值；滞销，商品积压；商品过期、损毁、报废。库存量过小，容易导致以下问题：断货，丧失销售机会；降低客户满意度；客户失去信心，不愿意继续合作。

企业要使库存保持合理水平，就需要定期进行库存分析，即采用适宜工具、方法，对库存结构、价值、库龄等进行分析、权衡，依据分析结果提出相应对策。库存分析可以从以下两个角度出发。

一是销售方向，即通过促销及其他策略减少某些商品的库存量，使之整体结构趋于合理，并不断提高库存周转率。

二是采购方向，即通过库存分析制定合理的采购策略，实现精确订货，既不增加积压库存，也不会断货。

基于采购方向的库存分析，最终要明确三个问题（也称采购三要素）：订什么、何时订、订多少。也就是说要根据当前库存情况，决定什么时间订货，订什么货，每种货物各订购多少。

常用的库存分析方法有以下七种，如图 7-1 所示。

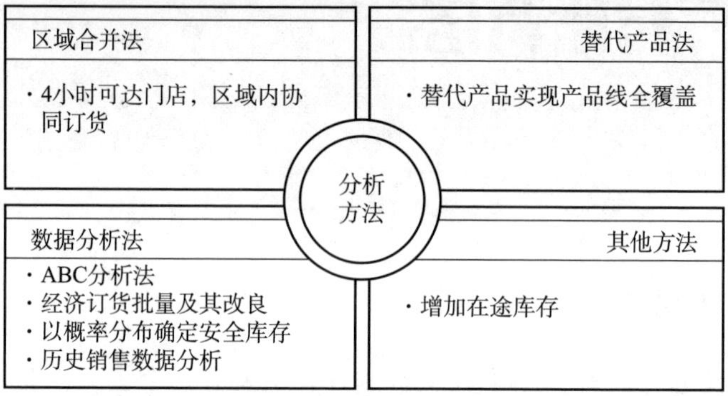

图 7-1　常用的库存分析方法

1. 历史销售数据分析法

历史销售数据分析法是假定销售趋势没有大的波动，根据企业历年销售明细预测后续一段时间内的需求量，操作步骤如下。

（1）数据整理和格式清理。按分析时间段从企业 ERP 系统导出销售明细数据，删除无效字段，清除文件格式，缩小文件大小，以便于操作。若企业使用的 ERP 系统报表功能比较完善，直接使用系统报表可大幅减少工作量。

（2）数据清洗。清除多余、重复的数据，补充缺失的数据，纠正或删除错误的数据。对生产系统而言，指排除异常数据的影响，包括受促销与市场活动影响的销售数据、季节性商品销售数据、受商品原材料价格波动影响的销售数据、受公司政策调整影响的销售数据等。

（3）数据分析。计算每个 SKU 近 3 个月销量加权平均值，并将该值与上一年度当月订货量进行比较，选择最大值。

产品订货公式：$n=\max(n_{i-2}\times a+n_{i-1}\times b+n_i\times c,\ n_x)$。

- n 为本次订货量；
- c、b、a 分别为本月、上月、上上月权重，三者之和为 1；
- n_i、n_{i-1}、n_{i-2}分别为本月、上月、上上月销量；
- n_x 为上年同期订货量。

中心仓库或各个门店作为采购主体时，权重需要分别确定，初始权重可

设为 $a=0.2$、$b=0.3$、$c=0.5$。为提高数据精确性，可以使用历史数据进行验证，确定合理的权重。如根据上一年 1—12 月销售数据，使用 1—3 月销量预估 4 月销量，并与实际值比较；使用 2—4 月销量预估 5 月销量，并与实际值比较，在此过程中不断调整权重，以提高精度。

（4）得出结论。以 5 月数据为例，权重 $a=0.2$、$b=0.3$、$c=0.5$，数据处理过程如表 7-1 所示。

表 7-1　历史销售数据分析法示例

	商品	3 月销量	4 月销量	5 月销量	上年 5 月订货量	加权平均销量	本次订货量
1	A 商品	12	21	33	[45]	25	45
2	B 商品	100	121	84	90	[98]	98
3	C 商品	22	19	45	[40]	33	40
4	D 商品	180	240	270	200	[243]	243
5	E 商品	9	15	21	[30]	17	30

注：未考虑当前库存、在途库存、最小包装等因素。

根据历史数据确定后续采购量是一种传统方法，简单易行，适用于商品需求波动不大的情况。很多 ERP 系统提供的自动补货建议即基于这种方法，只是涉及的指标和因素更多一些。

2. ABC 分析法

ABC 分析法是二八原则在库存分析中的具体应用，即根据不同的指标值将商品分为三类（或多类），对每类商品采用不同的管理方法。常用的分类指标包括销售额、销量、商品特点、利润贡献率、库存价值等。

以销售额为例，ABC 分析法的步骤如下。

（1）将商品按照销售额从大到小排序。

（2）计算各种商品销售额占总销售额的百分比，并进行累计。

（3）按照分类标准，选择断点进行区分。

一般而言，A 类商品销售额占总销售额的 60%～80%，品种数占全部商品的 5%～15%；B 类商品销售额占总销售额的 15%～25%，品种数占全部商品的 15%～25%；其余为 C 类商品。

表 7-2 ABC 分析法举例

商品编号	年销售额/元	年销售额占总销售额比例/%	累计销售额占总销售额比例/%	商品累计品种占比/%	商品类型
1	95000	40.8	40.8	10	A
2	75000	32.1	72.9	20	A
3	25000	10.7	83.6	30	B
4	15000	6.4	90.0	40	B
5	13000	5.6	95.6	50	B
6	7500	3.2	98.8	60	C
7	1500	0.6	99.4	70	C
8	800	0.3	99.7	80	C
9	425	0.2	99.9	90	C
10	225	0.1	100	100	C
合计	233450	100			

三类商品的管理方式和备货逻辑不同，分别如下。

A 类商品销售额贡献最大，中心仓库和所有门店都应备货，且备货周期最短，可以每周一次。为减少库存资金占用，A 类商品应在保证安全库存的前提下，小批量多批次按需储存，尽可能降低库存总量，减少仓储管理成本。若控制不好，A 类商品很容易产生断货风险。

B 类商品销售额次之，中心仓库及各区域中心店需备货，备货周期可以每月一次。

C 类商品属于长尾商品。只需在中心仓库备有少量库存，可以每季度备货一次，最好集中采购，并适当增大库存量，减少订货次数。实际工作中可采用“双堆法”或“红线法”进行粗略控制。

应用 ABC 分析法，一般是将分析对象分成三类，也可根据商品特性和数量大小分成两类或三类以上。但是，ABC 分类标准较为单一，具有一定的片面性。

3. 区域合并法

库存管理适用平方根定律。平方根定律，指因仓库数量增多而增加的总库存量，等于仓库数量与原有仓库数量之商的平方根与现有总库存量的乘积。平方根定律用公式可表示为：

$$x_2 = x_1\sqrt{\frac{n_2}{n_1}}$$

- n_1——现有仓库数量；
- n_2——未来仓库数量；
- x_1——现有仓库中的总库存量；
- x_2——未来仓库中的总库存量。

平方根定律说明：如果把库存合并到较少的存储点（即减少仓库数量），或减少仓库中备货的品类，库存水平有望下降。

区域合并法指导思想：实行仓储三级管理，即中心仓库、主店和分店，主店代行区域仓库职能。结合 ABC 分析法，A 类商品三级仓库均需备货，B 类商品中心仓库与主店备货，C 类商品只有中心仓库备货。

区域合并法的具体实施步骤如下。

（1）根据门店所属行政区域，就近组合，确定其中一个为主店，其余为分店。

（2）主店、分店现有的 C 类商品退回中心仓库管理。

（3）分店现有的 B 类商品退回主店管理。

（4）主店采购人员预估当地 B 类商品需求量，多余商品退回中心仓库管理。

（5）主店、分店需要 A 类商品时，可自行向中心仓库采购。若考虑运输规模，该区域所有门店可以集中采购 A 类商品。

（6）分店需要 B 类商品时从主店调拨；主店定期分析该区域内 B 类商品库存情况，按需向中心仓库采购。

（7）主店、分店需要 C 类商品时，均直接向中心仓库订货。

区域合并法在实际运用时主要面临以下挑战。

（1）需要 ERP 系统支持上述货物调拨逻辑。

（2）主店要安排专人负责配送，或使用第三方物流发货，以保证分店需要的商品及时到货。

（3）主店与分店之间的商品调拨需要订立结算规则，对主店的资源投入须给予一定的补偿。

4. 替代产品法

所谓替代产品，是指基本用途相同，可相互替代的产品，如商品品牌不同但用途相同。实际上，只要是正规厂家生产的产品，除品牌影响力及质量稍有差异外，产品本身并无本质的不同。如图 7-2 所示。

为保证产品线完整，对于 C 类产品，只要持有一种品牌的产品库存，理论上都是可行的。

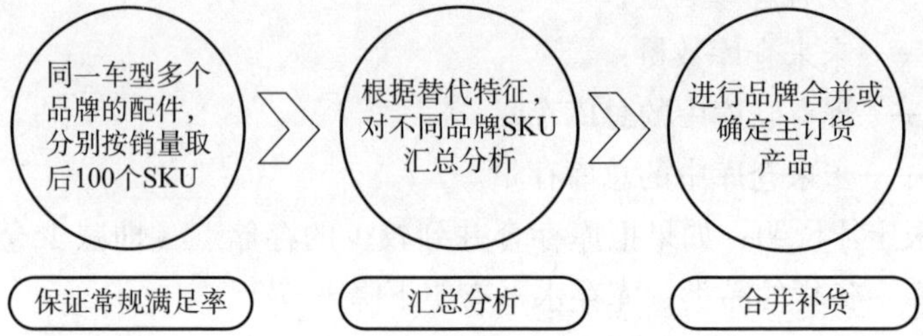

图 7-2　替代产品法分析流程

例如，同一款车使用的刹车片有 10 个供货品牌，但常规销量都不大，没必要 10 个品牌产品都要持有，常备 2～3 个品牌的产品即可。同时，要保证高、中、低端产品全覆盖。

以滤清器为例，假设有 A、B、C 三个车型产品，中端产品有三个品牌可供货。我们可以列出一段时间内三种品牌的销量，即预计的下一周期销量，如图 7-3 所示。

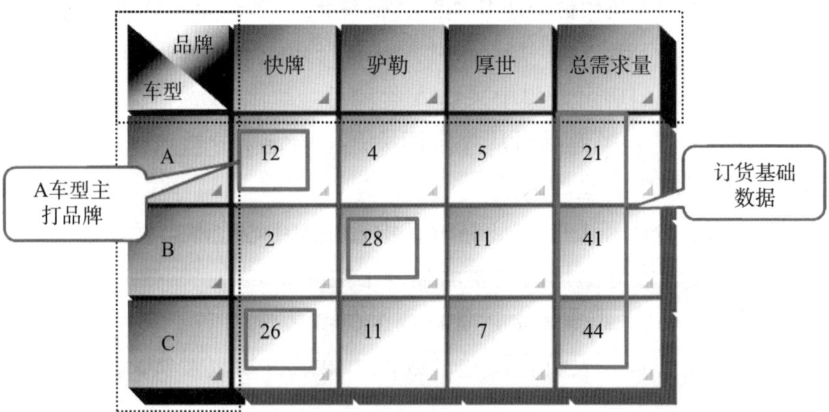

图 7-3　替代产品法示例

该段时间内 A 车型配套的滤清器市场需求中，“快牌”的产品需求量较大，另两种相对较少，则在订货时可以把三种产品的需求量相加，只采购“快牌”一种。加大订货批量，既保证了产品线的完整，又提高了某一品牌的采购规模，以便获得一定数量的折扣。由原订购 3 种品牌产品，改为订购 1 种品牌产品，采购成本、运输成本都能有所下降。

是否采用这种方式，要根据市场销售情况，结合供应链的总体成本综合考虑，不能单凭一种因素仓促决策。替代产品法适用于汽配行业，不一定适用于其他行业。例如，人们对日用品会有品牌忠诚度，但车主一般不太了解配件品牌，非专业人士根本无法区分。

5. 安全库存法

安全库存（Safety Stock，SS）指为应对不确定情况，如大量突发性订货、交货期突然提前、临时用量增加、交货误期等而保留的缓冲库存，主要用于预防断货。确定一种商品的安全库存量，可以按以下三个步骤进行，即确定标准差、确定服务水平、计算安全库存量。

（1）确定标准差。假设库存运作周期（到货周期）为10天，每天销量在0~10个单位上下波动，即平均日销量5个，每次订货批量为50个，销量数量如表7-3所示。

表7-3　销量数据

天数/天	销售量/个	累计需求量/个	天数/天	销售量/个	累计需求量/个	天数/天	销售量/个	累计需求量/个
1	9	9	11	0	0	21	5	5
2	2	11	12	6	6	22	5	10
3	1	12	13	5	11	23	4	14
4	3	15	14	7	18	24	3	17
5	7	22	15	10	28	25	4	21
6	5	27	16	7	35	26	1	22
7	4	31	17	6	41	27	2	24
8	8	39	18	9	50	28	8	32
9	6	45	19	缺货	50	29	3	35
10	5	50	20	缺货	50	30	4	39

根据上表，得出需求的频率分布，如表7-4所示。

表7-4　需求的频率分布

日需求量/个	频率/天	日需求量/个	频率/天
缺货	2	5	5
0	1	6	3
1	2	7	3
2	2	8	2
3	3	9	2
4	4	10	1

使用正态分布分析销售变化，其中事件是单位产品日销量，标准差是日

销售水平变化程度。当标准差在±1 范围内变化时，事件发生的概率为 68.26%，即在一个运作周期中，在 68.26%的时间内，日销售量在平均销量±1个标准差范围内波动，如图 7-4 所示。

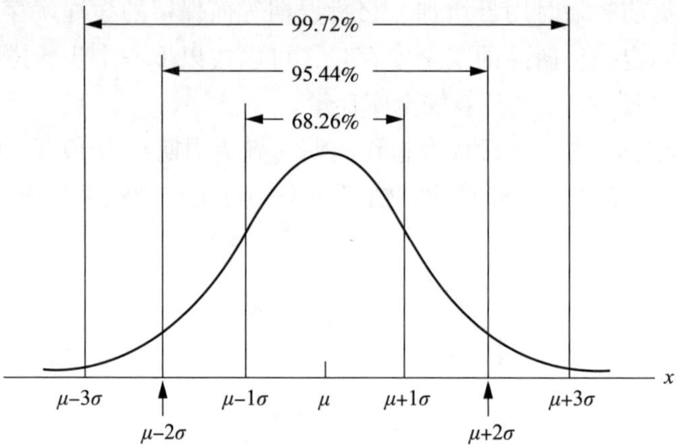

图 7-4　正态分布

标准差公式为：

$$\sigma = \sqrt{\frac{\sum F_i D_i^2}{n}}$$

- $\sum$ —— 标准差 ；
- F_i——事件 i 发生的概率；
- D_i——事件 i 与平均值之间的方差；
- n——事件的总数。

表 7-5　标准差的计算示例

单位	频率（F_i）	与平均值的偏差（D_i）	偏差的平方（D_i^2）	$F_iD_i^2$
0	1	-5	25	25
1	2	-4	16	32
2	2	-3	9	18
3	3	-2	4	12
4	4	-1	1	4
5	5	0	0	0
6	3	1	1	3
7	3	2	4	12

续表

单位	频率（F_i）	与平均值的偏差（D_i）	偏差的平方（D_i^2）	$F_iD_i^2$
8	2	3	9	18
9	2	4	16	32
10	1	5	25	25
$n=28$	$\bar{s}=5$			$\sum F_iD_i^2=181$

$$\sigma = \sqrt{\frac{\sum F_iD_i^2}{n}} = \sqrt{\frac{181}{28}} = 2.54$$

即标准差约为 3 个单位。在设置安全库存时，只要选择 2 个标准差大小，即 6 个单位产品，就可对频率分布中 95.45%的事件起到保护作用。

同理，可以得出运作周期不确定性的标准差。若同时存在需求不确定性与运作周期不确定性的情况，先确定需求不确定性与运作周期不确定性的标准差，再计算混合标准差 σ_c，混合标准差公式为：

$$\sigma_c = \sqrt{TS_i^2 + D^2S_t^2}$$

- σ_c——混合概率的标准差；
- T——运作周期的平均值；
- S_i——运作周期的标准差；
- D——平均日销量；
- S_t——日销量的标准差。

$$\sigma_c = \sqrt{TS_i^2+D^2S_t^2} = \sqrt{10\times2.54^2+5^2\times2^2} = 12.83 \text{（约等于 13）}$$

（2）确定服务水平。服务水平表示在一个存货周期内满足所有需求的概率，等于 1-年缺货次数/年订货次数。95%的服务水平表示断货概率为 0.05；若要保证 100%的服务水平，则需要无限大的安全库存。所以提高服务水平的方法只有一个：持有更多的安全库存。

给定服务水平，则可获得安全库存，其计算公式为：

$$SS = Z\times\sigma_c$$

SS——安全库存；

Z——对应一定服务水平的安全系数；

σ_c——标准差。

表 7-6 缺货概率、服务水平与安全系数对应关系

缺货概率/%	10	9	8	7	6	5	4	3	2	1
服务水平/%	90	91	92	93	94	95	96	97	98	99
安全系数	1.29	1.34	1.41	1.48	1.56	1.65	1.75	1.88	2.05	2.33

（3）计算安全库存量。

示例：某商品月平均需求量为 400 个，标准偏差为每月 30。该商品到货周期平均值为 2 个月，标准偏差为半个月。若保证 95%的服务水平，安全库存量应为多少？

$$\sigma_c=\sqrt{TS_i^2+D^2S_t^2}=\sqrt{2\times30^2+400^2\times0.5^2}=204.45$$

$$SS=Z\times\sigma_c=1.65\times204.45=335\text{（个）}$$

6. 其他方法

（1）经济订货批量（Economic Order Quantity，EOQ）。

EOQ 是一种补货方法，目的是使库存维持成本与订货成本之和达到最低，即确定使库存持有成本与订货成本相等的订货量，具体如图 7-5 所示。库存维持成本指与持有库存有关的各种成本，包括资金成本、存储费用、商品老化成本、保险费用、税费等。如图 7-5 所示。

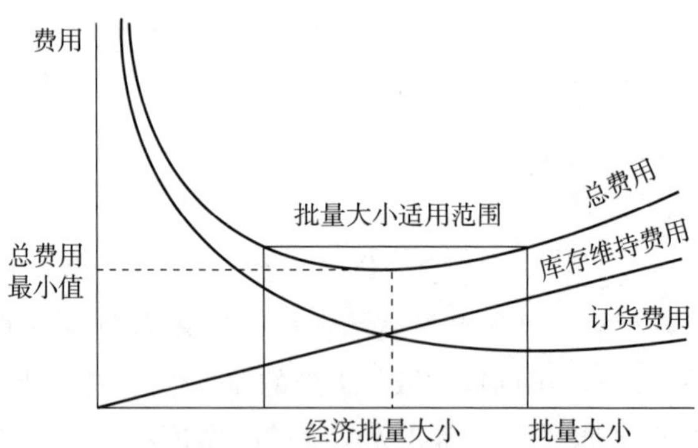

图 7-5 经济订货批量原理

$$\text{EOQ}=\sqrt{\frac{2C_0D}{C_iU}}$$

- EOQ——经济订货批量；
- C_0——每次订货成本；
- C_i——年库存持有成本；
- D——年销量；

- U——产品单位成本。

示例：A 商品年需求量 2400 个，每个成本 5 元，库存维持成本占比 20%，订货成本 19 元/次，计算其经济订货批量。

$$EOQ=\sqrt{\frac{2\times19\times2400}{0.20\times5}}=302\text{ 个（约 300 个）}$$

EOQ 为理想模型，有诸多限制，实际运用中有必要对其进行扩展。举例如下：假设企业订货量 480 个单位时可享受最优惠运费，但从公式计算出的 EOQ 为 300 个单位。若把订货量增加到 480 个单位时，则平均库存从 150 个单位增加到 240 个单位，同时减少订货次数。小宗运费 1 元/个，大宗运费 0.75 元/个。两种订货方案如表 7-7 所示。

表 7-7　两种经济订货批量方案对比　　（单位：元）

	方案一：300 个	方案二：480 个
库存维持成本	150	240
订货成本	152	95
运输成本	2400	1800
总成本	2702	2135

由表 2-11 可知，采用方案二，可节省运费 567 元。所以，运用 EOQ 需要综合权衡，灵活使用。运用 EOQ 要考虑的因素包括自营运输、整包装、数量折扣、多产品订货、资金等。

（2）增加在途。增加在途是一种采购策略，具体如图 7-6 所示。

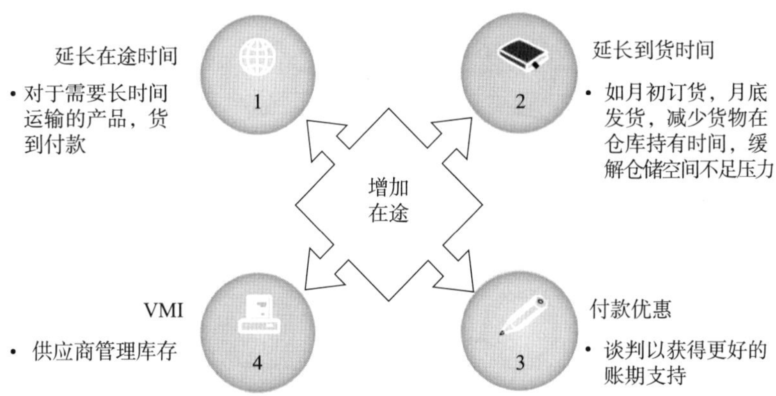

图 7-6　增加在途的方法

增加在途策略可获得更好的账期支持。所谓账期，是指供应商在规定时间内给予零售商一定金额的信用额度，零售商在额度内不用预支货款，但必须在规定时间内付款，这个付款周期即为账期，账期的理论基础是资金具有时间价值。

以上七种库存分析方法适用范围不同，具体如表 7-8 所示。

表 7-8　七种库存分析方法的适用范围

库存分析方法	适用范围	优点	缺点	推荐星级
历史销售数据分析法	总公司、门店	简单易行	若权重不合理，可能导致断货	★★★★★
ABC 分析法	总公司	简单易行	因市场多变，有可能导致断货	★★★★★
区域合并法	门店	有效降低门店库存	需有相关制度保证	★★★★★
替代产品法	门店	简单易行	有可能到货速度不能满足客户需求	★★★★
安全库存法	总公司、门店	安全库存确定有理论依据，不依靠经验判断	难于掌握，数据收集量大	★★★★
经济订货批量法	总公司、门店	订货准确	基础数据难于收集，需同时考虑多种限制	★★★
增加在途法	总公司	简单易行	部分品牌不适用，需谈判	★★★

以上七种方法适用的阶段也不同，如图 7-7 所示。

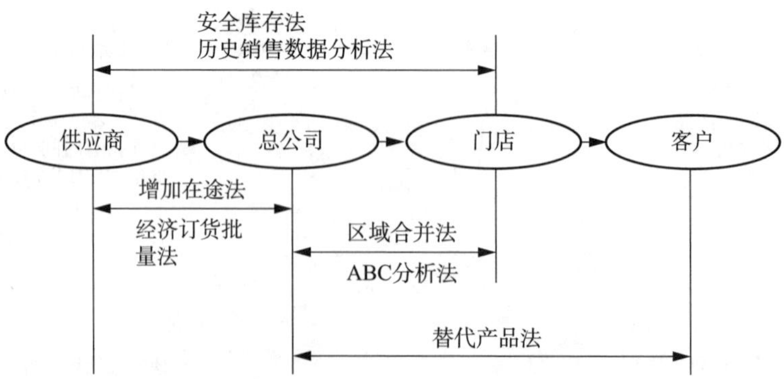

图 7-7　七种库存分析方法适用的阶段

知识链接

积压商品处置

积压商品常用的处置方式如下。

（1）折价销售，或以优惠的价格包销给经销商。

（2）倡导员工自购，主要适用于包装不良的商品。

（3）结合市场开发或应对竞争要求，在某些区域集中处置，作为开发市场的营销资源。

（4）作为抽奖或渠道激励奖品，或以低折扣售给一线业务人员作为绩效工资。

（5）“买赠”或捆绑销售，即畅销品与滞销品捆绑销售。

（6）组织答谢老客户或回馈性降价促销活动。

（7）结合品牌或形象宣传，回收销毁，相关损失费用作为市场推广投入。

（8）赠送客户。

二、流动性分析

工作人员拣选商品时，经过拣选位置的频率越高，劳动强度越大。为提高拣选效率，应把发货频率高的商品置于最易分拣、距离出货门口最近的位置。实际操作中，商品分类的标准依据如下。

实践表明，单独按照商品价值或销量分类，不利于商品的流动性分析。有些商品会集中出货，几个月发一次货，如果仅计算发货总数量，不能准确反映商品的实际发货频率。一种可行的办法是统计商品的订单行数，即一段时间内该商品的发货次数，再使用 ABC 分析法确定商品流动性。

例如，商品 A 销量最大，一段时间内仅被拣选 4 次；而商品 B 则出现在 200 个订单中，很明显商品 B 发货频率高。为了缩短员工分拣时的行走距离，应该把商品 B 置于最容易拣取的位置。

商品流动性分析如图 7-8 所示。

（1）汇总一段时间内各商品的发货行数。可从 ERP 系统导出订单报表或出入库明细报表，使用 Excel 软件的数据透视功能进行统计。若 SKU 太多，可按品牌、品类逐一分析。

（2）按发货行数对商品进行排序。

（3）计算累计发货行数及累计发货行数比率，确定商品的 ABC 类别。其中，累计发货行数比率 = 累计发货行数/总行数。

（4）根据统计结果，重新调整商品摆放位置。

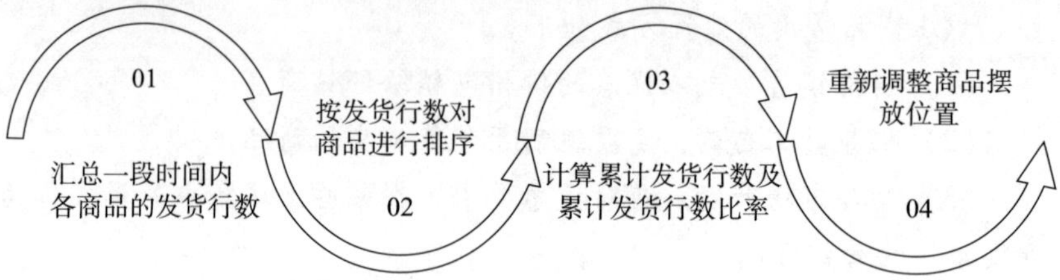

图 7-8 商品流动性分析

分析商品流动性时可以使用直方图作为辅助工具，如图 7-9 所示。

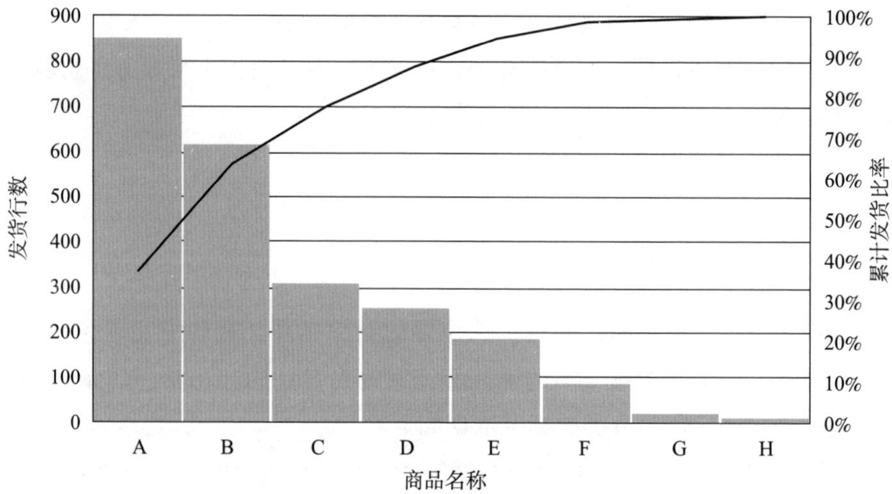

商品名称	A	B	C	D	E	F	G	H
发货行数/行	854	620	311	254	190	88	22	9
累计发货行数/行	854	1474	1785	2039	2229	2317	2339	2348
累计发货比率/%	36.4	62.8	76.0	86.8	94.9	98.7	99.6	100.0

图 7-9 商品流动性分析直方图

但直方图仅考虑了商品的流动性。在某些情况下，一些商品虽然发货频率低，但每次发货数量大，如上述的 A 商品。若仅按订单行数进行分析，该类商品就应该置于仓库最深处。这样，一旦发货搬运工作量很大，而入库时的搬运距离也会延长，不经济。针对这种情况可采用改良的 ABC 分析法，即同时考虑商品的发货数量（根据销量）及频率（根据订单行数），这种方法被称为双重 ABC 类别分析法。

双重 ABC 类别分析法根据商品销量、发货频率，基于高频、低频、高销量、低销量四个维度，把商品划分为 9 个类别，如图 7-10 所示。

高频率 ← 低频率

高销量 ↑ 低销量

AA	AB	AC
BA	BB	BC
CA	CB	CC

图 7-10 双重 ABC 类别分析法

AA 类商品销量最大、发货频率最高，要放到分拣区域的入口处；相反，CC 类商品则放到存储区的最深处。

其他类商品则根据商品的性质，确定维度优先级，以销量优先（大宗整件商品，如流量大的润滑油），或发货频率优先（小件常用商品，如火花塞），分别规划商品的摆放位置。

根据实际发货情况，调整货位时要考虑季节性因素。另外，快销品可以“一品多位”（即一种商品放置多处），以免分拣区域过于拥堵。

知识链接

COI 指数

分配货位时，有时会用到 COI 指数[①]，即基于货品的订单体积指数，依据货物的存储空间和周转速度对货位进行分配。

COI = C/F

其中，

C 指某段时间内某货品所需的总存储空间；

F 指该段时间内货品的周转率；

月周转率 =（3 个月出库量平均值+3 个月入库量平均值）/（2×月均库存量）。

每种货物对应一个 COI 值，COI 值越小说明其存储空间越小且周转速度越快，该货品应该存放在距离发货点最近（入口处）的地方。这种方法可以保证占有最大空间的商品移动距离最小。

① 即 Cube-per-order Index，订单体积指数。

三、虚拟库存

虚拟库存，可理解为“以信息换库存”，是指零售商的 ERP 系统导入产品库存信息，但实际货物仍存放在供应商的仓库里。当客户有需求时，供应商遵照与零售商的约定发货，与从零售商的仓库发货几乎相同。进行虚拟库存管理的前提是供应链信息畅通，供销双方建立良好的信用关系。

实行虚拟库存管理，零售商 ERP 系统中的库存数据起到引流作用，零售商不持有库存却提高了满足率；供应商则拥有了更多的销售渠道，实现双赢。

但实施虚拟库存策略，需要考虑多方面因素，如产品信息的数据结构实时更新、双方的合作意愿、利益分配机制、供应商物流服务水平等。该策略主要适用于产品线互补的企业。

由虚拟库存管理发展而来的 VMI（Vendor Managed Inventory），以确保成本最低为目的，依据协议由供应商管理库存，并不断优化修正协议内容，使库存管理得到持续改进。实行 VMI 管理的前提是各方信息可以共享、供应商拥有并管理库存、需求可准确预测，如图 7-11 所示。

VMI 一般涉及三个主体：客户（零售商）、供应商、第三方仓库。

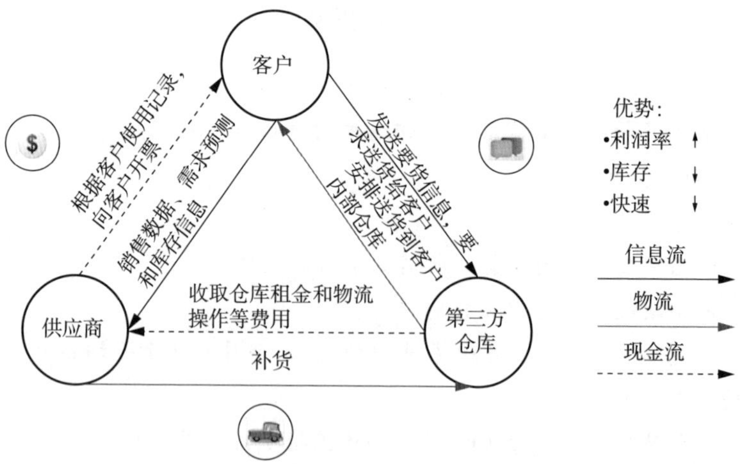

图 7-11　VMI 示意

成功实施 VMI 需要遵循以下原则。

（1）合作原则。供应商和零售商必须保持良好的合作，相互信任。

（2）互惠原则。降低供应链企业的成本，实现总成本最低。

（3）目标一致。合作双方要在管理方式上达成一致，如对货物存放、管理、责任等做出明确界定。

（4）连续改进。不断发现问题并及时改进，保证合作的有效性。

库存透明化是实施 VMI 的关键。供应商要随时跟踪并检查零售商的库存状态，从而准确地制订库存计划，快速响应市场需求，并对企业的生产、供应情况做出相应调整。为此，需要开发能够使供应商和零售商库存信息透明化的相应系统，并就业务流程等问题达成协议，同时对组织机构做相应变革，具体如下。

（1）客户信息系统。供应商为及时掌握客户的需求变化，需要建立客户信息库，把预测及分析零售商需求的功能集成到供应商系统中。

（2）渠道管理系统。供应商只有使产品的物流信息及市场需求信息畅通，才能管理好库存。因此，要确保产品条码的可读性和唯一性；要解决产品分类、编码的标准化问题；要解决商品存储运输过程中的产品识别问题等。

（3）合作双方达成框架协议。合作双方要共同确定订单处理的具体流程、库存控制的相关参数及库存信息的传递方式等，制定框架协议。

（4）组织机构变革。显然，实施 VMI 会改变供应商的组织架构，需要相应职能部门担负起客户库存的控制、库存补给等职责。

实施 VMI，以下问题需要提前谋划。

（1）利益分配。利益分配必须公正，可以根据双方投入大小来确定。

（2）慎重选择供应商。要深入了解候选供应商的管理水平、财务状况、交货质量稳定性等。

（3）专业的第三方仓库支持。VMI 不是简单的存储，而且具有高度信息化的增值物流服务。非专业的仓储物流服务商没有能力提供实时、准确的库存数据，会对补货计划产生很大影响，甚至影响交货率。

（4）市场需求预测和补货，不可全部交由供应商负责。疏于对供应商的监管易使之基于运费的考虑，拉长补货间隔期限，从而产生缺货风险。

此外，供应商有可能于月末将过量的库存商品移入客户仓库，以完成月度销售指标，应加以防范。

四、效益背反原则

日常经济活动常受到效益背反（二律背反、效益背反）原则影响，即同一问题的两个方面是互相矛盾的关系，追求一方，必须舍弃另一方，是一种此消彼长、此盈彼亏的关系，如图 7-12 所示。

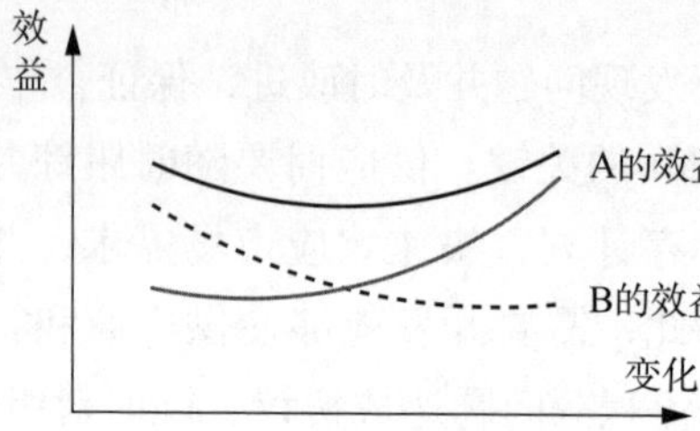

图 7-12　效益背反原则

同样，物流领域的很多活动也会受这一原则的影响，包括以下几点。

（1）减少仓库数并降低库存量，必然会使库存补充变得频繁进而增加运输次数与距离，无形中增加了运输成本。

（2）简化包装可降低成本，但在运输和装卸过程中商品破损率会上升，且不可堆放过高，降低了保管效率。

（3）将铁路运输改为航空运输，虽增加了运费，却可以提高运输速度，不仅可以减少库存持有成本，还可以降低库存管理费用。

（4）要保证不断货，就要提高安全库存量，自然会提高仓储费用，特别是增加库存占用资金。

（5）要降低装卸搬运费用，需采用费用相对较低的人工处理方式，但同时会降低效率。

如何化解效益背反原则带来的影响？

（1）根据影响程度选择优化顺序。可通过优化顺序化解效益背反原则的影响。如当简化包装成本下降时，商品受保护的程度变弱，货损率上升。相反，降低货损率，相应的包装成本就会上升。但在一定范围内，简化包装对货损率上升的影响，与货损率的下降对包装成本上升的影响是不同的。我们可以先改善影响大的方面，再改善影响小的方面。

（2）利用运筹学方法。例如，针对商品供应地、仓库、零售点等的分布情况，要以最低的运输成本保证货物及时送达，就要对运输路径进行合理安排。使用运筹学方法对物流配送路径进行优化建模，实质上就是建立一个多目标（最低的运营成本、最快的响应速度、最短的配送运输时间等）模型，利用线性规划方法求其最优解，即先改善边际收益高的方面。

（3）利用现代信息技术。例如，通过互联网传递订单，供应链上其他主体不需重复输入，能同时达到节约时间和降低成本的目的。使用现代物流信息系统能够缩短发货周期，压缩库存并防止脱销，提高搬运作业效率、运输效率，提高发货精准度等。

为化解效益背反原则的不利影响，在进行相关决策时，切不可“头痛医头、脚痛医脚”，一定要以系统思维，认真分析各种因素，综合考虑。

知识链接

库存成本核算方法

(1) 先进先出法。该方法假定仓库先收到的货物先发出，收货时逐笔登记数量、单价和金额；发货时按照先进先出原则，逐笔登记发出成本和结存金额。先进先出法可以随时结转货物发出成本，但较烦琐；如果货物收发量大且单价不稳定，工作量更大。物价持续上升时，期末存货成本接近于市价，但发出成本偏低，会高估企业当期利润和库存价值；反之则会低估。

(2) 加权平均法。该方法根据期初存货结余和本期收入存货的数量及进价成本，期末一次性计算存货的本月加权平均单价，作为计算本期发出存货成本和期末存货的单价。

(3) 移动加权平均法。采用移动加权平均法，每次收货后即根据库存数量和总成本计算新的平均单价或成本。该方法可使企业及时了解存货的结存情况，计算的平均单位成本及发出和结存的存货成本较客观。但由于每次收货都要计算平均单价，工作量较大。

(4) 个别计价法。个别计价法以每次（批）收入存货的实际成本作为计算该次（批）发出存货成本。该方法把每一种存货的实际成本作为计算发出存货成本和期末存货成本的基础，成本计算准确，但在存货收发频繁时，工作量较大。该方法适用不能替代使用的存货、为特定项目专门购入或制造的存货和提供的劳务，以及珠宝、字画等贵重物品的成本核算。

第八章 项目管理工具

见此图标 微信扫码
从零开始学做物流经理

一、管理工具：钉钉、葡萄图、复盘、SMART 法则

1. 钉钉

钉钉是阿里巴巴集团专为企业打造的沟通性协同平台，具有较强的日常事务处理功能，如审批、表单、日志、考勤等。结合工作实际，可在钉钉中设置如下审批流程。

（1）发货差错反馈。客户收到仓库发出的商品，如果存在数量、型号差错可以及时反馈，仓库订单处理员收到反馈做审批处理。客户若对处理结果不满意，可以直接向仓库负责人申诉。

（2）货运信息反馈。用于门店反馈涉及货运公司的问题，如服务态度、运费等，由配送主管负责审批处理。

（3）报废审批。商品无法发货，如过期、损坏等情况，由订单处理员提交申请，经物流部经理、采购部经理审批，订单处理员在 ERP 系统中做报废操作。

（4）拒收积压退货审批。对于门店退回仓库的积压商品，若不符合接收条件，由库管人员把商品明细和照片发采购部门审批，审批通过后退回门店。

（5）员工请假。员工请假 1～2 天可由主管审批，3 天及以上须由物流经理审批。

（6）用车审批。如果员工私人使用公车，必须经过负责后勤的主管审批。

通过表单收集数据，是钉钉第三方应用“简道云”的核心功能，具体如下。

（1）发货延误反馈。如果仓库发货延迟（未按规定时限发货），门店可通过该表单提交相关信息，如日期、单号等，以便据此考核相关人员绩效。

（2）退货处理延迟反馈。如果仓库处理门店的退货超时，可以通过该表单反馈。

（3）门店退货通知。门店发回积压、理赔退货时，通过该表单提交货运公司名称、单号、件数和发货日期等信息，仓库配送人员根据相关信息提醒及时提货，库管员按要求在规定时间内清点、入库。

（4）新品到货登记。用于记录新到货的件数、卸车人员等信息，用于监控商品入库速度，统计到货工作量等。

（5）岗位协作登记。如果某岗位工作繁忙，可抽调其他岗位员工协助并登记。

（6）发货件数统计。用于登记当天向各门店的发货件数，以及每张订单的行数。该表单既可用来统计工作量，也可作为门店收货依据。

（7）仓库员工加班统计。由员工自行登记，如加班装车 2 小时、收货 0.5 小时等。

（8）仓库提货通知。接到货运公司到货通知后，相关人员将信息录入该表单，以便配送人员可实时收到提醒，及时提取货物。

各仓库管理流程不同，管理者可以根据实际情况设置相应的流程或表单。

此外，类似的办公软件较多，仓库可酌情选用。

2. 葡萄图

葡萄图是一种可视化的 KPI 绩效管理工具，如图 8-1 所示。葡萄图法具体操作方法如下。

每月为每位员工配置一张印有和当月日期一致的葡萄图，并张贴于公开栏或白板。葡萄图中每个葡萄的数字代表具体时间，对应员工当日的工作表现。每天工作结束后，当班主管或班长根据员工表现，用不同颜色填涂葡萄：紫色代表优秀、蓝色代表良好、绿色代表合格、黄色代表不合格、红色代表非常差、白色代表该员工当天休息。

结合葡萄图，需要另外填制关键事件记录表，作为评定员工绩效等级的依据。

考核项目因岗位而异。例如，对于库管人员的考核项目可以设定如下。

（1）分拣及时，不影响后续岗位工作进度。

（2）分拣准确，无差错。

（3）遵守管理制度及相关规定。

（4）积极提出改善建议或方案，并协助推进实施。

（5）所负责区域 6S 管理达标。

…………

葡萄图填充规则如表 8-1 所示。

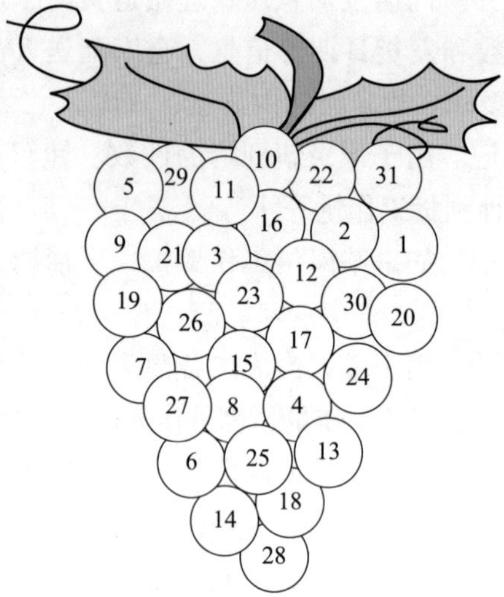

图 8-1　葡萄图

表 8-1　葡萄图填充规则

颜色	填充标准
紫色	所有考核项目均完成较好
蓝色	考核项目有 1 项未完成，无分拣差错
绿色	考核项目有 2 项未完成，拣货差错 1~2 次
黄色	考核项目有 3 项未完成，拣货差错 3~4 次
红色	拣货差错 5 次及以上，或考核项目有 4 项未完成
白色	员工当日休息

表 8-2　员工关键事件记录表

月份：4 月　　　　　　　　主管：

序号	日期	姓名	考核行为描述	处理方案	主管签名	本人确认	备注
1	4 月 12 日	张三	早退	绿葡萄			
2	4 月 15 日	李四	旷工	红葡萄			
3	4 月 17 日	赵六	本职工作完成后，主动协助其他岗位	紫葡萄			

登记员工关键事件记录表时，对于较为复杂的事项须遵循 STAR 法则：S

(situation)——情境，事件发生的场景描述；T（target）——目标，员工为什么要做这件事；A（action）——行动，员工采取了什么行动；R（result）——结果，员工采取行动后有什么后果。

示例：

（情境）4 月 10 日，仓库其他员工已经下班，员工王五接到门店紧急要货电话。

（目标）满足门店需求，将货物发出。

（行动）王五拣货完毕，拍照请其他员工核对型号后，打包并联系货运公司发货。

（结果）门店经理向王五表示感谢。

每月月底，企业参照葡萄图对员工进行绩效考核，规则如表 8-3 所示。

表 8-3 葡萄图方法考核规则

档次	考核标准	所占比例/%	绩效工资系数
优秀	两颗以上紫葡萄，无黄、红葡萄	10	1.2
良好	无黄、红葡萄	40	1.0
合格	五颗以下黄葡萄，无红葡萄	40	0.8
不合格	一颗红葡萄；五颗黄葡萄相当于一颗红葡萄	5~10	0.5
特别差	两颗或以上红葡萄	0~5	0.2

葡萄图直观、简单易行，能够保证每个人的工作绩效得以实时展示，便于奖优罚劣。但是，使用过程中要注意以下问题。

（1）评价标准要客观。

（2）葡萄图主要适用于操作型岗位，且人员不能太多。否则，评价、填涂、记录各种数据需花费较多时间。

（3）葡萄图适用评价同一岗位，不同岗位之间因考核指标不同，可比性不强。

3. 复盘

复盘，围棋术语，即复演棋局。复盘常常被引申为回望过去，审视反思过程，以获得经验教训。

复盘包括回顾、反思、探究、提升四个步骤，即回顾目标和过程、反思原因、探究规律、提升能力。前三步是过程，最后一步是结果，如图 8-2 所示。

复盘可以分为个人复盘、团队复盘、项目复盘、经营战略复盘等。

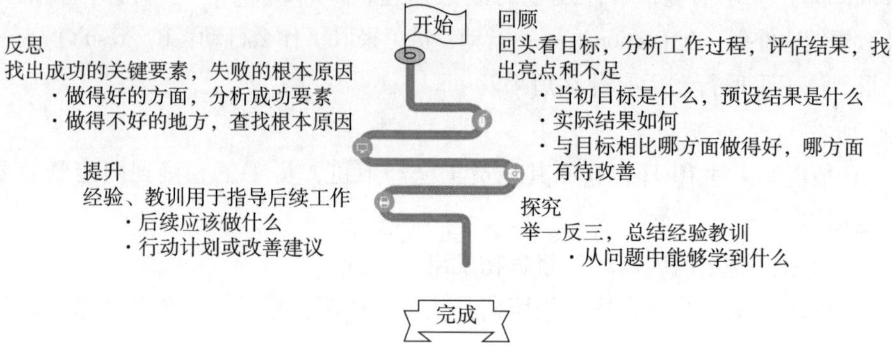

图 8-2　复盘的步骤

仓库管理工作中最常涉及的还是个人复盘，即管理者对工作中的一些问题进行反思，包括对新出现的问题、重要的决策事项（如是否使用周转箱发货）、有价值的事情、未达目标的方案、个人主要工作任务等的反思。

为合理运用复盘这一管理工具，可使用复盘模板记录过程，定期回顾，以便固化成功措施、改进不足，如表 8-4 所示。

表 8-4　复盘模板

主题	临时性加班激励措施的利弊		日期	20××年 4 月 24 日
概述	仓库最近收到大批退货，需要及时清点入库。但是，因为退货数量较大，超出仓库的处理能力。员工叫苦不迭，销售、采购部门又不断催促尽快入库。为此，仓库采取临时性加班激励性措施：处理退货导致的员工加班，工资按 1.5 倍核算（即员工加班 1 小时，其工资按 1.5 小时核算）			
回顾		反思	探究	提升
计划： √ 提高退货处理速度		成功： √ 在处理退货方面达成目标	成功关键因素： √ 物质激励激发员工工作动力	改善建议： √ 纯经济激励措施不宜长期采用
结果： √ 处理速度明显加快。 √ 加班费飙升		不足： √ 部分员工白天工作松懈，上班时间磨磨蹭蹭，工作效率下降。 √ 只等晚上加班处理退货，有为加班费而加班的嫌疑	失败根本原因： √ 若长期采用类似措施，有可能降低员工责任心。 √ 员工可能因此不再努力做时间规划，提高工作效率	行动计划： √ 待退货处理结束，停止该项激励措施。 通过其他措施引导员工提高工作效率。 √ 组建临时性工作小组，抽调工作量不饱和员工，集中处理大批量退货或类似任务

总而言之，不管用什么方法，只要通过反思、回顾，总结了经验教训，

提出了后续的行动计划，改善了工作绩效，达到了复盘的目标，就是好的复盘，而不必纠结于标准流程及具体方法。

4. SMART 法则

企业管理者在制定工作目标时会经常使到 SMART 法则，即目标要具体明确（specific）、可量化（measurable）、可接受/可实现（attainable）、相关性/符合实际（relevant）、有时间限制（time-based），具体如下。

（1）具体、明确，指目标描述要具体，明确要达成的标准。

示例：目标定为“提高门店满意度”就不明确。如何提高呢？是降低发货差错率，还是提高第三方物流的服务水平，抑或安排人员加快投诉的处理速度，或者改善员工与门店间的沟通方式？提高门店满意度这个目标，没有准确地表达出具体任务。

（2）可量化，指目标要通过具体数值说明，便于衡量其是否达标。

示例：目标定为“降低发货差错率”。到底降低多少？若当前是 2%，是降至 1%，还是完全杜绝差错？

目标的可量化，首先要从数量、质量、成本、时间、领导或客户的满意度五个方面分析。若仍不能量化则须细化，细化目标后，再从以上五个方面衡量。若仍无法衡量，则可将完成目标的工作流程化，通过目标流程化使目标可衡量。

（3）可接受/可实现，指目标要符合实际，通过努力可以达成。

示例：要求杜绝发货差错率，准确率提升至 100%，在一个靠人工管理的仓库基本上是不可能实现的，因而是一个不合适的目标。

（4）相关性/符合实际，指目标要与员工岗位相匹配，不相关则无意义。

示例：目标定为“员工要微笑服务”。这个目标对于客服人员来说还算可行，对于库管人员来说就不太合适。因为库管人员基本不与外界打交道，微笑服务与其工作不相关，即使达到也无多大意义。

（5）有时间限制，这个很容易理解，制定一个时间跨度过长的工作目标，无多少实际意义。

无论是制定团队目标还是制定个人目标，都必须符合 SMART 法则，五个方面缺一不可。

在制定目标时，有一个重要前提，即整个过程要保证相关人员可参与，充分吸纳其意见和要求，以便使拟定的工作目标在组织及个人之间达成一致。“强扭的瓜不甜”，制定目标时不能靠行政权力“拉郎配”。在可能的情况下，可先提出大的框架，请员工提出具体目标。据心理学研究成果，一个人自己承诺的事，做成的可能性要大得多。

二、效率工具：清单、印象笔记、周计划模板、思维导图、系统循环图

1. 清单

仓库日常“大事”不多，杂事却不少。

事情多了就容易遗漏，这时清单便是一个非常有用的工具。待办事项清单有三个作用，如图 8-3 所示。

（1）帮我们清理大脑。人的记忆力有限，若同一时间思考的杂事太多，势必会降低专注度，从而影响工作效率。当我们把需要办理的事项逐项写下来，则可以暂时减轻记忆压力，集中注意力，效率自然会更高。

（2）避免遗忘。俗话说，“好记性不如烂笔头”。仓库日常工作千头万绪，及时把每日待办事项记录下来，则可有效避免遗忘。

（3）增加成就感。按照待办事项清单安排每天的工作，可大大提升工作效率和工作业绩，从而增加个人成就感和满足感。

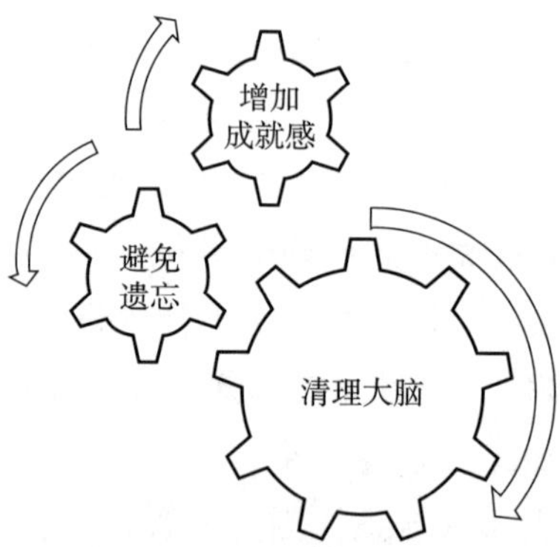

图 8-3　待办事项清单的三个作用

列示待办事项清单的具体要求如下。

一是随手记，想到、听到、看到的事情随手记录。

二是对照通讯录整理，包括下属员工、平级同事（部门经理）、领导；对照业务对接名单整理，上级领导有无交代的任务？其他平行部门或下属员工是否有需要协调解决的问题？等等。采用这种方法，一般每周一次。

三是场景模拟。对于待办事项清单的内容，并无严格要求，只需把问题

说清楚即可。

清单种类较多，以下是两种常用的清单。

（1）检查表。如仓储卫生检查表、旅游行李打包清单、年会准备表等。

（2）利弊对照表。利弊对照表常用于日常决策，决策者通过列示权衡利弊的因素，做出最终决策。

2. 印象笔记的多功能笔记类产品

日常仓储管理中，常常会遇到这样的困境：一个文件夹中存有音频、视频、文本、图片、网页、PDF 文件、Office 文件、聊天记录、联系方式（如名片）等各类资料，且需随时随地调阅。印象笔记推出的多功能笔记类产品很好地解决了这个问题。

印象笔记相关产品支持各主流平台，一处编辑，全平台同步。同时，该产品支持 Web 和移动网页，可借助网络设备进行操作，其拥有以下功能。

（1）不仅可借网页剪辑插件保存完整的网页（包括文字、图片和链接），还可以添加高亮、箭头等标注，支持市面上的各主流浏览器。

（2）搜索是印象笔记多功能笔记类产品最具特色的功能，不仅可以搜索图片文件中的中文、英文内容，还可搜索 PDF、Excel、Word、PPT 文件中的中文和英文内容。

（3）支持任意格式的附件插入，可实现跨平台同步，方便平台间的文件资料共享。

（4）支持共享笔记本，允许不同用户共同编辑一个笔记本，实现团队协作。

印象笔记多功能笔记类产品的应用场景包括但不限于以下情况，如图 8-4 所示。

（1）会议记录。可保存所有的会议记录，包括白板照片，如表 8-5 所示。

（2）管理名片。名片拍照保存，方便查找。

（3）购物清单。使用复选框创建清单，可随时增减条目。

（4）计划旅行。截取网页、地图和路线图，拍摄、录制音频、视频，记录旅行中所见所闻。

（5）管理项目。收集项目资料，制作项目计划，共享管理团队项目计划。

（6）课堂笔记。可借用手机或平板电脑记录课堂笔记，拍摄课堂演示内容。

（7）记录灵感。可随时随地记录突发灵感。

（8）收集资料。

（9）证件备份。可以在印象笔记相关产品中为各类证件建立电子备份。

（10）个人创作。除了可以为创作者提供记录功能外，还为其准备了很多有用素材，便于创作者利用碎片时间进行创作。

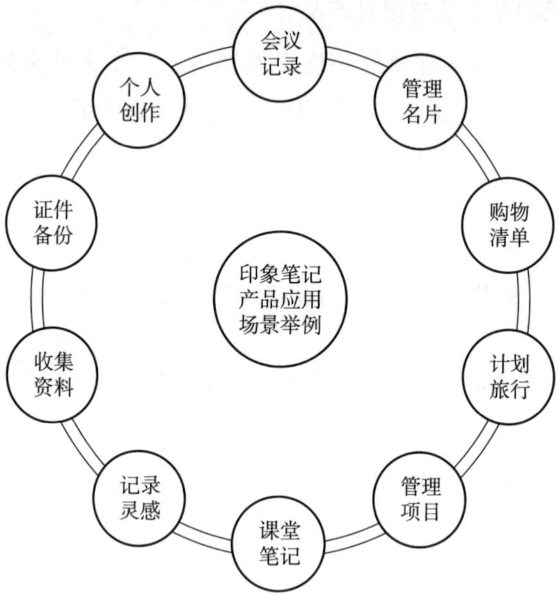

图 8-4　印象笔记应用场景

表 8-5　印象笔记会议记录模板

◆ 会议概况：

会议时间、地点、主题、背景信息

◆ 参加人员：

◆ 参考资料：

会议资料的链接：在任一笔记上单击右键，选择“复制笔记链接”

◆ 会后行动：

□复选框，确定待办事项

◆ 会议记录：

领导的重要讲话、决议等

◆ 我的想法：

记录会议过程中个人的一些想法、灵感

3. 周计划模板

做好时间管理是物流经理的一项必备技能。时间管理理论发展的四个阶段，如图 8-5 所示。

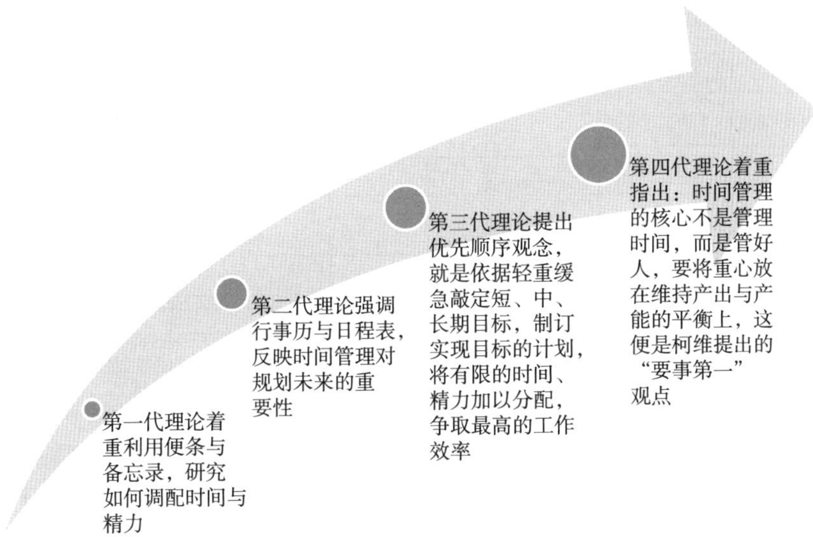

图 8-5 时间管理理论发展的四个阶段

凡有价值、有利于实现个人或组织目标的就是“要事”。为此，可以根据紧急性、重要性将待办事项分为四类。

确定“要事”不是目的，关键是要将其列入工作计划并解决它。可以以周为单位，以重要非紧急事项为中心制作日程表，如此既能做到要事第一，又能够保持充分的自由和灵活性以应对突发事件，具体步骤如下。

（1）每周一上午打印一份空白表，若有固定时间待办事项，如组织周会，可以填写。

（2）从待办事项中选出本周待办的重点任务，根据安排，写到表中下半部分“任务”栏对应的空格中。

（3）短时间内不能完成的要务，如撰写报告，组织调研，因为无法固定时间或者需要较长时间，则可以写入“本周要务”栏中。

（4）随着新的重要任务不断出现，表格可能需每天更新。

（5）当周完不成的任务，若不紧急可移至下周处理；否则，必须尽快完成。

周一	周二	周三	周四	周五	周六	周日
本日要务						
完成××产品销售方案		组织门店培训（10人，直播）				
任务						
08:00	08:00	08:00	08:00	08:00	08:00	08:00
09:00	09:00 准备仓库周例会议题	09:00 财务分析会议	09:00 会见×××	09:00 与上级领导确认周会时间	09:00	09:00
10:00 列示待办事项清单	10:00 发布部门待办事项未完成统计	10:00	10:00	10:00	10:00	10:00
11:00	11:00	11:00 ××供应商洽谈	11:00	11:00	11:00	11:00
12:00 仓储主管会议（双周）	12:00 仓库周例会	12:00	12:00	12:00	12:00	12:00
13:00	13:00	13:00	13:00	13:00	13:00	13:00
14:00	14:00	14:00	14:00	14:00	14:00	14:00
15:00	15:00			15:00	15:00 部门经理周例会	15:00
16:00	16:00	16:00	16:00	16:00	16:00	16:00
17:00	17:00	17:00	17:00	17:00	17:00	17:00
18:00	18:00	18:00	18:00	18:00	18:00	18:00
19:00	19:00	19:00	19:00	19:00	19:00	19:00
晚上	晚上	晚上	晚上	晚上	晚上	晚上

这里写当天要完成的重要工作，一般不要超过3项

这里写当天确切时点必须完成的任务，不用与上面的“本日要务”重复

资料来源：史蒂芬·柯维《高效能人士的七个习惯（25周年纪念版）》。

图 8-6　周计划模板

4. 思维导图

思维导图又称脑图、心智地图、脑力激荡图、灵感触发图、概念地图或思维地图，是一种图像式思维工具，由英国心理学家、教育学家托尼·博赞最先提出。思维导图以图文并茂的方式，把各级主题的关系以相互隶属及相关层级图表现出来，把主题、关键词与图像、颜色等建立记忆链接。

人们在使用思维导图时常有两个误区：一是把绘制方法当作思维导图的功能。很多人热衷于研究绘制软件、图标样式，研究怎么把图做得漂亮，却忽视了思维导图的实际功用。二是把思维导图当作整理信息的工具，对于其在辅助思考、创作方面的用途了解有限。

思维导图的作用关键在于其支持发散思维的功能。例如，当我们准备组织一次关于货位管理技术的培训，就可以做一张思维导图，而不必是写满文字的 PPT。培训师可以只提供关键词，培训时按思维导图去讲述。其好处：一是培训师有发挥的空间；二是依据大纲，培训不会遗漏要点。

针对思维导图的具体应用，下面以撰写年终工作总结为例来说明。

（1）对仓库来说，以业务（出入库、存储）、行政（人事、制度、团建）、环境（仓储面积、设备）及其他（需要上级领导决策的事项、自我批评等）作为关键词。

（2）发散思维，增加信息，总结每项工作成绩。

（3）编辑并调整思维导图，使其成为连贯的整体。

（4）把思维导图当作一个框架，要抓住主要内容，依据各部分关键词，扩充内容，丰富细节，完善结构。

借用思维导图写总结，你会发现，这事真的不难！

5. 系统循环图

我们研究问题，确定解决方案时经常需要系统思考。如何系统思考？丹尼斯·舍伍德提出的系统循环图是一种有效的辅助工具。

系统循环图包括以下 3 个要素。

（1）从原因指向结果的弧形箭头。

（2）连接。有且仅有两种连接，分别用字母 S 和 O 标识。S 型连接表示原因和结果同方向变化，即原因方面的上升导致结果方面的上升；O 型连接表示原因和结果反方向变化，即原因方面的上升导致结果方面的下降。

（3）悬摆。决定着所研究系统的边界，如系统的输出结果、驱动系统运转的目标、外界对系统的影响等。

系统循环图由互相连接的闭合因果链构成，可称为反馈回路。有且仅有两类基本反馈回路：增强回路和调节回路。增强回路整个环路上的 O 型连接数为偶数（包括 0，即没有 O 型连接），而调节回路上的 O 型连接数为奇数。

增强回路的作用是每运转一圈都将最初的效果放大一次，因而其行为是良性循环或恶性循环；调节回路则试图使系统达到或维持某个目标状态。

系统循环图提供了一种有力的交流工具，让人们的关注点聚焦。可以帮助我们预先估计各项决策的后果和影响，避免采取会给未来埋下隐患的速效疗法，防止做出不当决策。

以仓库中的员工人数、工作量、管理复杂度等为例，系统循环图如图 3-7 所示。

（1）工作量增加，仓库整体处理能力下降（O 型连接）。

（2）员工能力提升，处理能力提升（S 型连接）。

（3）增加员工人数，提升了员工能力（S 型连接），但同时会增加成本（O 型连接）。

（4）加大培训力度，可提升员工能力（S 型连接），但同时会增加成本（S 型连接）。

（5）提高处理能力，可降低错误发生频率；反之，处理能力下降，员工工作压力增大，可能会出现更多的错误（O 型连接）。

（6）错误发生频率越高，成本越高（S 型连接）；错误发生频率越高，管理复杂度越高，因为错误发生后员工通常会被要求寻找错误，因而卷入错误排查中（S 型连接）。

（7）上线一套有效的 WMS 系统会增加成本（S 型连接），但同时会减少工作量（O 型连接）；这个地方标了两条斜线，表示上线实施 WMS 会花费时间，员工有一个熟悉的过程，因而连接效果不会立竿见影。

（8）管理复杂度提高，工作量势必增加（S 型连接）。

此外，图 8-7 中还有两个悬摆：处理能力越高，提供的服务越好（整个仓储系统的输出结果）；管理 SKU 的数量和种类越多，工作量越大（外界对系统的影响）。

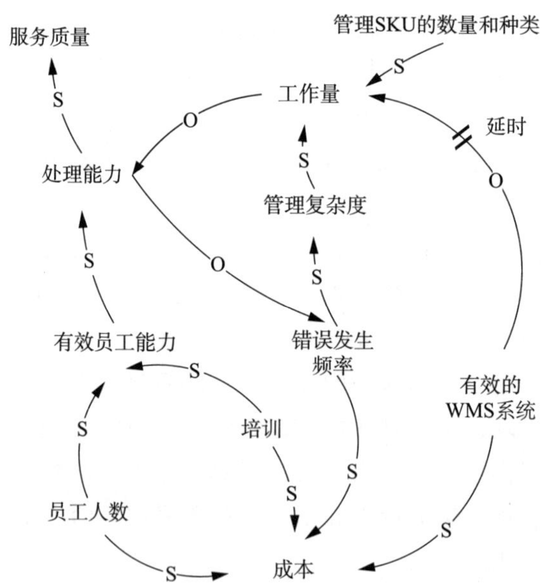

图 8-7　系统循环图

系统循环图本身并不能解决问题，但在寻求问题的解决方案时，可以帮助我们把各种因素综合起来考虑，而不会“只见树木，不见森林”。系统循环图给了我们一个简化的视图，通过系统循环图诸多影响因素及其相互关系得以呈现，进而引导管理者做出正确的决策。

例如，当员工的工作量增加时，一般的措施是尽快增加人手。但是，从图 3-7 我们可以看到，增加员工人数会提高成本。通过系统循环图描述的因果关系，我们还可以考虑其他可行的解决方案。如上线一套优秀的 WMS 系统，是否能够减少员工工作量？加强培训，提升员工能力，是否可以不增加人手？

当然在图 3-7 中，还有一些要素未包含在内，如优化工作流程。在不降低服务水平的前提下，精简或合并一些工作步骤，也能减少工作量，可能就不需要增加人手了。

三、项目管理：Todo 列表、甘特图、一页纸项目管理模板

仓储管理工作中常涉及项目管理，小到组织一次活动，大到新建一个仓库、WMS 系统上线等。项目，特别是大项目会涉及多道工序，逻辑关系复杂。若某一方面跟踪不到位，难免顾此失彼，影响整体进度。这种情况下，则需要使用项目管理工具，在重要节点上检查是否有遗漏。

常用的项目管理工具有 Todo 列表、甘特图、一页纸项目管理模板等。

1. Todo 列表

对于简单的项目，可以使用 Todo 列表进行管理。主要方法是把整个项目分解为各子任务，确定各子任务的完成时间和责任人，逐项跟踪落实；若某个环节出现延迟，则及时调拨资源予以解决。

Todo 列表可让管理者对项目进度一目了然。但是，如果各子任务之间有前后逻辑关系 Todo 列表则无法直观表示，因而 Todo 列表法不适用于大型项目管理。以员工拓展训练组织方案为例，对应的 Todo 列表如表 8-6 所示。

表 8-6 员工拓展训练组织方案

编号	任务	要求完成时间	责任人	进度
1	制订拓展训练计划	4 月 15 日	王二	已完成
2	确定参加人数	4 月 16 日	主管 A	已完成
3	申请经费	4 月 18 日	王二	进行中
4	确定活动地点	4 月 19 日	王二	未开始
5	寻找、确定教练	4 月 19 日	王二	未开始
6	租客车	4 月 19 日	主管 B	未开始
7	购置道具	4 月 22 日	主管 C	未开始

（续表）

编号	任务	要求完成时间	责任人	进度
8	准备饮用水	4 月 22 日	主管 B	未开始
9	通知客户仓库停工时间	4 月 22 日	订单处理员	未开始
10	向员工发通知，提出注意事项	4 月 23 日	王二	未开始
11	确定聚餐酒店，准备酒水	4 月 24 日	主管 C	未开始
12	拓展训练实施	4 月 25 日	王二	未开始
13	员工聚餐	4 月 25 日	王二	未开始
14	结账、索取发票	4 月 28 日	王二	未开始

2. 甘特图

甘特图是亨利·甘特于 1910 年开发的，甘特图以横轴表示时间，纵轴表示项目中的各项任务，通过条状图显示各项任务随时间推进完成情况。上例中的拓展训练活动用甘特图表示如图 8-8 所示。

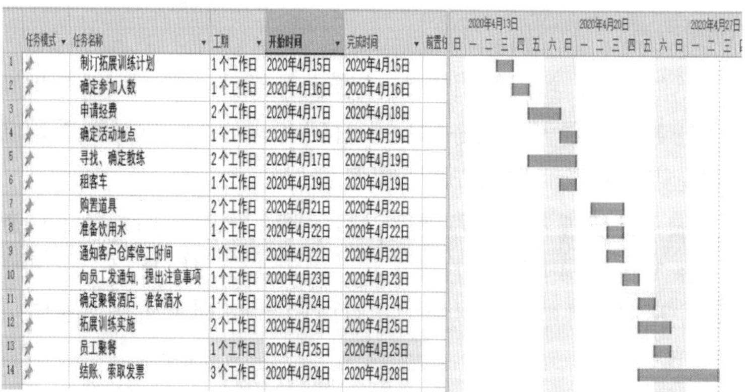

图 8-8　拓展训练活动甘特图

通过甘特图，管理者能够直观地了解以下信息：今天谁应该做什么任务；这个任务何时开始、何时结束；应该先做哪些任务，后做哪些任务，哪些任务可以同时做；任务是否依赖其他任务；如果是，那么该任务必须按时完成或者提前完成，否则会影响后续任务；任务已完成多少，还剩多少等。

为了绘制甘特图，项目管理人员必须首先完成以下工作：确定每一个任务的开始时间和结束时间；确定任务的依赖关系；可以分离并行的任务；确定不同任务间的时间关系等。当完成第一版甘特图后，很多管理者经常会发现有些地方可以继续优化，但这种优化和完善在未画图之前往往很难发现。因此，整理甘特图，可以让管理者的项目规划思路越来越清晰。

甘特图的优点：图形化，清晰直观、制作简单、易于理解。

甘特图的缺点：甘特图主要用来控制进度，不能综合反映各项任务间的复杂关系，难以进行定量计算和分析。尽管可通过项目管理软件描绘出项目活动的内在联系，但如果关系过于复杂则会增加阅读难度。

有很多专业软件可以制作甘特图，也可以在 Excel 软件中手动绘制。

有一种变形的甘特图，叫作负荷图，负荷图的纵轴不再列出活动，而是列出整个部门或特定的资源，以帮助管理者计划和控制生产。

此外，还有一种甘特表，如表 8-7 所示。

表 8-7　甘特表

事件	要素										
	时间节点	完成情况	里程碑	交付物	责任人	资源配置	前置条件	问题整改	分工/协作	考核标准	重要性等级
关键事件 1											
关键事件 2											
关键事件 3											
关键事件 4											
关键事件 5											

3. 一页纸项目管理模板

克拉克·A. 坎贝尔在《一页纸项目管理》一书中提出了一页纸项目管理模板。这个模板可以帮助我们把项目中的关键要素提取出来，包括任务、目标、时间线、负责人、风险和质量等，借此向项目利益相关人传达其所需要的重要信息，使项目管理变得清晰、简单、易于掌控。以员工拓展训练项目为例，一页纸项目管理模板具体内容如图 8-9 所示。

第一部分，提供项目的基本信息，包括名称、负责人、目标及概述等。

第二部分，对整个目标进行分解，一般不超过三项。

第三部分，逐一列示主要任务。可通过缩进把较小（或简单）的任务靠右列示，以突出任务层次。同时，要根据项目进展情况，随时更新任务状态。其中，绿色表示进展顺利，红色表示有风险，黄色表示有延迟。

对一些很难量化的任务，如客户满意度，可列示于“主要任务”栏下。

对于每项任务，在第二部分子目标对应项画圆圈，每项任务至少有一个与之相关的目标。如制订拓展训练计划，对应“项目准备”子目标，在对应的栏中画圈。空白圆圈指示任务未开始或进行中；实心圆圈表示任务已完成。

若某项任务与子目标不相关，要么是该项任务无意义，要么是子目标不完整。

第四部分下端部分填写项目的汇报日期。确认报告日期需要首先估算项目的总时间跨度，其次将时间分隔成可测控的时间段。把任务和时间关联，如申请经费预计需要 2 天，就需在对应日期栏内标上圆圈（实心圆圈表示任务已完成）。

第五部分，下端部分列出项目组成员，并对应每项任务指定负责人。其中，标示 A 的为主要负责人，标识 B 的为配合人员，标识 C 的为支持人员。

此外，在问题与风险区域，可以概述发现问题及需要应对的风险；也可以列示预算及成本支出情况。

总结和预测部分，可简单总结项目当前状态，并做出预测，传达其他部分表述不够明晰或没有包含的信息等。

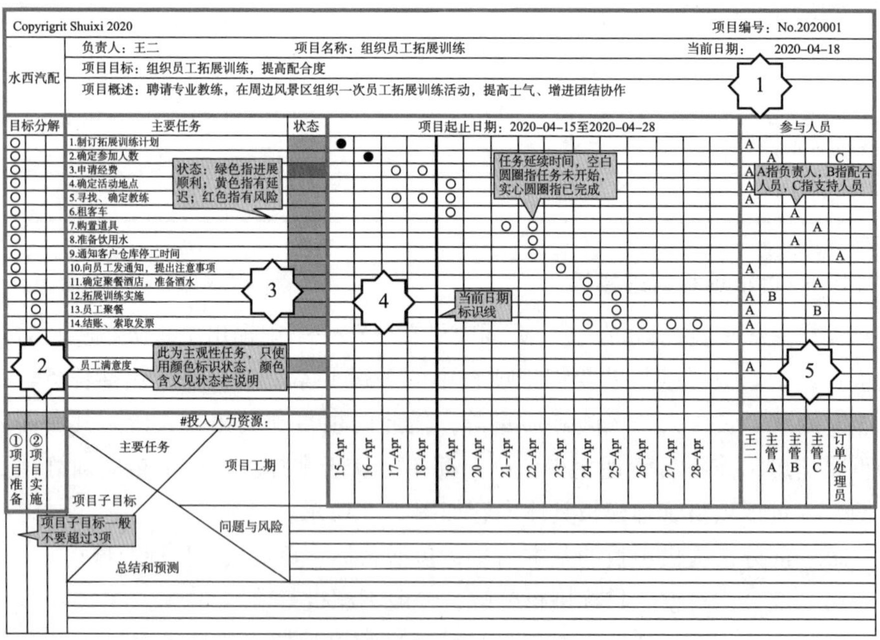

图 8-9　一页纸项目管理模板

四、再说鱼骨图

工作中人们常用头脑风暴法发现影响问题的各种因素，并按照关联性进行对比整理，画成层次分明、条理清楚，形似鱼骨的图，是为鱼骨图，如图8-10所示。鱼骨图可分为三类：一是整理问题型，指各要素间不存在因果关系，仅是结构构成关系；二是对策型，一般鱼头在左，通常以“如何提高/改善……”来描述；三是原因型，一般鱼头在右，通常以“为什么……”来描述。

1. 使用鱼骨图的步骤

（1）把要解决的问题写在鱼头上，针对问题类别选择分析维度，画出主骨、大骨，填写大要因。

（2）针对每个分析维度，使用头脑风暴法收集可能的原因，尽可能多列举。

（3）对各因素进行归类、分组、整理，明确其从属关系，画出中骨、小骨，在鱼骨图中标出。

（4）选取重要因素，用特殊符号标识。

（5）检查各因素的描述方法，确保语法简明、意思明确。

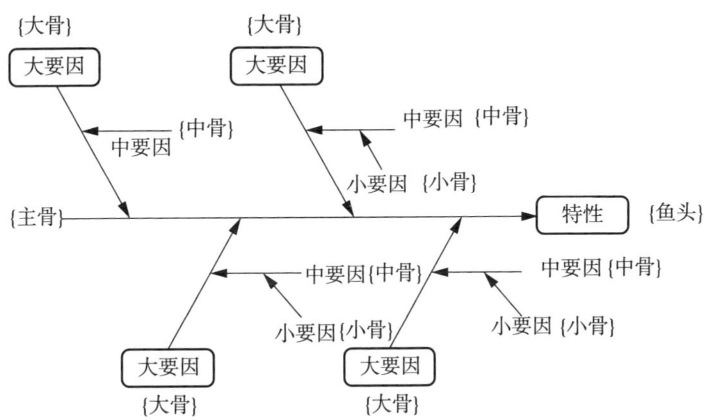

图8-10 鱼骨图

2. 使用鱼骨图的注意事项

（1）确定大要因（大骨）时，现场作业一般从“人/机/料/法/环”维度着手，管理问题一般从“人/事/时/地/物”维度开始。

（2）大要因用中性词描述（不说好坏），中要因、小要因进行价值判断（如良/不良）。

（3）进行头脑风暴时，尽可能地找出可能的原因，不限于个人完全掌控或正在执行的内容。对人的原因，宜从行动而非思想态度方面分析。

（4）中要因与特性值（鱼头的问题）、小要因与中要因间要有原因—问题关系，小要因应分析至对策。

（5）当某种原因可同时归属于两种或两种以上因素时，以关联性强者为准。

（6）选取重要原因时，不应超过 7 项。

（7）绘图时，应保证大骨与主骨成 60°夹角，中骨与主骨平行。

遇到问题，应该从哪方面着手？以下三种方案可供选择。

1. 5M1E（人/机/料/法/环，主要适用于生产环境，如制造企业）

（1）人（man）：包括员工技术熟练程度、身体状况以及对产品的认识等。分析角度包括是否为技能问题，制度是否影响人的工作，是否为选人的问题，培训是否不够，技能是否不对口，人员对公司是否忠诚，有无责任人，员工是否会操作设备，员工是否适应环境，员工是否明白方法、员工是否认识商品、持证上岗等。

（2）机器（machine）：包括机器设备的状态和维护保养情况等。分析角度包括选型是否正确，是否存在保养问题，给机器的配套是否对应，操作方法是否正确，机器放置的环境是否合适，有无完整的设备管理办法，制度是否有效实施，有无维修检定计划，各相关记录是否完整准确，机器设备工作是否正常等。

（3）材料（material）：对仓库来说，主要指产品。分析角度包括产品有无质量问题，型号是否正确，有无保质期，入库是否已检验，不合格产品管理是否严格，产品进出、存储过程能否追溯等。

（4）方法（method）：包括业务流程及操作规范等。分析角度有是否按方法做的，是否看得明白，写得是否清楚，方法是否适合，方法在这个环境下是否可行等。

（5）测量（measurement）：对仓库而言，可以理解为产品清点、盘点、运营数据的收集等。分析角度包括方法是否标准、正确，数据收集是否完整及时等。

（6）环境（environment）：包括工作地点的温度、湿度、照明条件等。分析角度包括环境是否改变，光线、温度、湿度是否已考虑，是否安全，产品摆放是否合理，设施布置是否合适，是否符合 6S 管理要求等。

2. 人/事/时/地/物（适用于管理问题）

（1）人即对象：角度有什么人、什么公司、什么团队、什么单位等。指遇见问题要先了解对象是谁，是什么人、什么单位、什么团队等。

（2）事即事件：分析角度有什么事、多少事等。指遇到了什么情况，与什么因素相关联，能不能用其他方法来化解等。

（3）时即时间：分析角度有时间长度值、开始时间、结束时间、总时间等。指问题预计要多长时间、什么时候开始、什么时候结束等。

（4）地即环境：分析角度有地方、氛围、位置、周边环境等。

（5）物即资源：分析角度有缺乏什么资源、有什么资源等。

3. 5H2W

（1）What。角度包括是什么、目的是什么、做什么工作、条件是什么、有哪些工作要做、重点是什么、与什么有关系、功能是什么、规范是什么、工作对象是什么等。

（2）Why。角度包括为什么、为什么要这么做、原因是什么、为什么造成这样的结果、为什么采用这个参数、为什么不能有响声、为什么停用、为什么非做不可等。

（3）When。角度包括何时、什么时间完成、什么时机最适宜、何时安装、何时销售、何时是最佳营业时间、何时工作人员容易疲劳、何时产量最高、需要几天才算合理等。

（4）Where。角度包括何处、在哪里做、从哪里入手、从何处采购、什么地方可以作为分仓、安装在什么地方最合适、何地有资源等。

（5）Who。角度包括由谁来完成、谁负责、谁来办最方便、谁可以办、谁被忽略了、谁是决策人、谁是受益人等。

（6）How。角度包括怎么做、如何提高效率、如何实施、方法如何、如何做省力、如何做最快、如何做效率最高、如何改进、如何避免失败、如何发展等。

（7）Hou much。角度包括多少、做到什么程度、数量如何、质量水平如何、费用如何、指标多少、成本多少、输出功率多少、效率多高、尺寸多少、重量多少等。

除上述三种方案外，还有一条规则，即麦肯锡公司倡导的 MECE①：不重叠、不遗漏。MECE 指将某个整体（无论是客观存在的还是概念性的）划分为不同部分时，必须保证各部分之间相互独立、完全穷尽。

① Mutually Exclusive Collectively Exhaustive。

第九章

见此图标微信扫码
从零开始学做物流经理

团队组织建设

一、员工招聘

仓储部门员工的流动性比较高，为补充新人，物流经理需组织招聘活动，并甄选合适的人选。

1. 确认对方的工作兴趣

请应征者用1分钟介绍自己。

你认为该职位包含哪些职责，你为什么申请这一职位？

你为什么觉得自己具备这一职位的任职资格？

关于这一职位，你不会做的3件事是什么？

你对薪资的要求是多少？

你对本企业有哪些了解，为什么要应聘这一职位，你期望从这份工作中得到什么？

在接下来的1~3年里，你的职业目标是什么，如何达成这些目标？

你喜欢团队合作还是单独工作，什么可以激励你更好地工作？

你认为工作上的进步能否代表你的能力，为什么？

2. 了解面试者的工作状况

你现在有工作吗？

如果在职，为什么申请这个职位？

什么时候能到公司报到？

3. 审查面试者工作经历

依据求职者的个人简历，至少追溯其5年工作经历。

当前（或上一个）工作是在哪家单位？具体时间。

当前（或上一个）职位是什么？

你的工作职责是什么?

你在该企业中一直从事同样的工作吗?如果不是,请描述从事的工作、工作时间以及承担的主要职责。

对于目前的工作,你最喜欢哪方面,最不喜欢哪方面,最令你沮丧的是什么?为什么?

你的起薪是多少,现在收入是多少?

为什么要离开,为什么现在离开,提交离职申请了吗?

你在上一份工作中发挥了哪些长处,有什么不足?

之前的主管认为你在哪方面有欠缺,对方是如何帮助你的,又是如何评价你的工作绩效的?

和主管意见不一致时,如何解决,请举例说明。

上一份工作中遇到的最大困难是什么,你是如何解决的,结果怎样?

我们可以和你的上一家工作单位联系吗?

如果求职者各段就业经历之间有间隔,应当向求职者询问具体情况。

同时,要注意应聘者工作变动及频率,了解原因,找出其更换工作的动机。比较求职者的回答和其简历是否有不一致的地方。

4. 了解面试者的教育背景

接受过哪些有助于从事该项工作的教育或培训?在职业选择和职业生涯发展方面有哪些考虑?

介绍一下你的专业和方向。

5. 询问面试者的业余活动

业余时间你喜欢做什么,有兼职工作吗?

说说你的日常娱乐活动和喜欢的体育运动。

6. 个人问题

是否可以出差,最长可接受多长时间?

是否可以加班,如何看待周末上班?

你对所申请职位的职责有什么疑问吗?

你认为自己有哪些优点和缺点?举例说明。

7. 观察面试者的行为

观察应聘者行为、着装。

观察应聘者面试过程中的肢体语言。

应聘者的简历是否整洁、内容有无错误。

面试结束后，需对求职者表现进行评定，4 分是最高分，0 分是最低分，员工面试评估见表 9-1 所示。

表 9-1　员工面试评估

		0 分	1 分	2 分	3 分	4 分	评语
个人特征	外貌						
	行为、举止						
	语言表达						
	与面试官的合作						
工作相关特征	相关经历						
	工作知识						
	人际关系						
	有效性						

注：优秀 4 分、良好 3 分、合格 2 分、基本合格 1 分、不合格 0 分。

物流经理参加招聘会时，需注意以下事项。

（1）谈话过多，妨碍有效信息的获得。

（2）对求职者的提问不统一。

（3）问题与工作无关，或关系很小。

（4）影响求职者充分发挥。

（5）对求职者的评价过于草率。

（6）第一印象影响最终评价。

（7）受求职者的影响大。

（8）对求职者的评价过于宽泛，如优秀（过于宽大）、一般（有集中趋势）或较差（过于严厉）。

（9）以偏概全，不够客观。

（10）理性对待不同求职者的表现。

（11）基于个人喜好评价。

（12）封闭式提问，暗示求职者。

（13）不可审视求职者。

（14）态度不可傲慢或漫不经心。

（15）要专心倾听求职者的回答。

（16）重复求职者对问题的回答，以便于了解求职者的观点和感受。

二、员工激励

日复一日地机械工作难免会让人厌倦、疲乏，即所谓的“职业倦怠”。

帮助员工克服职业倦怠，激发员工工作热情和动力，是仓储管理者的重要职责。针对员工具体情况，可采取相应措施。

1. 岗位挑战性不强，员工动力不足

仓储工作机械、单调，缺乏挑战性，员工容易倦怠。针对这个问题，可以采取以下措施。

（1）在确保绩效的前提下，鼓励员工以其喜欢的方式工作。

（2）提供轮岗或调岗机会。

（3）鼓励员工分享个人经验，给予适当奖励。

（4）组织仓储技能大赛，如分拣比赛、装箱比赛等。

（5）成立工作改善小组，针对具体问题进行讨论，提出解决方案。

（6）实施灵活的休假制度。

2. 职业成就感低，个人价值难以体现

这里的“价值”不仅指收入和地位，还包括成就感等。针对这一问题，可采取以下措施。

（1）结合 6S 管理，优化工作流程，消除冗余环节，提高工作效率。

（2）减少批评和消极回应，积极回应员工提出的问题或异议。

（3）分派有挑战性的任务，员工表现出色时及时给予奖励，增强其成就感。

（4）对自主性强的员工充分授权。

（5）为员工提供展示能力才华的机会和场合。

3. 部分员工技能不达标，考核难合格

部分员工虽然工作态度积极，但是绩效难以达标。对此，仓储管理者应采取以下针对性措施。

（1）指定业绩优秀的员工进行一对一帮扶。

（2）确定各岗位的技能要求，按岗位培训，确保员工达标。

（3）调岗。

（4）做好知识管理，鼓励大家互相学习，提升工作技能、技巧。

在激励员工、消除职业倦怠方面，岗位轮换是一种非常有效的措施，至少可以解决以下 3 方面问题。

1. 减少抱怨

通过轮岗，消除本位主义或小团体主义，帮助员工全面了解其他岗位的工作，减少抱怨。

2. 增加技能

仓库各区域一般按照品类划分，不同品类的产品管理要求不同，管理方式也存在差异，如灯泡和皮带，其货位的摆放方式就不相同。轮岗可以让员工熟悉不同产品的要求及其管理方式，进而提高工作技能。

3. 发现问题

一个仓储区域长期由固定人员负责，往往容易产生问题。如某些产品库存不准确，基于免受追责的考虑，负责人倾向于隐瞒不报。时间一长，积少成多，小问题也会变大问题。若及时组织员工调岗轮岗，这类问题很容易避免。

轮岗分为两种：一种是个别员工调整岗位；另一种是区域性调整，即区域内所有人均要调整。

岗位调整后，要进行仓库盘点，双方在盘点表单上签字确认，进行正式交接。交接后若出现库存差异，由接管人员负责；而盘点前的库存差异，由原负责人跟踪处理。

三、岗位职责

实行分区管理，核定员工的岗位职责。一般而言，物流部门的工作职责主要包括以下事项。

1. 仓储管理

（1）商品验收入库、仓储保管、发货配送等，确保物资交付，满足客户需求。

（2）制订盘点计划并执行，确保商品库存数量的准确性。

（3）存储安全管理，确保商品及作业工具设备等安全。

（4）仓储规划、仓库设计、货位管理、条码管理等。

（5）门店（客户）退货验收及入库。

2. 物流配送

（1）到货运公司提取到货、发货等。

（2）协调货运公司上门取货，进行货物交接、差异处理。

（3）综合协调仓库发货进度，向门店及时反馈发货信息。

3. 理赔管理

（1）门店报废产品接收、验收入库及登记。

（2）门店理赔产品保管、返还供应商。

（3）部分产品的初步理赔鉴定。

4. 其他工作

（1）制定并完善本部门各项工作流程及管理规定。

（2）仓库员工食宿、考勤管理等行政事务。

（3）物流车辆管理。

（4）领导交办的其他临时性工作。

依据部门职责，仓库岗位可划分为7类：库管（仓管）组、装箱（含复核）组、配送组、订单处理组、装卸组、理赔组、员工食堂，据此可绘制组织架构图，见图9-1。

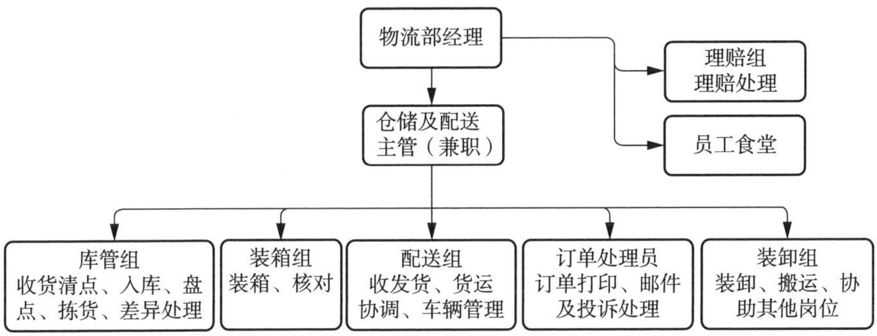

图9-1 物流部组织架构

要确定员工的岗位职责，先要进行工作分析。对于职责较为简单的岗位，可让员工先行填写工作调查表，整理、汇总编写岗位说明书。对于各员工，需要了解的信息包括：①工作综合目标；②工作具体内容描述，包括日常职责、定期职责、不定期职责、履行职责时间、针对当前的工作安排、有无异议；③文化程度；④经验要求；⑤所需技能；⑥所需机器、工具、设备。

依据相关信息，编制各岗位工作职责说明，以库管员为例。

1. 到货入库

（1）到货卸车，清点数量。若货运公司需要回单，当时点清或留下回单，出具收条；若需当时签单，则需观察货物外包装是否完好，并在备注栏注明“外包装完好，内物不详”字样。

（2）清点货物时需注意整箱货物二次封箱的情况（是否有破损、数量差异）；散箱必须仔细清点，明确是否有压坏、生产日期过长等问题。如有破损，应及时向采购部门说明以便索赔；如有数量及型号差异，需通报采购部门。

（3）到货清点完成后，以到货清单与打印的入库单核对，需特别留意相近型号。实际到货与入库单不符的，需用醒目标识标记，避免订单处理员错误入库；入库后需向采购负责人说明情况。

2. 发货出库

（1）门店发货。按照拣货单编号由小到大依次进行，发货时需留意型号相近商品，避免混淆。与其他库区协同的，不得影响装箱岗位工作进度。

（2）客户发货。发货时需留意货物的新旧程度、包装是否完好，不发包装破损、老旧包装货物，同一商品包装一致。

（3）无法发货商品，需于拣货单上标识；发货完成后，需于拣货单上签名。

3. 存储管理

（1）按库区制订盘点计划及时盘点，每月务必盘点一次，盘点结果上报分管仓储主管。

（2）发现库存差异需在一个工作日内进行处理，不得瞒报；不能发货的商品，应及时通报物流经理报废。

（3）货架需定时补货，放错货位的需及时规整，同一种商品不得放置超过两个位置；保证库区通道畅通，便于取货及先进先出方式作业。

（4）负责库区的卫生工作，定期清理商品上的灰尘。

4. 退货处理

（1）退货按规定时限处理，清点时需打开包装逐一检查，确认商品完好。

（2）实际收到退货，要与 ERP 系统审核通过的退货单比对，未批准退货的商品直接返回发货人；不能接收的商品经物流经理审批后退回门店。

（3）依据实收商品数，核对 ERP 系统中的退货单，明确标识差异，提请订单处理员办理入库并核对入库单。

仓库员工岗位职责说明书如表 9-2 所示。

表 9-2 仓库员工岗位职责说明书

<table>
<tr><td rowspan="3">岗位基本信息</td><td>岗位名称</td><td></td><td>职务等级</td><td></td><td>标准编制</td><td></td></tr>
<tr><td>行政上级</td><td></td><td>直属下级</td><td></td><td>同级替代人</td><td></td></tr>
<tr><td>业务上级</td><td></td><td>其他下级</td><td></td><td>其他替代人</td><td></td></tr>
<tr><td rowspan="5">工作职责以及内容</td><td>职位概要</td><td colspan="5"></td></tr>
<tr><td>（1）</td><td colspan="5"></td></tr>
<tr><td>（2）</td><td colspan="5"></td></tr>
<tr><td>（3）</td><td colspan="5"></td></tr>
<tr><td>……</td><td colspan="5"></td></tr>
<tr><td rowspan="3">工作权限</td><td>（1）</td><td colspan="5"></td></tr>
<tr><td>（2）</td><td colspan="5"></td></tr>
<tr><td>……</td><td colspan="5"></td></tr>
<tr><td rowspan="2">考核标准</td><td>行为考核</td><td colspan="5"></td></tr>
<tr><td>业绩考核</td><td colspan="5"></td></tr>
<tr><td rowspan="4">协作关系</td><td>（1）</td><td colspan="5"></td></tr>
<tr><td>（2）</td><td colspan="5"></td></tr>
<tr><td>（3）</td><td colspan="5"></td></tr>
<tr><td>……</td><td colspan="5"></td></tr>
<tr><td rowspan="8">入职条件</td><td>学历要求</td><td colspan="5"></td></tr>
<tr><td>经验要求</td><td colspan="5"></td></tr>
<tr><td>知识技能</td><td colspan="5"></td></tr>
<tr><td>语言能力</td><td colspan="5"></td></tr>
<tr><td>电脑能力</td><td colspan="5"></td></tr>
<tr><td>年龄要求</td><td colspan="5"></td></tr>
<tr><td>性别要求</td><td colspan="5"></td></tr>
<tr><td>其他要求</td><td colspan="5"></td></tr>
</table>

四、薪酬管理

员工薪酬待遇若与市场平均水平差距太大，势必引起团队不稳定，员工离职率上升。但是，若大幅提高员工工资，又会增加费用支出。

为此，不妨小步快跑，定期加薪、控制幅度。以水西汽配公司为例：员工加薪周期为 8 个月，每次每人基本工资最高上浮 5%，调整依据是员工月考核成绩。符合加薪条件员工，通过测评考试，达到60分（含）者，基本工资增长标准如表9-3所示。

表9-3 基本工资增长标准

序号	绩效考核成绩	基本工资增幅/%
1	至少5次（含）优秀	5
2	至少5次（含）良好	3
3	至少4次（含）合格以上	2
4	至少3次（含）合格以上	1
5	其他	0

每一个加薪周期，根据前6个月绩效考核成绩确定调薪幅度，第7个月发布考试通知，督促员工学习，第8个月组织考试。考试内容包括以下两部分。

（1）客观性试题（填空、选择、判断等）：考查员工学习仓库规章制度的情况，一般35道试题，满分70分。

（2）主观性试题：征集员工意见、建议、要求等，一般3道试题，每题10分。

通过这种方式，一是让员工在“诱惑”下认真学习仓库的规章制度；二是可通过员工提交的主观性试题答卷，了解其对仓库工作的意见和要求；三是定期加薪，对员工有较好的激励作用，有利于稳定团队。

除了定期给员工提薪外，若条件允许，可施行以下福利制度。

（1）解决员工一日三餐。

（2）实施灵活的休假制度，员工可根据需要随时休假，日后补足上班天数即可；员工病假发放50%基本工资；实施年假制度（按工龄5~15天不等）。

（3）转正员工交纳“五险一金”，为每位员工购买人身意外保险。

（4）免费为外地单身员工提供住宿，并报销水、电、有线电视费。员工宿舍配置全自动洗衣机、空调。

（5）员工生日加发1天工资；三八妇女节女员工加发半天工资。

（6）公司成立周年纪念日当天上班员工发放3倍工资；员工入职周年赠送图书1本。

（7）每年两次休闲旅游，含聚餐，每人每次预算200元，可带家属；每年冬季购置礼品1份，如棉衣或棉鞋。

（8）暑季发放高温补贴；春节与中秋节发放过节费，每人不少于200元；

年底发放年终奖。

（9）不定期组织开展团队建设活动，1~2个月全员聚餐1次。

（10）及时发放劳保用品，如毛巾、手套、工装等。

（11）主管人员每月可报销电话费，以100元为限，超支自付。

员工薪资与其资历不匹配甚至倒置是很多企业都存在的问题，易引发老员工的不满。为此，可采取以下应对措施。

（1）增加工龄工资。设定从某年开始，每人每月增加工龄工资××元，逐年递增。

（2）提请人事部门进行薪资调查。通过专业机构进行行业薪资调查，结合调查结果对工资较低，特别是参加工作时间不足3年的员工一次性调整工资标准，与市场接轨。

（3）对中层管理者或核心员工进行补助。如提高主管补贴金额，由原来的200元提高至500元。岗位补贴绑定职位，在岗即发，离岗就停。

（4）执行定期调薪制度。除沿用之前的调薪规定，增加补充两点：一是每3年将仓库管理人员的工资与市场同类岗位薪酬水平进行比较并评估；二是对调薪比例进行调整，适当向老员工倾斜，如自当年起，工作满2年的员工最高增幅5%，工作满4年的员工最高增幅6%。

（5）逐步建立以岗位为基础，能力和绩效为导向的工资管理制度。改革现有工资制度，将岗位职责要求细分，增加岗位技能工资，根据员工技能达标情况核定基本工资。

（6）照顾特殊情形，新老政策并行。新员工新政策，以员工的能力和绩效为基础进行设计。老员工老办法，逐步向新办法过渡。

五、化解“员工荒”

作为用工大户的物流行业，“工人招不来，员工留不住”的问题正考验着企业的决策者。为解决这一棘手问题，不妨从以下几个方向着手。

（1）及时向人事部门通报员工情况，及早招聘。

（2）鼓励员工推荐亲朋好友入职，对推荐成功者予以奖励。

（3）对于技术要求不高的工种如装卸、搬运、封箱、上架等，可招募钟点工补充。

（4）提倡仓储各区域间互相协作，并提高激励标准。规定凡有余力协助其他区域者，可以双倍工资奖励。

（5）对于时间紧、任务重的工作，可安排晚间集体加班。但频率要控制，最多一周一次。

（6）提高员工的工资标准，或通过专项考核增加其收入，以保证在岗员工不受或少受离职者影响。

（7）增发全勤奖，鼓励员工减少请假天数。

在确保员工稳定的前提下，合理评估用工成本，力争在用工效力上下功夫。具体如下。

（1）控制成本。降低人工成本，取消计划外福利开支，控制人工成本总额。例如，因人员增加，各区域、各小组人均工作量相对减少，则需要加强绩效考核力度。

（2）内部培训。组织开展员工培训，不断提高员工职业素养，提升工作技能。

（3）小组管理。根据工作需要，组建临时性工作小组。例如，①盘点小组。负责推广交叉盘点，督促各区域盘点进度，各区域间相互协助。②积压退货处理小组。负责监管积压退货处理进度，根据优化的工作流程，提出改良建议等。

六、人员外派

管理者要努力提升员工个人能力，对于有能力、有想法、工作兢兢业业的员工，要想方设法发掘机会，为其提供更广阔的施展空间，同时提高其薪资水平。外派就是一个锻炼员工的好方式。

仓库对于外派的人员，要提前谋划。要对候选人进行强化培训，让其熟悉仓库的所有业务，包括库管、装箱、装卸、配送等环节都要亲历一遍，并就规章制度的制定、办公软件使用、ERP 系统操作等方面做专项辅导。

同时，物流经理要提前设计外派人员的管理考核方案，具体如下。

1. 工作定位

（1）对异地仓库库存的准确性、安全性负全部责任。

（2）业务受总公司指导，绩效考核由总公司负责，并接受当地子公司负责人监管。

（3）异地仓库负责人不参与具体销售业务，不直接接触终端客户。

（4）从进货卸车开始，直至货物离开仓库，异地仓库负责人负责其间所有环节的协调管理。

（5）不独立授予异地仓库负责人 ERP 系统的入库、出库权限，盈亏调整、商品自用、报废等操作权限除外。

2. 岗位职责

（1）以中心仓库现行规章制度与业务流程为基础，结合异地仓库情况进行适当调整与优化，并确保顺利实施。

（2）负责当地仓储人员培养、管理、考核。

（3）控制收货（到货清点、入库）、发货（按单拣货、装箱复核）流程关键环节，保证库存数量准确，严格控制库存差错率。

（4）组织员工按照发货规范及时备货；协调第三方物流，保证货物按时发出。

（5）客户退货的管理，包括清点、检验、入库等。

（6）每月按计划盘点库存，采用循环盘点方式，以实际盘点单为依据，及时处理库存差异。

（7）仓储规划与方案实施，仓储费用控制。

（8）仓库防火、防盗、防雷、防水等安全及卫生管理。

（9）上级交办的其他临时性任务。

3. 工资构成

（1）基本工资、考核工资。

（2）其他补贴：电话费（额度控制、实报实销、超额自付）、住宿费（每月补贴××元，不提供住宿）、交通费（每月报销一次往返探亲交通费，凭票报销）。

4. 考核方案

基本工资固定，绩效考核方案只影响考核工资。绩效考核分月考核、季考核，分别占比 70%和 30%。外派仓储主管考核方案如表 9-4 所示。

（1）月考核工资核算方法：月考核工资=考核工资基数×70%×考核得分/40（满分 40 分）。

表 9-4　外派仓储主管考核方案

考核项目	考核内容	考核指标	评分人
入库及时率	到货商品（包括客户退回的货物）能否做到及时清点、入库	满分为 5 分，未达要求，每发现 1 次扣 1 分	当地子公司负责人
发货及时性	订单截止时间为冬季 16：00、夏季 16：30。当月所有应发货是否及时备货并发出，无特殊情况不积压订单	满分 10 分，符合发货条件的订单每积压 1 单扣 1 分（放假期间不扣分）	当地子公司负责人

（续表）

考核项目	考核内容	考核指标	评分人
库存差错率	库存盈亏是否控制在规定范围以内，计算公式：库存差错率=（商品盘盈金额绝对值+盘亏金额绝对值）/平均库存金额×100%	库存差错率控制在万分之四以内，予以0~10分奖励；库存盈亏金额在规定范围外，每增加100元扣1分	总公司
	库存抽查结果	满分6分，当地子公司负责人每月抽查库存（未抽查视为无差异）；若发现差异，每种商品扣1分	当地子公司负责人
	自主退货情况	满分为4分，每发现1种商品出现自主退货扣1分	当地子公司负责人
货物保管	货物能否先进先出	商品未按先进先出，每发现1种扣1分	当地子公司负责人
卫生状况	卫生达标情况	0~5分	当地子公司负责人

（2）季考核工资核算方法：总公司每季度巡视未发现问题，则发放剩余的30%考核工资。

5. 远程监控问题

1）日常工作

（1）每周撰写周报上报物流部经理。

（2）每月考核项目，由所在地子公司负责人评分并汇报物流部经理。

（3）外派多人时，可集中安排休假，届时中心仓库须召集物流部各主管听取汇报，协调、解决存在的问题。

（4）安装远程监控设备。

2）总公司监管工作

（1）物流部经理须不定期联系当地子公司负责人，了解外派人员工作表现。

（2）每季度全盘当地库存，检查仓库现场。

（3）建立重大事件及时上报制度，重大事件包括但不限于工伤、交通事故、库存差异金额超500元等。

七、授权管理

很多情况下，管理者应适当向下授权，让最了解情况的人进行决策。

管理者要针对常规性工作制定规范或业务流程，用制度管人。对于反复出现的问题，可探究背后的原因，设计流程或提出新的制度；而不是事事请示，如此既浪费时间，也不利于发挥员工的主动性。

举例来说，以下工作即可通过授权解决。

（1）员工请假 2 天以内，由工作现场的仓储主管审批（3 天及以上物流经理审批）。

（2）员工借用仓库车辆，由负责管理加油卡的主管审批，并通报物流经理。

（3）门店使用哪家物流公司由配送主管确定。

（4）超时急件订单由负责运营的仓储主管处理。

（5）仓库发货差错，由订单处理员负责。由其复核账面和实际库存，经配送人员确认货物是否发出，并给出处理意见。

管理者的主要职责是处理例外事件，以及费用、员工绩效等问题，如员工考核、人员岗位调整、费用管控等。

授权要做好监管，相对完善的规章制度是授权的前提和保证。此外，要防范失控风险。

向下授权是为了分担管理者的工作压力，但在某些情况下，责任却会从员工转移至管理者。

笔者就亲身经历过这样的事。仓库有一批货物要退回供应商，双方需要确认一些信息，包括打包要求、单据要求、接收标准等。这些信息应由仓库员工与采购部门确认，再由采购部门与供应商确认。

仓库员工来向笔者请示："退给供应商的货物都查点清楚了，怎么装箱？返厂的具体时间也需要落实。"

笔者随口道："我来找他们确认，再告诉你。"

其实，这个问题很容易处理，可以吩咐下属按照以往的流程处理，联系供应商。但笔者却直接应承了下来。后来因为忙于其他事务，一直没顾得上去协调，问题没解决，该员工隔一阵子就过来问：

"您联系得怎么样了，什么时候可以退货？"

"供应商那边有什么要求吗？"

"时间过得好快啊，这都周四了，再不退货就没有空间放新货了。"

"您得抓紧啊！"

奇怪的事情就这样发生了，笔者做了仓库员工该做的事，却需要向仓库员工反馈进度。

威廉·安肯三世在其所著的《别让猴子跳回背上：为什么领导没时间，

下属没事做?》一书中，描述了很多类似场景，并把应该由下属承担的责任形象地称为“猴子”。

面对这种情景，管理者要抵住诱惑，不要指望通过完成具体事情而证明自己，获得满足感。否则，就会承担越来越多本该由属下员工解决的问题，进而让属下成为监督者，向自己要进度。如此，管理者就会迷失在属下员工的“猴群”里，再也找不回自我，陷入经典的管理难题：领导没时间，下属没事做。

要逃脱这个魔咒，关键要甩掉“猴子”。管理者要时刻提醒自己，当下属员工求救时，他所寻找的不是一个解决方案，而是一个解决问题者。

管理者要做的是训练帮扶下属员工，牢记“下一个步骤”一定得由下属自己来完成，让下属意识到其可以寻求帮助，但必须把带来的问题带走，自己去解决。管理者千万不要因为做起来顺手、方便或者为了体现能力，自愿接受下属的“猴子”，接受下属的督察。

在下属遇到问题提问时，管理者应尽量多给方向，少给方案。切忌一竿子捅到底，导致员工越来越依赖：播种责任，收获独立；播种帮助，收获依赖。

管理者的贡献来自判断力与影响力，其很多情况下扮演的是教练角色，目的在于培养下属的能力。若时时为下属解决具体问题，不给其锻炼、成长的机会，其能力提升就会成为一句空话。

八、沟通之术

杰克·韦尔奇说：“管理就是沟通、沟通、再沟通。”实现高效沟通，把话听清楚、说明白却不是一件容易的事儿，需要在沟通过程中遵循一些规则、掌握一些技巧。

1. 两个人短时间聊天，不是沟通

两个人坐在一起讨论十分钟、八分钟，属于传递信息，算不上沟通。要成功地影响员工至少需要 1 个小时以上。管理者要与员工讨论一项工作计划或评估员工绩效则需要更多的时间。谈话多了就没有新意，少了则无法谈透重要问题，想说的事情无法说清楚。

2. 有效的沟通要选择合适的环境

如果有一天员工突然被领导单独叫到办公室，这时领导若和颜悦色地说：“啊，这个，今天叫你来，主要是听听你对当前工作有什么意见和建议，有什么不满意的地方。”想必一般人也不会说出什么意见和建议。这种情况下的沟

通，其实是无效的。

3. 让员工把抱怨说出来

给员工增加工作量往往是一件很麻烦的事，不是指一次性任务，而是指长期的工作分工。如A区以前管理10个品牌，现在公司拓展产品线，需要给A区增加2个品牌产品。诸如此类的事项，如果只是在开会的时候通报一下，A区的员工一般会抵制："哎呀，领导，我们现在很忙啊，再加任务实在不行啊……"

针对这种问题，可以组织相关人员开小会，开门见山地告诉大家："公司领导指示马上要增加新产品，目前其他区域没有货位，必须放到你们这里。大家开始说说吧，诉诉苦，把困难提出来。"让大家尽情地说，把不满、牢骚都讲出来，承诺一些优惠政策，如派其他员工协助，或给相关人员加点工资、补助，一般情况下往往能够解决问题。

4. 员工自己承诺的任务容易完成

人人都有言行一致的愿望。买了一注彩票，就会觉得它与众不同，坚信自己的选择没错。在有效的沟通中，特别是分派任务时（这里指一次性任务），最好让员工自己做出承诺，提出完成的时间点。员工一旦主动做出承诺，就会不自觉地把该任务的优先级提高，努力去完成，以显示自己言行一致。

5. 学会倾听，不要训话

有些繁体字很有意思，如"聽"字，可以解释为"耳听为王，一心十血"。这意味着倾听非常困难，不容易做到。在沟通中，特别是和员工沟通时，往往领导说得多，员工说得少，这其实是训话。要想办法让员工把话说完，把想说的说出来，而且要注意其中是否有弦外之音。人只有一张嘴，却有两只耳朵，就是让我们多听少说。

除了部门内部，还有平行部门之间的沟通。部门间总会有磕磕碰碰的时候，无非是前一环节进展不力影响后续工作，或因上一阶段失误给下一操作步骤带来麻烦等。仓库员工在遇到类似问题时，工作经验欠缺者总喜欢上纲上线，如指责某某人总是出错，业务能力太差。如果总是指责、批评，很容易激化部门间的矛盾，小事变大。所以，员工反馈问题时务必要提供实例和证据：时间、责任人、事件、单据号、处理过程、影响等，做到有理有据。

有时员工表面上抱怨、指责协作部门有问题、工作不力，目的可能是在向领导邀功："我在其他部门不配合的情况下，克服了重重困难，终于把这个任务顺利完成了。"这种情况管理者要善于区分。

员工反馈需要其他部门处理的问题，可以借助协调会议解决，具体如下。

1. 通过协调会议提高问题解决速度

召开协调会议需要相关人员到场。部门经理当着诸多员工，出于自尊心，现场要提出明确的处理方案或解决时限承诺，本来不愿意解决的问题（如加大本部门劳动强度），也会努力寻求改善。协调会议最好邀请公司领导参加，即便只是开个场，效果也会大有不同。会后把纪要发给领导，虽然领导可能没时间看，但威慑力依然存在，后续就可以根据所列的待办事项进行督办，不存在跨部门越级指挥的嫌疑了。

2. 协调会是让员工诉苦、释放怨气的有效途径

虽然问题没有马上解决，但是相关人员把不满说出来，也是一个不错的减压方法。工作中例外情况较多，很多问题难以一次性解决，通过协调会议可对相应责任人施加压力，让其更加重视类似问题。有些事情没必要分出对错，冲突过于激烈易导致员工间关系紧张，工作更难做。另外，有些问题可能只是误会导致，面对面说开了也就解决了。

3. 参加会议的员工会感觉受到尊重

参加协调会议的员工作为代表，可与企业领导商讨不易解决的问题，这变相承认其工作成绩及重要性，是对员工的一种认可。

4. 展示本部门工作成绩

定期召开协调会议，可以向公司高层传达一个信息，本部门已经发现问题并正在努力解决；有些工作没做好不是部门内部的原因，而是因为其他部门配合不好。

九、仓储主管的能力提升

提升仓储主管管理技能，使其协助物流经理做好仓储管理意义重大。一般而言，仓储主管要具备以下 4 方面能力，如图 9-2 所示。

1. 仓储管理技能

打铁还需自身硬，仓储主管对仓库的各项工作要了然于胸，要熟悉各种业务的工作流程，掌握每个岗位的作业标准和操作要求。唯有如此，出现状况时，才能及时、有效地解决问题。

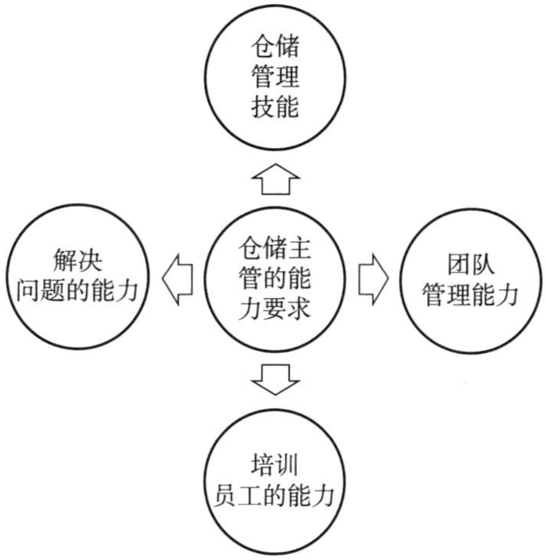

图 9–2 仓储主管的能力要求

2. 团队管理能力

没有完美的员工，只有完美的团队。仓储主管要带好团队，首先要以身作则，用行动影响员工。

3. 培训员工的能力

员工是企业最宝贵的资产，仓储主管要组织开展各种符合岗位实际要求的培训活动，帮助员工提升岗位技能，使团队达到绩效目标。

4. 解决问题的能力

管理工作没有最好，只有更好。仓储主管必须秉承持续改善的理念，致力提升现场的管理水平。仓储主管首先要能发现问题，并分析问题、解决问题。

提升仓储主管的管理能力，可通过授权实现。为此，要维护仓储主管的权威。

有新员工入职时，仓库可安排仓储主管负责基础培训。仓储主管要有耐心、循序渐进，不可急于求成。

仓储主管要通过与员工一起解决问题，提升团队意识，获得员工的认可与支持。仓储主管可借鉴以下流程，团结带动团队解决实际问题，提高解决问题的能力。

（1）明确问题，并记录。

（2）由仓储主管作为组长，组建团队。

（3）通过现场观察或“头脑风暴”会议，让每个成员提出建议和方案。

（4）由仓储主管收集大家的意见，分析形成解决方案。

（5）由仓储主管组织安排方案试验，基于结果再讨论、确认方案是否有效。

（6）确定最后方案。

（7）对相关人员进行培训。

（8）形成新的工作标准，并定期抽查执行结果。

十、团队建设

团队建设可理解为团队的打造，具体到仓储管理就是划分现有员工层次，形成梯队，采用不同方式或策略培养或管理。实践中可以按以下方式开展团队建设，简称“团队建设五步曲”。

1. 识人

仓储经理要对员工有清晰的认知，包括员工的脾气禀性、工作能力、爱好特长等，要充分了解，以便量才使用。观人、识人的方法较多，如孔子的“九征”识人术，诸葛亮的“观人七法”等。仓储管理者可通过以下方法观察了解员工。

首先，结合员工简历、业绩表现、潜力等，形成大概认知。

其次，观察员工的“心、脑、手和钱包”，了解员工。心，指员工的兴趣和爱好。脑，指员工的思维方式、习惯等。手，指员工的工作能力。钱包，指员工的利益追求、价值需求等，要让其和企业利益相结合。

当然，真正了解一个人还要求物流经理多角度、全方位进行观察、评价，并充分掌握信息，尽量避免受第一印象影响。

2. 划分

员工一般可分为四类：核心员工、骨干员工、基本员工、问题员工，如图 9-3 所示。

3. 培养

企业的资源是有限的，管理者受时间、精力限制，不可能对所有员工一样培养。工作中，可以运用二八法则，抓住和培养“核心员工”（若人数较少可以增加部分骨干员工），让其成为“火种”，带动更多的员工。实质就是借团队力量，加速人才培养，提升整个团队的绩效。

培养员工除了可采用常规的内部讲座、外出进修、工作轮换等方法，还可以在实战中锻炼核心或骨干员工。

4. 锻炼

耳听千遍，不如手过一遍；听别人说，不如自己动手，要让员工在实战

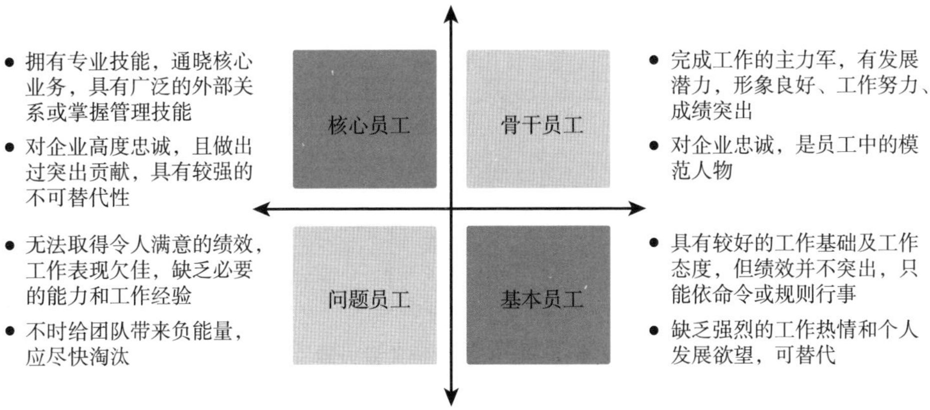

图 9-3　员工划分

中提升技能，总结经验。常用的锻炼员工方法有以下 3 种。

替补训练者：替补人员除要承担本职责任外，还要熟悉被替补人员的职责。一旦对方离职或调岗，替补者即可接替上岗。如其他职位出现空缺，替补者也可填补。

行动学习法：组织团队或小组，解决实际工作中的问题。团队需合作制定解决方案或计划，并组织实施。如企业新建一个异地分仓，即可派遣由几个核心员工组成的团队，从租赁库房开始，直至分仓投入运营，团队需要负责所有的组织、协调等工作。

定期研讨会：针对仓储管理中出现的具体问题，组织核心及骨干员工研讨改进解决方法，通过头脑风暴发挥团队智慧，不失为一种有效的培养方法。

5. 重用

对于核心员工，以及优秀的骨干员工，要给予成长进步的机会，让其多承担具体事务、参与日常管理工作，以便熟悉各部门职责，强化协作。

不同企业、部门、岗位和职责，团队建设的方式方法及策略不尽相同，需要管理者结合实际，有侧重地加以选择运用。团建可理解为团队的打造，具体到仓储管理就是确定继任者、核心力量、后备人才、信息渠道、外派人员、监督力量等，并施行不同的培养方案或管理策略，具体如图 9-4 所示。

1. 继任者

对继任者首先要考查人品。具体操作时，经常是同时培养两人以形成竞争态势。对于继任的候选人，要充分放权，除了人事、考核、对外沟通、财务外，具体的业务管理权限皆可下放，分工应各有侧重、不能重叠。同时，

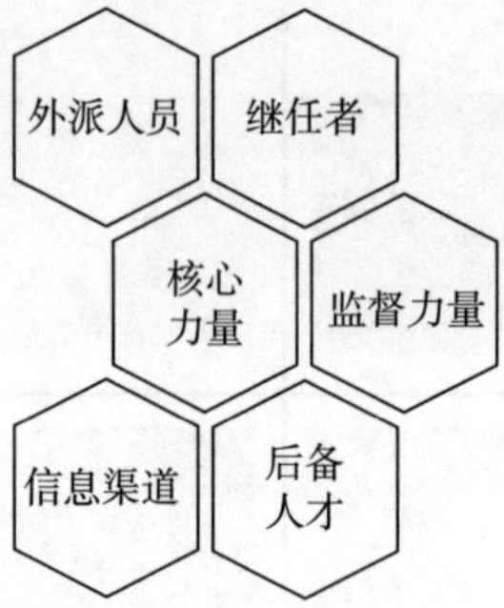

图 9-4　团队的六种关键力量

要定期组织会议，加强沟通，加深彼此间的了解，保持融洽的关系。

2. 核心力量

核心力量是团队的精英，每个岗位应着重培养 1~2 人。对于团队核心力量，一是要督促其掌握岗位技能，做好知识管理；二是给予适当照顾，让其尽快成长。

3. 后备人才

仓储管理者要善于发现员工中的后备人才，要重点选择可吃苦耐劳者，因为仓储工作以体力劳动为主。后备人才一般有学历要求，如不能低于中专等。学历不代表能力，但在同等条件下，学历高的员工在接受能力、学习能力等方面更有优势。此外，后备人才要与核心力量形成梯队，有一定的年龄差。

4. 信息渠道

可选择一部分比较活跃的员工，让其负责收集日常工作的相关问题及员工的心声。

5. 外派人员

外派人员学习能力要强，可依据工作需要随时出行。

6. 监督力量

要充分发挥老员工忠诚度高、责任心强的优势，定期询问其在工作中发现的问题和不足以便于改进提高。

第十章

见此图标微信扫码
从零开始学做物流经理

绩效考核模式

一、利润中心

仓储部门常被认为是典型的成本中心，只有支出，没有收入。实际上，且不考虑物流运作带来的时间、空间价值，仓储部门也具有不少能为企业带来收益的因素或基因。为此，仓储部门应注重开发这些有利资源，使仓储部门变成企业的一个“利润中心”。

1. 通过所掌握的数据，为决策部门提供支持

（1）根据实际出库情况，总结产品销售规律。

（2）通过计算产品的动销频率及到货时间，推算各类商品各阶段的合理库存量。

（3）通过分析门店退货频率及原因，筛选退货风险较高的商品，供采购部门参考，或向上游厂商集中反馈问题。

（4）通过分析退货来源，找出频繁退货的下游客户，评估客户质量，追查原因。

（5）监控滞销品。连续 3 个月以上没有动销的商品可归属于滞销品，滞销品不仅占用货位和资金，若不及时处理还会导致货物价值持续下跌。仓库可定期检测库存货品，上报滞销品，供采购部门参考。

（6）及时向销售部门通报不良品、临期品的情况，以便及早销售清空，腾出货位，回收资金。

2. 外包服务

仓储物流从业人员掌握较丰富的货运资源，与诸多货运公司有密切的联系。同时，仓库物流从业人员具备丰富的仓储管理经验。

基于以上条件，企业仓储面积充裕时不妨对外提供仓储外包服务，不仅

可获取一定的经济收益，有利于提高仓库员工收入，以稳固团队，而且可充分利用现有仓储物流资源，提高其使用效率。

3. 节约费用

零售行业的净利率一般只有 2%~3%。若按 3%核算，100 万元的费用就需要 3000 万元的销售额弥补。所以，企业要时刻注意节约费用，降低成本。具体到仓储部门，节约费用的有效措施如图 10-1 所示。

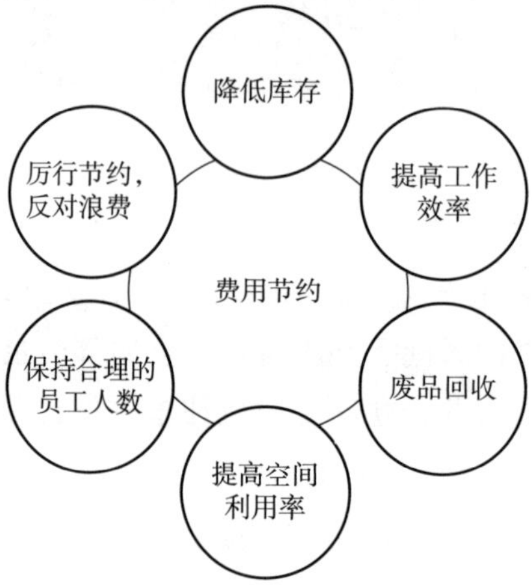

图 10-1　节约费用的有效措施

（1）降低库存。降低库存相当于增加周转资金，对企业的现金流顺畅有着至关重要的作用。要降低库存就需要根据实际库存量和需求量，在保证满足率的前提下，始终保有一个与市场需求相适应的存货量。总体思路是基于系统分析，从供应链角度综合考虑采购批量，确定采购次数。如少量多批，或根据精确的成本分析，大批量采购并及时促销出货以量取胜等。

（2）提高空间利用率。提高仓储空间的利用率，特别是充分利用高层货架特别重要。同时，如果商品包装在保证员工作业安全的前提下，不妨堆高，即使有货物损坏，也是可以接受的。

（3）提高工作效率。包括设置最近的搬运取货线路，开展标准操作技能培训，采用省时省力的小工具，分析各个环节，不断优化工作流程等。此外，对经常影响整体进度的岗位员工，需采取一定的经济惩罚措施。

（4）废品回收。对于仓储作业过程中产生的大量废弃纸箱、包装物、托盘等，在不影响服务质量的前提下，尽量做到二次利用，或出售回收资金。

（5）控制人力成本。人力成本在整个仓储成本中占有很大比例，所以需合理控制用工成本。

（6）厉行节约，反对浪费。日常工作生活中，要以节约为荣、浪费为耻。注意节约用水、用电。注意节约耗材，合理控制手套、圆珠笔、方便袋、胶带等耗材使用，减少办公费用。注意节约用纸。减少公用电话费开支，不用办公电话闲聊、办私事。注意节约粮食。爱惜车辆、叉车、地牛等器械，出现故障及时报修。

二、仓库审计

审计是由国家授权或接受委托的专职机构和人员，依照国家法规、审计准则和会计理论，运用专门的方法，对被审计单位的财政、财务收支、经营管理活动及其相关资料的真实性、正确性、合法性、效益性进行审查和监督，评价经济责任，鉴定经济业务，用以维护财经法纪、改善经营管理、提高经济效益的一项独立性经济监督活动。

仓库审计是对仓库中的各项工作进行检查、监督、评价，主要包括以下几个方面。

1. 员工管理

新员工都有仓库工作经历吗？新员工入职后，接受过相关专业培训吗？若是，有对应的考核吗？

存在因离职员工导致的安全风险吗？员工离职后，相关密码或钥匙是否更换？

有人才储备计划吗？新员工是否胜任工作？

新员工入职后需要多长时间熟悉仓库的相关工作，包括熟悉商品、货位、各类工作流程？

仓储管理人才储备如何？培养一个仓库主管需要多长时间？

员工的忠诚度如何？

2. 安全管理

有火灾、水灾、盗窃、突击检查等应对预案吗？

员工都会使用灭火器吗？安排过消防知识培训吗？

员工都知道报警电话吗？

消防水管完好吗？员工清楚消防水管位置吗？消防水管关键时候确保能出水吗？

有无应对仓库漏水的检查和器材设备？是否定期打扫钢结构天沟？下水管

道是否疏通过？仓库四周排水管道是否定期清理？污水井、雨水井是否堵塞？是否备有消防沙袋、苫布？仓库窗户是否每天关闭？货物是否放置托盘不接触地面？

在特定情况下，是否有仓库整体转移的流程？有无后备仓库？全部转移需多长时间？

监控措施是否到位？是否有监控死角？装车口是否安装多路交叉监控？监控设备是否有后备电源？监控设备是否有远程查看功能？

防爆灯使用和开关是否符合消防法规？

库区是否存在使用普通家用电器的情况？各类电线是否进行了包管处理？

3. 库存管理

货物进出准确率如何？有无多发、少发、错发情形？

关于盘点：多长时间盘库一次？每次盘库需多长时间？每次只盘点正品还是所有商品都参与盘点（是否包括不良品、待退回厂商的商品、赠品和各类厂商物料）？盘点之前是否通知仓储主管？是固定盘点日期还是突击盘点？盘点准确率如何？是盘盈的情形多，还是盘亏的情形多？是否有错放的货物？盘点差额由谁承担？

货物是否及时入账？有无暂借出去的货物？有无客户暂时存放的货物？

损耗的原因有哪些？有损耗超标的处理方案吗？

整箱货物与散装货物是否分开管理？

4. 价值管理

所有商品进出是否严格按先进先出规则要求执行？

促进员工执行先进先出原则的措施、流程、监督体系和奖惩办法有哪些？

对于滞销品、不良品是否有明确的处理流程或措施？

5. 规划管理

仓库各项工作如何安排？

对于常规性工作，是否有标示？

对企业上游厂商的订货及到货情况，有无及时标注追踪？

仓库各项工作的流程化、标准化、书面化、图示化等要求是否执行到位？

6. 现场管理

仓库清洁程度如何？有无对应的除尘措施？顶棚是否漏水？地面有无积水？有无垃圾或杂物？

作业现场光照是否充足？

仓库拐角、地面凹凸、货架边角等处是否有相应的防护措施？

仓库内是否停放私人车辆？是否有处于充电状态的设备？

各类工具器材是否归放到位？各类吊牌、墙标、箱标、地标等是否齐全且清晰？

仓库分区是否清晰？分区标识是否到位？库存区、清点区、装车区之间是否有明确的分界线？

外来人员能否随意进入仓库？外来人员是否需持身份证明？

办公室的整洁度如何？各类文件物品分类是否明晰？

三、绩效考核

绩效考核方法较多，如尺度考核法、交替排序法、配对比较法、强制分布法、关键事件法、行为锚定等级考核法、目标管理法、360 度考核法、平衡计分卡、关键绩效指标（Key Performance Indicator，KPI）考核法等，对于仓库而言，关键绩效指标考核法较适用。

关键绩效指标是对组织输入端、输出端的关键参数进行设置、取样、计算、分析，衡量流程绩效的一种目标式量化管理指标，是把企业的战略目标分解为可操作工作目标的工具，是企业绩效管理的基础。关键绩效指标可以使部门主管明确主要责任，并以此为基础落实部门人员的业绩衡量指标。考核时可选取 3~5 个与员工本阶段工作密切相关的岗位考核指标作为参照标准。

可结合物流部门的绩效考核方案，研究相应指标的执行情况，具体如表 10-1 所示。

表 10-1　物流部门考核指标

考核指标	说明	依据
库存差错率	（盘盈金额+盘亏金额）/月均库存金额，不高于万分之一	ERP 系统数据
发货效率	未及时发货订单每月不多于 10 单	门店反馈
发货差错率	发错商品（数量、型号）、发错地址，每月 10 次以下	门店反馈
新品入库及时率	新品入库延时每月不多于 5 单	采购部门反馈
客户满意度	不低于 98%	门店打分
积压退货处理及时率	积压退货延时处理每月不多于 5 单	销售部门反馈

进行绩效考核时，需把物流部门考核指标分配到各岗位，可采用任务分工矩阵，如表 10-2 所示。

表 10-2　物流部门考核指标与岗位分工矩阵

	订单处理员	库管	装箱	装卸	配送
库存差错率		√	√		
发货效率	√	√	√		√
发货差错率	√	√	√	√	√
新品入库及时率	√	√			√
客户满意度					
积压退货处理及时率	√	√			√

以库管岗位为例，关键绩效指标包括库存差错率、发货效率、发货差错率、新品入库及时率、积压退货处理及时率。客户满意度指标是对整个仓库的对外表现进行评分，不宜分解；可根据每月考核情况，有针对性地解决问题并予以改善。

关键绩效指标要按照基层管理者、基层员工分别设计。管理者在完成岗位目标的同时，还须关注员工的技能培训和个人成长，提高管理效率。员工考核指标分为两类：基本指标和考核指标。考核指标是关键绩效指标的具体分解，基本指标是依据往年考核方案，各岗位需要达到的基本要求。具体岗位考核方案如表 10-3 至表 10-10 所示。

表 10-3　配送岗位考核方案

<table>
<tr><td>基本要求</td><td colspan="3">（1）按照规定，定期保养和维修车辆，安全驾驶，排除安全隐患，预防交通事故；
（2）按客户指定货运公司及时限（如上午发出）发货；不具备发货条件的订单，提前与门店沟通并征得其同意；
（3）货运单据填制须完整、正确，历史单据保存完好；
（4）及时填写提货信息表、外出发货登记表，信息要完整、准确；
（5）按时上下班。
上述任何一项未达标，扣 5 分（按项、次分别统计）</td></tr>
<tr><td rowspan="5">考核要求</td><td>核心要求</td><td>考核内容</td><td>考核标准</td></tr>
<tr><td rowspan="2">收发货及时</td><td>接货运公司通知后，能否 24 小时内提取货物并与库管组进行交接</td><td>违反 1 次，当天在岗人员每人扣 2 分</td></tr>
<tr><td>是否按订货规范要求及时发货</td><td>无故不按时发货，出现 1 次当天在岗人员每人扣 2 分</td></tr>
<tr><td>高品质服务</td><td>客户满意度 100%</td><td>客户投诉 1 次，每人扣 2 分</td></tr>
<tr><td>其他</td><td>收货、提货是否逐笔登记</td><td>未登记，相关人员每次扣 1 分</td></tr>
</table>

表 10-4　装箱岗位考核方案

<table>
<tr><td>基本要求</td><td colspan="3">（1）按发货单据及时备货，不积压订单；
（2）认真记录库管员分拣错误，不得错记、漏记；
（3）及时填写出库商品交接表，信息须完整、准确；
（4）包装破损商品发货前须与门店确认，保证装箱货物干净、无灰尘；
（5）按时上下班。
上述任一项未达标，扣 5 分（按项、次分别统计）</td></tr>
<tr><td rowspan="4">考核要求</td><td>核心要求</td><td>考核内容</td><td>考核标准</td></tr>
<tr><td>验货准确</td><td>门店有无投诉仓库发错货</td><td>1 次差错，单据核对人员扣 1 分</td></tr>
<tr><td>装箱高效</td><td>是否高效完成装箱工作</td><td>视情况扣 1~5 分</td></tr>
<tr><td>件数统计及登记准确</td><td>是否仔细清点待发货数，并按规定登记</td><td>数量清点错误，1 次扣 1 分；
未按要求登记，1 次扣 1 分</td></tr>
</table>

表 10-5　订单处理岗位考核方案

<table>
<tr><td>基本要求</td><td colspan="3">（1）及时打印各种单据；
（2）对已核对的拣货单及时在 ERP 系统中做出库处理，未发货商品及时通知门店，每日下班前通报发货数量；
（3）积极协助装箱岗位工作；
（4）按时上下班。
上述任一项未达标，扣 5 分（按项、次分别统计）</td></tr>
<tr><td rowspan="4">考核要求</td><td>核心要求</td><td>考核内容</td><td>考核标准</td></tr>
<tr><td>单据处理及时</td><td>是否及时按要求打印各种单据，是否影响其他岗位工作的顺利进行</td><td>违反 1 次扣 2 分</td></tr>
<tr><td>及时处理客户咨询、投诉</td><td>管理专用邮箱、仓库办公 QQ 及钉钉内部群，及时回复客户咨询的问题；是否认真记录客户电话并及时协调处理</td><td>客户投诉反馈问题未及时处理的，1 次扣 1 分</td></tr>
<tr><td>统计数据准确</td><td>统计的考核数据是否准确、真实</td><td>虚报 1 次扣 1 分</td></tr>
</table>

表 10-6　库管岗位考核方案

<table>
<tr><td>基本要求</td><td>（1）高效拣货，与其他库区协同，不影响其他岗位工作进度；
（2）按时完成循环盘点、月末盘点任务，及时处理差异，不得瞒报；
（3）按要求完成临时性任务（仓库主管或物流经理指定）；
（4）保证货物先进先出；
（5）按时上下班。
上述任一项未达标，扣 5 分（按项、次分别统计）</td></tr>
</table>

（续表）

	核心要求	考核内容	考核标准
考核要求	库存差错率低	库存数据是否准确	盈亏（含正、负）每500元，该区在岗员工每人扣1分（不足500元以500元计）
		库存抽查有无差错（审计时）	发现库存差异，每发现1种，该区在岗员工每人扣1分
	收发货准确、高效	拣货有无差错	拣货差错、遗漏，分拣人扣0.1分
		有无发货速度慢，影响装箱工作情形	该区当天在岗员工，每人扣0.4分
		新品是否按规定时限入库	每延迟1次，该区在岗员工每人扣1分
	卫生状况好	卫生达标情况	打分限于0~5分（低于4分的扣1分）
	其他	收货是否逐笔登记	未及时登记的，每次扣1分

表10-7　装卸岗位考核方案

基本要求	（1）到货及时卸车，并按库管员要求搬运至指定位置，未经仓库负责人批准，所有货物夜间不得放置于仓库大门外； （2）协助货运公司张贴发货标签、装车； （3）合理安排工作，控制加班时间。 上述任一项未达标，扣5分（按项、次分别统计）		
考核要求	核心要求	考核内容	考核标准
	积极协作	协助封箱、搬运	处理不及时，1次当天在岗员工每人扣0.5分
		协助商品上架	库管组提出的正当需求，24小时内未执行的每人扣1分
	卫生状况	仓库卫生情况	打分限于0~5分（低于4分的扣1分）
	零失误	是否存在装车、张贴标签错误，造成发货失误情形	每发现1次，当天在岗员工每人扣10分，并共同承担往返运费
	其他	收货是否逐笔登记	未及时登记，相关人员每次扣1分

相比普通员工，仓储主管的基本要求有：若各岗位员工不能及时完成任务，须给予主动协助；根据问题，提出改进方案并推进；不断提高工作效率，降低库存差错率、发货差错率，减少加班时间；组织开展员工仓储管理相关培训；认真、及时完成上级领导交办的其他临时性任务，具体如表10-8所示。

表 10-8 仓储主管考核方案

姓名	核心要求	考核内容	考核标准
主管 A	发货准确	有无客户投诉发货差错	每月 8 次以下（包括发错商品及地址），不扣分；每增加 4 次（不到 4 次按 4 次核算）扣 1 分
	发货及时	是否按订货规范及时备货	每月 4 单以下（含），不扣分；每增加 2 单（不到 2 单按 2 单核算）扣 1 分
	入库及时	是否及时督促到货商品清点入库	每月 4 次以下（含），不扣分；每增加 2 次（不到 2 次按 2 次核算）扣 1 分
	空间有效利用	是否合理规划各区仓储面积，确保货物不堆放于大门外	视情况扣 0~2 分
	卫生状况好	是否督促各岗位及时打扫卫生，保持仓库内环境干净、整洁	视情况扣 0~2 分
主管 B	库存准确	能否严格控制仓库库存差错率，是否每周不定期抽查库存	库存盈亏金额控制在 1000 元以内（含正、负），不扣分；每超出 500 元（不足 500 元以 500 元计）扣 1 分
		能否控制仓库自主退货次数	每月在 4 次以下（含），不扣分；每增加 2 次（不到 2 次按 2 次计算）扣 1 分
		能否督促各区按计划顺利完成盘点任务	当月发现未完成盘点任务的区域，每个扣 1 分
	货物先进先出	对库存商品，能否督促各区进行先进先出管理	每月投诉在 4 次以下（含），不扣分；每增加 2 次（不到 2 次按 2 次计算）扣 1 分
主管 C	效率提升	能否研究新的流程、制度、技术，不断提高仓库员工工作效率，督促各项工作高效进展	视情况可扣 1~2 分
	退货处理及时、规范	是否按规定时限清点门店退货，按照规定流程报批拒收商品	未按要求及时清点，每延迟 1 单扣 1 分；拟退商品未按规定报批，1 次扣 1 分

根据每月考核结果，结合员工相关指标完成情况（如发货差错率、库存准确率等），提出整改要求。次月考核时，视整改情况，可设立单项进步奖，对于进步明显的，给予 100~300 元不等奖励，直接计入员工工资。

表 10-9 仓库员工单项进步奖励示例

序号	姓名	待改进项目	改进目标	完成情况	评价
1	A	拣货差错率过高，达 32 次	拣货差错控制在 20 次以内	当月拣货差错 23 次	有较大进步，但未达标，奖励 200 元
2	B	库存差错率过高，超 0.005%	库存差错率控制在 0.002%以内	无改善	不予奖励

考虑上下环节的相关性，可由下一环节员工对上一环节员工打分，并及时记录考核数据。如库管员的拣货差错，由装箱员工记录；仓库的对外发货差错（即货物错发门店），则由负责客服工作的订单处理员记录，差错责任主体为装箱员。仓库员工考核职责具体分工如表 10-10 所示。

表 10-10 仓库员工考核职责分工

序号	考核项目	负责人
1	仓库卫生检查、装箱工作效率、考勤	主管 A
2	各月盘点、库存抽查结果评分，配送员提货及时性	主管 B
3	库管员发货效率、库管员的拣货差错率	装箱员
4	发货差错反馈	订单处理员、门店
5	库存差错率核算，主管岗位考核数据整理、核算，单据打印、分发准确性、及时性	经理
6	装箱组件统计错误	装卸工
7	到货清点及入库情况	采购部门
8	未及时发货订单统计、发货差错（指发错地址）	门店
9	未及时处理的积压退货单数	销售部门
10	其他依据投诉情况处理	经理

考核过程中应与员工积极沟通交流，同时做好考核流程设计，员工绩效考核管理流程如图 10-2 所示。

著名心理学家和行为科学家、管理大师维克托·弗鲁姆的期望理论将员工的激发力量表示为：激发力量=期望值×效价。激发力量是指调动个人积极性，激发员工内在潜力的强度；期望值指根据个人经验，判断达到目标的把握程度；效价指所能达到的目标对满足个人需要的价值。绩效考核制度要达

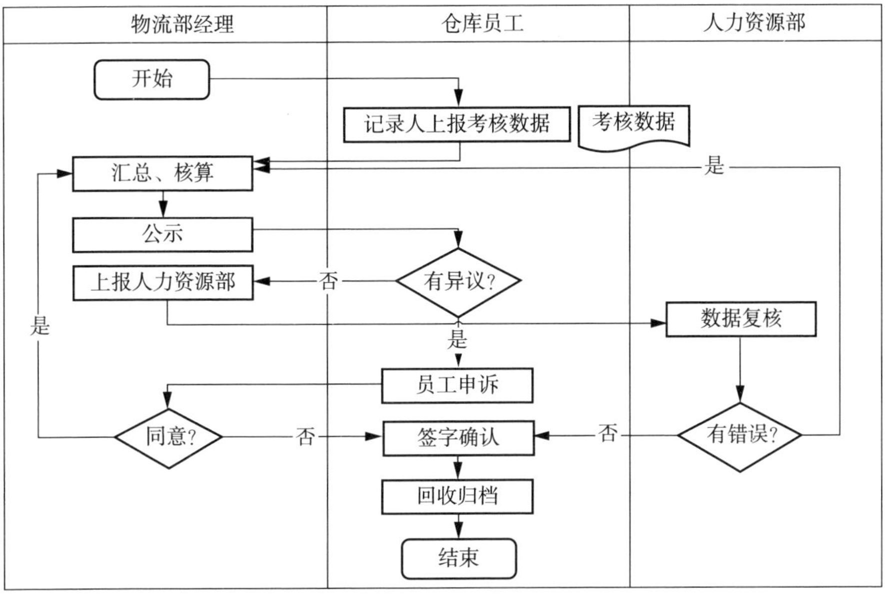

图 10-2　员工绩效考核管理流程

到激励员工的目的，仅有科学的指标、公平的考核方式是不够的，还需要绩效考核结果能满足员工的个人需要。为此，可将仓库的薪酬结构定为固定底薪加绩效工资，并确定员工考核分数与绩效工资的对应关系，具体如表 10-11 所示。

表 10-11　员工考核分数与绩效工资的对应关系

序号	考核等级	得分/分	绩效工资/元
1	优秀	得分≥36	800
2	良好	31≤得分<36	500
3	合格	26≤得分<31	300
4	不合格	26 分以下	0

每月初核算并公示上月考核数据，由员工签字确认。如果考评双方无法达成一致，员工可以向人力资源部门提出申诉。当月绩效考核结束后，对于排名靠后的员工，可通过面对面沟通，分析其工作中存在的问题，提出改进意见。

四、360 度绩效评估法

360 度绩效评估法是一种常见的绩效考核方法，该方法的特点是评价维度多元（通常 4 个以上）。为了解仓储整体绩效水平，可组织开展针对仓库员工的 360 度绩效评估。评估可采用 4 个维度：员工自评、直接上级（经理）评价、同事（仓库员工）评价、客户（其他部门如采购部、人力资源部员工）评价。

通过 360 度绩效评估，可验证对员工的评价是否有偏差；分析员工之间是否团结；发现平时注意不到的问题，以便针对性地对员工进行帮扶或培训，提高其能力。

因员工相互评价工作量过大，可通过抽签方式决定人选。设计评估问卷时，员工自评、上级评估、客户评估内容稍有不同。每个评估项有非常符合、符合、一般、不符合、非常不符合 5 个选项，对应分值分别为 1~5 分。因员工互评占比较重，在此仅列示员工互评的具体指标。

（1）诚实、可靠、诚信，对公司有感恩之心。

（2）有大局观，以身作则，能在工作中树立正气。

（3）遵守规章制度，严于律己。

（4）团结同事，人际关系融洽和谐。

（5）主动学习相关知识，不断提高自身素质和工作技能。

（6）工作不需要监督，领导是否在场不影响其工作表现。

（7）工作中不存在懈怠、拖延、偷懒等不良行为。

（8）敢于创新求变，勇于承担；出现问题，主动承担责任。

（9）具有强烈的主人翁意识，能站在企业的立场考虑问题，处理问题认真、细致。

（10）爱护环境，不乱丢乱弃；爱护仓储设施，节约资源。

（11）尊重内外部客户，对客户失误能予以谅解，不抱怨，不责难。

（12）站在客户角度处理问题，想方设法满足客户需求，如急件发货等。

（13）对于需部门间协调的问题，通过正常途径解决，不私下议论、指责。

（14）能够很好地倾听别人的意见，虚心接受善意批评。

（15）语言表达能力强，表述简明扼要，易于理解。

（16）与同组人员团结一致，高效完成本职工作。

（17）工作具有计划性，合理统筹安排时间，按工作次序，有条不紊地开展工作。

（18）上级交代的工作任务，能够保质保量地完成。

（19）具备一定的专业知识和经验，能够胜任当前工作。

（20）协调工作进度，不影响整体工作进展。

（21）有问题当面提，不背后乱说。

（22）积极主动完成工作，当日事当日毕。

（23）主动改进工作中的不足。

（24）能够对仓库日常工作建言献策，有良好的团队意识。

（25）责任心强，努力做好每一项工作，积极提高工作效率。

（26）爱岗敬业，对工作一丝不苟，认真、勤奋，有上进心、责任感。

（27）乐于助人，任劳任怨，做好本职工作之余积极协助其他同事，进步快。

（28）说话文明，不带脏字。微笑待人，有爱心，不斤斤计较。

（29）上班时间打游戏、上网聊天、干私活，同事需要帮助时视而不见。

（30）工作懒散，经常找不到人，经常请假。

（31）时常躲在角落里聊天、上网、吃东西。

（32）爱发牢骚，抱怨工作量大、待遇差，本着“拿多少钱、干多少活”的态度。

（33）消极怠工，工作效率低，没有积极性，做一天和尚撞一天钟，工作拖拉。

（34）缺乏责任心，不能主动发现问题，对工作一知半解。

（35）事不关己，高高挂起，缺乏担当。

（36）只关心自己，不管别人。

（37）缺乏信任，出现问题总是对人不是对事。

制作发放调查问卷，员工可通过手机评分。收集问卷，汇总每个员工的得分并分发给当事人，提出整改意见。同时，记录整理归档，作为日后员工评估、帮扶的依据。

五、绩效评估

要经常对仓库的工作绩效进行评估，一是积累基础数据；二是及时发现管理中存在的问题。仓库绩效评估见表 10-12。

表 10-12　仓库绩效评估

类别	评估指标	计量单位	指标说明
仓储能力	平均库存金额	元	（期初库存金额+期末库存金额）/2
	货物周转（吞吐）金额	元	入库金额+出库金额（不含直通）
	事故次数	次	分大、中、小、微四类
	日均发货件数	件	平均每天发出的货物件数
	日均收货件数	件	平均每天收取的货物件数，包括新品，积压、索赔退货
	日均出库订单数	个	平均每天发货的订单数
	日均出库订单行数	行	平均每天发货的订单行数
	日均入库订单数	个	平均每天入库的单据数，包括新品，积压、索赔退货
	日均入库订单行数	行	平均每天入库的单据行数，包括新品，积压、索赔退货
	仓储面积	平方米	仓库的总面积
	存货占用面积	平方米	存货占用的面积，不含过道
	单位面积储存金额	元/平方米	平均库存金额/存货占用面积
	库容量	立方米	除去通道和间隙，能够堆放货物的最大容积
	库容量利用系数	元/立方米	平均库存金额/库容量
	仓库面积利用率（%）		存货占用面积/仓储面积×100%
	流出运费率（%）（中心仓库发货到门店，及门店到客户）		运费总额/出库总金额×100%
	流入运费率（%）		供应商至仓库运费总额/入库总金额×100%
运行成本	销售仓储费用率（%）		仓储费用总额/销售额×100%
	单位存储费用率（%）		平均库存金额/仓储费用总额×100%
	车辆费用	元	维修费按车统计，燃油费均摊
	延迟订单数	个	未按要求在规定时限内发货的订单数
	客户投诉次数	次	门店或客户投诉物流部门的次数
服务能力	平均订单周期	天	订单从接收到交付客户的平均天数
	拣选差错率		拣选出错订单行数/订单总行数×100%
	单据传递差错率（%）		单据传递差错个数/总订单数×100%
	发货差错率（%）		从仓库发出的商品差错行数/订单总行数×100%（含产品多、少、错）
	配送差错率（%）		仓库发出的出错商品总件数/发货总件数×100%（含发错地址）
	账货差异率（%）		（盘盈金额+盘亏金额）/货物周转金额×100%

（续表）

类别	评估指标	计量单位	指标说明
服务能力	库存损耗率（%）		报废商品金额/平均库存金额×100%
	单位时间订单处理效率	行/小时	订单行数/所用工时×100%（从订单打印至发运）
	单位时间单据处理效率	行/小时	所有单据行数/所用工时×100%（含进出库、退货）
	装箱质检效率	行/小时	装箱质检总行数/所用工时×100%
	分拣效率	行/小时	分拣总行数/所用工时×100%
	全员平均劳动生产率	元/人	货物周转金额/仓库总人数×100%
	质检有效率（%）		质检岗位发现的拣货差错次数/（质检岗位发现的拣货差错次数+门店反馈的发货差错次数）×100%
	新品延迟入库单数	个	新产品到货后未在规定时限内入库的单据数
	退货延迟入库单数	个	积压退货到货后未在规定时限内处理完毕的单据数
	索赔延迟处理单数	个	索赔退货到货后未在规定时限内处理完毕的单据数
	提货延迟次数	次	接货运公司通知，未在规定时限内提回的次数
其他指标	员工流失率（%）		本期员工流失人数/（期初员工人数+本期增加员工人数）×100%
	直通比例（%）		直通订单金额/总采购金额×100%
	门店退货率（%）		退货金额/采购金额×100%
	订单平均品种数	行/单	订单行数/订单数

表 10-12 中的指标一般按月统计，部分指标如仓储面积只需测量一次。

另外，有些通用指标如吞吐量，行业惯例是以货物重量（吨）或托盘数为单位。

六、绩效反馈

反馈是改变员工行为的好方法。反馈分为正面反馈和负面反馈两种。

正面反馈即表扬或认可。每个人都希望能得到别人的认可，可以说人才是夸奖出来的。

理论上说，正面反馈可分为三级：零级、一级和二级。

零级反馈，即管理者对表现良好的员工没有回应。

一级反馈，相比零级反馈，管理者对表现良好的员工给予笼统回应，不具体，激励作用有限。

二级反馈，相比零级、一级反馈，管理者对表现良好的员工高度关注，并给予明确具体的指导意见，对员工的激励作用明显。

要做好反馈工作，须注意以下几点。

（1）发现员工的优点。这意味着管理者需经常去现场，了解每位员工的情况，而不是整天坐在办公室听人汇报。仓库工作非常具体，发现员工的优点其实并不难。“小刘，这段时间你们区域卫生做得很好，可要坚持啊。”“小李，这半个月拣货差错率降低很多，非常好，请继续保持。”诸如此类，不胜枚举。

（2）一定要说为什么。不仅要表扬结果，还要注重过程和动机。例如，员工为企业节省开支（与货运公司谈判，降低了运费），应该表扬其有成本控制意识，并让其他员工向其学习。

（3）扔掉“但是”。认可或称赞员工要有诚意。

布兰佳与约翰逊在其著作《一分钟经理人》（新版）中提出“一分钟称赞的技巧”，如图 10-3 所示。

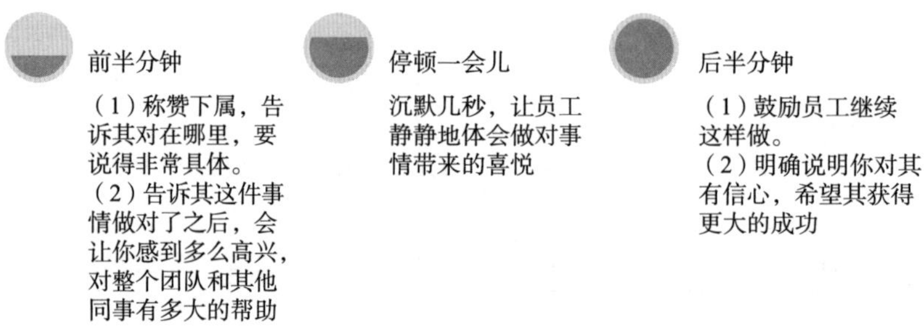

图 10-3　一分钟称赞技巧

正面反馈可以激励员工，负面反馈也是帮助员工成长。负面反馈，即对人的指责、批评和建议。做负面反馈时不能仓促行事，要运用适当工具，提前做好准备。

负面反馈常用的工具 BIC，是英文 Behavior Impact Consequence 的缩写，意指事实影响后果。这一工具在 IBM 等跨国企业中被普遍采用，是管理者给予员工反馈的标准模式。通俗地说，即将事实、产生的影响以及可能造成的后果一次性地反馈给员工。

B 即行为，是指已发生的行为，要真实存在、容易验证。指出员工的错误行为要依据事实而非观点。例如，“小张，我看了一下考勤记录，本周你有两次迟到”。而不是“小张，你怎么老是迟到”！

I 即影响，是指已发生的事实对周围的人和事产生的作用。例如，“小张，你上班迟到影响了后续岗位的工作进度”。

C 即结果，是指“影响”引发的负面效果。例如，“如果这样下去，我担心会破坏风气，其他员工也会有意见”。

用 BIC 工具做负面反馈，要一口气说完，不给员工寻找借口、反驳的机会。负面反馈要做好充分准备，可按图 10-4 所示流程操作。

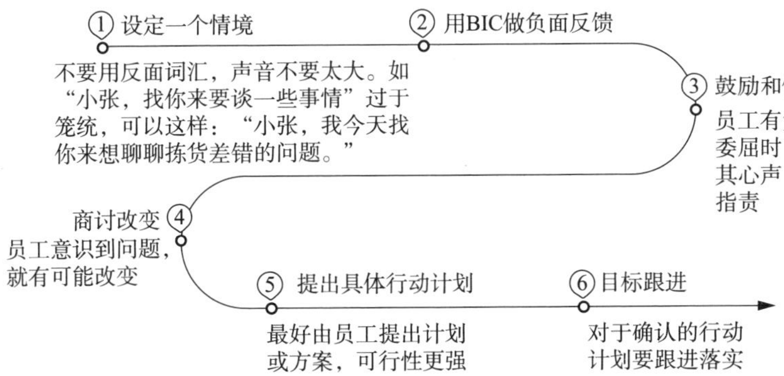

图 10-4　负面反馈流程

经验数据显示，反馈效果好的沟通，正面反馈和负面反馈的比例大概是 4∶1，即多表扬，少批评。

七、绩效考核的优劣

笔者在总结仓库绩效考核优劣时，发现以下问题。

（1）考核事项完成得较好，未考核方面的工作就不尽如人意。

（2）考核结果不能反映实际情况，大家基本处于一个水平。

（3）一些定量指标，缺乏适宜工具进行监控，便沦为定性评价。

（4）一些绩效考核指标起不到激励作用。

基于此，以下针对绩效管理中常见的问题进行分析。

1. 绩效管理各个环节失衡

过分关注绩效考核（考核结果）以及应用，其他环节关注不够。

2. 考核指标缺乏灵活性

考核指标长期不变，部分员工利用考核指标的漏洞，只关注与指标相关的任务。因而，考核指标不可固定且需做权重调整，要根据每个月的工作重点实时变化。如淡季可把卫生考核权重设计得高一些，旺季（发货量特别大时）把发货差错率比重调高。

3. 监控不到位

绩效考核需要全程跟踪，没有过程管理，结果就会不理想。如配送员接到提货通知 24 小时内提回货物这一指标，就无法实时监控。如此，本是定量指标，却只能凭感觉评分，起不到激励作用。

4. 上下级目标缺乏关联

考核指标要成体系，上一级考核目标需逐步分解落实，方可提升整个团队的业绩水平，如客户满意度指标若没有分解到员工，则对员工没有约束力。此外，若指标分解不彻底，很多事项难以涵盖到考核体系中。

5. 设定目标未与员工沟通，团队难以达成共识

设定目标尤其是考核方案，必须与员工进行深入沟通，以达成共识。但在实际管理中，很多管理者不能深入基层，广泛听取员工意见；员工也基于各种顾虑，不愿向管理者表达内心真实想法。如此，后期的目标实现自然大打折扣，难以实现既定目标。

综合以上分析，我们可得到以下几点启示。

（1）绩效考核不等于绩效管理，绩效考核的重心在于评价。绩效管理是一个管理闭环，是循序渐进的过程，由绩效计划、过程管理、绩效考核、结果应用、绩效改进五部分组成，如图 10-5 所示。

（2）绩效考核指标并不直接对员工发挥约束作用；并非有了考核目标和标准，员工就能够自主地进行工作，自觉有效地提高工作质量和工作成绩。

（3）绩效考核需要与企业文化、工作氛围、员工特点、企业战略目标相结合，需要不断优化和完善。此外，不当的绩效考核指标过度强调外在动力，压制了员工的内在动力，逼着员工做面子工程。

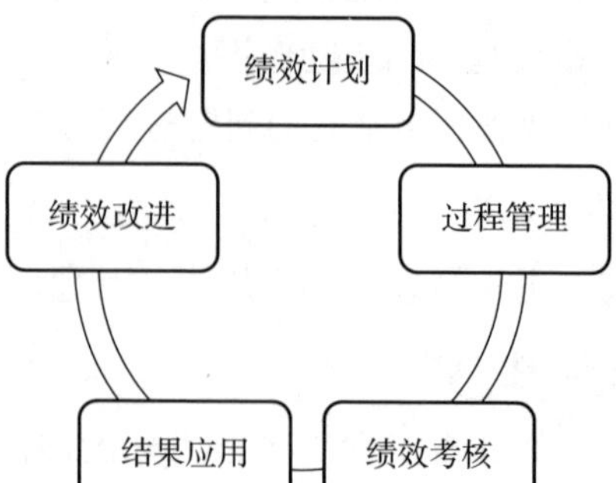

图 10-5 绩效管理的五个组成部分

知识链接

关键绩效指标（KPI）形式及来源

1. KPI的主要表现形式

（1）比率，如招聘达成率、人员流失率。

（2）常数，如销售额、利润额、客户投诉次数、人员培训时数等。

（3）通过时间、日期表现，如每月最后一天提交盘点盈亏调整表，每周一提交工作计划等。

（4）客户、员工满意度（一般为百分比）。

（5）员工个人发展与成长指标。

（6）财务效益类指标。

2. KPI的来源

（1）企业的战略目标层层分解，如根据年经营、管理指标来设计组织绩效，通过组织绩效确定部门的绩效，再分解至每个岗位形成岗位绩效。

（2）通过建立每个岗位的胜任力模型，明确各岗位需具备的能力，如财务核算岗需要的核心能力有数据分析能力、成本控制等，KPI考核指标需根据岗位胜任能力要求设定。

（3）参照岗位职责说明书。

（4）从关键流程中提取核心KPI，部门间、临界点往往容易出现问题，是KPI关注的重点。